高等职业教育经典系列教材·财务会计类

税 务 优 化

（活页式）

主 编　杨晓琳　熊艳君

副主编　毛启丰　陈晓明

参 编　唐伶俐　王　新　潘晓晴
　　　　雷建邦　王庭鑫

主 审　吴晓燕　李兴国

北京理工大学出版社
BEIJING INSTITUTE OF TECHNOLOGY PRESS

内 容 提 要

本书紧紧围绕高素质技术技能人才培养目标，对接专业教学标准和"1+X"职业能力评价标准，根据最新税收法律法规，结合企业实际案例，以项目为纽带、任务为载体、工作过程为导向，科学组织教材内容，进行教材内容模块化处理，注重课程之间的相互融通及理论与实践的有机衔接，开发工作页式的工单，形成了多元多维、全时全程的评价体系，并基于互联网融合现代信息技术，配套开发了丰富的数字化资源，编写了这本书。

本书共分为"课程认识""增值税的税务优化""消费税的税务优化""企业所得税的税务优化""个人所得税的税务优化""其他税种的税务优化""企业运行过程中的税务优化"7 大模块。

本书可作为高职院校的大数据与会计、大数据与财务管理、大数据与审计等相关专业的教材，也可以作为财税培训机构的培训教材，还可以作为企业经营管理人员、财务会计人员、税务人员工作和学习的参考书。

图书在版编目（CIP）数据

税务优化／杨晓琳，熊艳君主编. －－ 北京：北京
理工大学出版社，2022.8
 ISBN 978－7－5763－1635－3

 Ⅰ. ①税… Ⅱ. ①杨… ②熊… Ⅲ. ①企业管理－税
收管理－中国 Ⅳ. ①F812.423

 中国版本图书馆 CIP 数据核字（2022）第 154164 号

出版发行／北京理工大学出版社有限责任公司	
社　　址／北京市海淀区中关村南大街 5 号	
邮　　编／100081	
电　　话／（010）68914775（总编室）	
（010）82562903（教材售后服务热线）	
（010）68944723（其他图书服务热线）	
网　　址／http：//www.bitpress.com.cn	
经　　销／全国各地新华书店	
印　　刷／河北盛世彩捷印刷有限公司	
开　　本／787 毫米×1092 毫米　1/16	
印　　张／15.75	责任编辑／李玉昌
字　　数／408 千字	文案编辑／李玉昌
版　　次／2022 年 8 月第 1 版　2022 年 8 月第 1 次印刷	责任校对／周瑞红
定　　价／49.80 元	责任印制／施胜娟

前　　言

"税务优化"课程是高职高专财经类专业的一门专业核心课程。为建设好该课程，编者认真研究专业教学标准和"1+X"职业能力评价标准，开展广泛调研，联合企业制定了毕业生所从事岗位（群）的《岗位（群）职业能力及素养要求分析报告》，并依据《岗位（群）职业能力及素养要求分析报告》开发了《专业人才培养质量标准》中的素质、知识和能力要求要点，注重"以学生为中心，以立德树人为根本，强调知识、能力、素质目标并重"，组建了校企合作的结构化课程开发团队，以企业实际项目案例为载体，任务驱动、工作过程为导向，进行课程内容模块化处理，以"项目+任务"的方式，开发工作页式的任务工单，注重课程之间的相互融通及理论与实践的有机衔接，形成了多元多维、全时全程的评价体系，并基于互联网融合现代信息技术，配套开发了丰富的数字化资源，编写了全面反映新时代职业教育改革成果的活页式教材。

本书以工作页式的工单为载体，强化项目导学、自主探学、合作研学、展示赏学、检测评学，在课程革命、学生地位革命、教师角色革命、课堂革命、评价革命等方面全面改革，在评价体系中强调以立德树人为根本，素质教育为核心，突出技术应用，强化学生创新能力培养。

本书以校企"双元"合作开发，实现校企协同"双元"育人，实施"双主编""双主审"制。本书由黔东南民族职业技术学院杨晓琳副教授、贵州中建伟业建设（集团）有限责任公司熊艳君高级会计师担任主编，由黔东南民族职业技术学院毛启丰、陈晓明担任副主编，由黔东南民族职业技术学院吴晓燕教授、贵州黔元会计师事务所黔东南办事处高级财务管理师李兴国担任主审。每一模块内容均由学校和企业专业人员联合编写，紧跟产业发展趋势和行业人才需求，及时将新税收政策纳入教材内容，反映典型岗位（群）职业能力要求。

需要指出的是，当前我国的一些税收政策仍在不断变化之中，本书中所提到的税务优化方法，很可能会因为新税收政策的出台而不再适用。对于这一点，读者应该结合新的税收政策加以甄别，我们也会根据税收政策的新变化，及时推出更具有时效性的同类型图书。

在本书编写过程中，我们参考和借鉴了国内外有关专家和学者在税务优化方面的一些新理念和成果，在此深表衷心的感谢。虽然进行了大量的调研，收集了大量的资料，研读了大量的法律文件和相关论著，但由于编者水平有限，书中仍难免有错误和疏漏之处，恳请广大读者和学界专家批评指正，以便再版时予以修正。

编　者

目　　录

课程认识

任务　课程性质及定位理解

1.1.1 任务描述

　　依据现行税法，分别从增值税、消费税、企业所得税、个人所得税等 14 个税种以及企业日常涉税业务的角度，对税务优化问题进行全面阐述，旨在减轻税负，实现企业的税务优化目标。

1.1.2 学习目标

1. 知识目标

（1）掌握课程的性质；

（2）掌握课程在人才培养中的定位。

2. 能力目标

（1）能理解税务优化的内涵；

（2）能理解本课程在专业人才培养中的定位。

3. 素质目标

（1）培养学生家国情怀，弘扬社会主义核心价值观；

（2）培养学生依法纳税、诚信纳税的意识；

（3）培养学生的法律意识、责任意识与大局意识；

（4）培养学生自主学习能力，树立热爱劳动的意识；

（5）培养学生的团队精神、拼搏精神与创新精神。

1.1.3 重难点

1. 重点

课程性质认知。

2. 难点

本课程在人才培养中的定位。

难点 1-1

知识锦囊 1-2

1.1.4 相关知识链接

1. 课程性质及定位理解

高职大数据与财务管理专业，培养理想信念坚定，德、智、体、美、劳全面发展，具有一定的科学文化水平，良好的人文素养、职业道德和创新意识，精益求精的工匠精神，较强的就业能力和可持续发展的能力，掌握现代管理、经济、金融、会计、财务管理方面的基本理论和基本知识，熟悉相关法律、法规和惯例，具备分析和解决财务管理问题的基本能力，主要面向各类中小微企业、金融机构、行政事业单位的会计专业人员、税务专业人员等职业群，能够从事会计、财务分析、预算管理、投融资管理、成本管理、税务管理、绩效管理等工作的高素质技术技能人才。

随着我国经济的快速发展，税务优化正被越来越多的企业接受。税务优化有利于提升企业竞争力，降低企业的经营风险，提高企业经营管理水平，提高纳税人纳税意识，抑制纳税人偷、逃税等违法行为，有利于实现纳税人的财务利益最大化以及优化产业结构和资源配置等。面对激烈的竞争环境，企业必须不断降低生产成本，增强市场竞争力。而税收支出作为企业的一项重要经济支出，直接影响到企业的经济利益。所以，在法律许可的范围内，以收益最大化为目的，对企业的生产、经营、投资、理财等事项进行事前安排的税务优化，已经成为企业经营管理中不可缺少的一个重要组成部分。税务优化作为企业税务管理的主要内容，其前提是必须遵守国家税法，不能损害国家利益，并且是用合理的方式来降低税负。企业要想在当前激烈的竞争中立于不败之地，必须得加强税务管理工作，提升税务管理人员的综合素质。

"税务优化"课程是高职大数据与财务管理专业的一门专业核心课程，其培养目标是通过工作任务引领下的多形式教学，结合税务实务内容、案例分析和相关税法，培养学生职业意识，提高职业素质，具备专业税务优化技能，培养税务管理工作能力，适应该岗位实际运用的工作需要。

"税务优化"课程主要讲授税务优化的基本理论、方法与技能，从我国现行 14 个税种的角度，以及企业运行过程业务流程的角度，详细阐述增值税、消费税、企业所得税、个人所得税、其他税种的税务优化以及企业运行过程中的税务优化，有助于学生系统掌握税务优化的知识与技能，具备全面的税务管理工作能力。

2. 前后课程的衔接和融通

"税务优化"课程是一门集税收政策、财务制度、公司法律制度为一体，融合经济学、管理学、运筹学、社会学、心理学等多学科知识的课程，需要与税法、财务会计、财务管理等前导课程进行衔接，才能使相关专业知识体系更为系统、完整。本课程以就业为导向，在行业专家对财会类专业所涵盖的岗位群进行任务与职业能力分析的基础上开设，要求学生在掌握税法、财务会计、财务管理等学科知识的基础上，对有关涉税问题进行相应的税务优化。

1.1.5 任务实施

1.1.5.1 任务分组

表1 学生分组表

班级		组号		授课教师	
组长		学号			
组员	姓名	学号	姓名	学号	

1.1.5.2 自主探学

任务工作单1

组号：_____ 姓名：_____ 学号：_____ 检索号： 1152-1

引导问题：

（1）谈谈你对"税务优化"课程的认识。

_____

_____

（2）请阐述学好该课程对以后工作的支撑作用。

_____

_____

（3）请阐述如何做到依法纳税、诚信纳税。

_____

_____

任务工作单2

组号：_____ 姓名：_____ 学号：_____ 检索号： 1152-2

引导问题：

（1）请阐述税务优化的内涵。

_____

_____

（2）为减轻纳税人税负而进行的谋划和对策，应具备哪些方面的知识储备？

_____

_____

1.1.5.3 合作研学

任务工作单 1

组号：＿＿＿＿＿　　姓名：＿＿＿＿＿　　学号：＿＿＿＿＿　　检索号：　1153-1

引导问题：

小组讨论，教师参与，确定任务工作单 1152-1 的最优答案。

＿＿

＿＿

任务工作单 2

组号：＿＿＿＿＿　　姓名：＿＿＿＿＿　　学号：＿＿＿＿＿　　检索号：　1153-2

引导问题：

小组讨论，教师参与，确定任务工作单 1152-2 的最优答案。

＿＿

＿＿

1.1.5.4 展示赏学

任务工作单 1

组号：＿＿＿＿＿　　姓名：＿＿＿＿＿　　学号：＿＿＿＿＿　　检索号：　1154-1

引导问题：

(1) 每组推荐一位小组长，汇报任务工作单 1152-1 方案。借鉴每组经验，进一步优化方案。

＿＿

＿＿

(2) 个人结合汇报情况，检讨自己的不足。

＿＿

＿＿

1.1.5.5 评价反馈

任务工作单 1：自我测评

组号：＿＿＿＿＿　　姓名：＿＿＿＿＿　　学号：＿＿＿＿＿　　检索号：　1155-1

个人自评表

班级		组名		日期	年　月　日
评价指标	评价内容			分数	分数评定
信息检索	能有效利用网络、图书资源查找有用的相关信息等；能将查到的信息有效地传递到学习中			10 分	
感知课堂	是否能在学习中获得满足感以及课堂生活的认同感			10 分	
参与态度	积极主动与教师、同学交流，相互尊重、理解、平等；与教师、同学之间是否能够保持多向、丰富、适宜的信息交流			15 分	
	能处理好合作学习和独立思考的关系，做到有效学习；能提出有意义的问题或能发表个人见解			15 分	
学习方法	学习方法得体，是否获得了进一步学习的能力			15 分	

评价指标	评价内容	分数	分数评定
思维态度	是否能发现问题、提出问题、分析问题、解决问题，并拓展思维，创新提升	10分	
自评反馈	按时按质按任务、较好地掌握知识点；具有较强的信息分析能力和理解能力；具有较为全面严谨的思维能力，并能条理清晰地表达成文	25分	
自评分数			
有益的经验和做法			
总结反馈建议			

任务工作单2：小组内互评

组号：_____ 姓名：_____ 学号：_____ 检索号：__1155-2__

小组内互评表

班级		组名		日期	年 月 日
评价指标	评价内容			分数	分数评定
信息检索	该同学能有效利用网络、图书资源查找有用的相关信息等；能将查到的信息有效地传递到学习中			10分	
感知课堂	该同学是否能在学习中获得满足感以及课堂生活的认同感			10分	
参与态度	该同学能否积极主动与教师、同学交流，相互尊重、理解、平等；与教师、同学之间是否能够保持多向、丰富、适宜的信息交流			15分	
	该同学能否处理好合作学习和独立思考的关系，做到有效学习；能提出有意义的问题或能发表个人见解			15分	
学习方法	该同学学习方法得体，是否获得了进一步学习的能力			15分	
思维态度	该同学是否能发现问题、提出问题、分析问题、解决问题，并拓展思维，创新提升			10分	
自评反馈	该同学是否能按时按质按任务、较好地掌握知识点；具有较强的信息分析能力和理解能力；具有较为全面严谨的思维能力，并能条理清晰地表达成文			25分	
评价分数					
该同学的不足之处					
有针对性的改进建议					

任务工作单3：小组间互评

被评组号：＿＿＿＿＿＿＿＿＿ **检索号：** 1155-3

小组间互评表

班级		评价小组		日期	年 月 日
评价指标	评价内容			分数	分数评定
汇报表述	表述准确			15分	
	语言流畅			10分	
	准确反映该组完成情况			15分	
内容正确度	内容正确			30分	
	阐述表达到位			30分	
互评分数					
简要评述					

任务工作单4：教师评价

组号：＿＿＿＿＿＿ **姓名：**＿＿＿＿＿＿ **学号：**＿＿＿＿＿＿ **检索号：** 1155-4

教师评价表

班级		组名		姓名	
出勤情况					
评价内容	评价要点	考察要点		分数	分数评定
1. 查阅文献情况	任务实施过程中文献查阅	（1）是否查阅信息资料		20分	
		（2）正确运用信息资料			
2. 互动交流情况	组内交流、教学互动	（1）积极参与交流		30分	
		（2）主动接受教师指导			
3. 任务完成情况	规定时间内的完成度	（1）在规定时间内完成任务		20分	
	任务完成的正确度	（2）任务完成的正确性		30分	
合计				100分	

自主探学解析 1-3　　个人自评表 1-4　　小组内互评表 1-5　　小组间互评表 1-6　　教师评价表 1-7

税务优化，经营的智慧

税务优化，优化的是事情，而不仅仅是账。

税务优化，不仅仅是财务会计人员的事，更是老板和业务以及整个公司的事情。

税务优化一定要从业务中来，然后到业务中去。

提前优化叫"税筹"，事后优化叫"税愁"。税务优化一定要从日常"业务经营流程"入手来做前瞻性的规划，放在事前，不是事中，更不是单纯从"财务处理环节"来做"事后诸葛亮"。所以税务优化的关键是"预"，只有提前做好准备，才能真正做好企业的税务优化！

税务优化不是单纯优化一个税种，而是所有税种的综合优化。

税务优化更多的是切合税收政策，但是又不完全依赖税收政策。

税务优化一定要用全新的合规性税务规划来替代传统的涉险性优化。

税务优化更多的是注重降低风险，而不是一味地去降低税负。

税务优化一定要财税融合，具有合理的商业目的，否则将面临反避税风险。

税务优化一定要让真实的业务如实呈现，只有回归真实，税务优化才真正开始。

税务优化不仅仅看你的发票流，更是看你的资金流、业务流、合同流，业务虚假，一切白搭。

税务优化一定要学会五个"重"：流程重造、模式重塑、组织重启、架构重设、合同重梳。税务优化取决于财务人员的专业水平。税务优化不仅是一项技术，更是一项艺术。

税务优化一定要讲究"度"，不要过度优化，这是中小企业节税最好的时代！国家已经为你打开了一扇窗，就不要再开一扇门。

税务优化的方案没有最好、只有更好，要积极探讨。

优化自己的纳税行为，是企业经营者的权利，也是其智慧经营的表现。

税务优化进行的前提是合法，通过对国家制定的法律法规及相关政策进行比较分析研究后，进行纳税优化方案选择。从税务优化的定义可以看出，税务优化是以不违反国家现行的税收法律、法规为前提，否则，就构成了税收违法行为。因此，纳税人以及财务人员，应该具备相当的法律知识，尤其是清楚相关的税收法律知识，知道违法与不违法的界限。

税务优化的合法性是税务优化最基本的特点，具体表现在税务优化运用的手段是符合现行税收法律法规的，与现行国家税收法律、法规不冲突，而不是采用隐瞒、欺骗等违法手段。税务优化的合法性还表现在税务机关无权干涉，税务优化最根本的做法是利用税法的立法导向和税法的不完善或税收法律、法规的漏洞进行筹划；国家只能采取有效措施，对有关的税收法律、法规进行建立、健全和完善，堵塞纳税人利用税法漏洞得到减轻税负和降低纳税成本的结果。同时，对待纳税人进行税务优化并不能像对待偷税、逃税那样追究纳税人的法律责任，相反政府只能默认企业进行税务优化，并利用纳税人进行税务优化找出的漏洞把税收法律法规加以完善。当然，人们进行税务优化是合法的，但不一定是合理的。税务优化的合法性要求纳税人熟悉或通晓国家税收政策规定，并能够准确地把握合法与不合法的界限。

（来源：华律网）

创新研究与巩固训练

一、单选题

1. 税务优化最主要的原则是（　　　）。

A. 风险规避原则　　　　　　　　B. 时效性原则

C. 守法原则　　　　　　　　　　D. 财务利益最大化原则

2. 税务优化与逃税、抗税、骗税等行为的根本区别是具有（　　　）。

A. 合法性　　　B. 非违法性　　　C. 可行性　　　D. 违法性

3. 税务优化最基本的方法有（　　　）。

A. 降低适用税率　　　　　　　　B. 推迟纳税时间

C. 降低计税依据　　　　　　　　D. 增加可抵扣税额

4. 税务优化的主体是（　　　）。

A. 税率　　　B. 征税对象　　　C. 纳税人　　　D. 税务机关

5. 纳税人以暴力、威胁方法拒不缴纳税款的行为属于（　　　）。

A. 骗税　　　B. 避税　　　C. 抗税　　　D. 偷税

6. 企业在从事经营活动或投资活动之前，就把税收作为影响最终成果的一个重要因素来设计和安排，这属于税务优化的（　　　）特征。

A. 事先性　　　B. 目的性　　　C. 风险性　　　D. 协作性

7. 纳税人采取伪造、变造、隐藏、擅自销毁账簿与记账凭证，在账簿上多列支出，不列、少列收入，或者进行虚假纳税申报的手段，不缴或者少缴应纳税款的行为属于（　　　）。

A. 抗税　　　B. 骗税　　　C. 漏税　　　D. 偷（逃）税

8. 按（　　　）进行分类，税务优化可以分为风险节税、相对节税和绝对节税。

A. 节税原理　　B. 不同税种　　C. 不同纳税主体　　D. 不同性质企业

9. 相对节税主要考虑的是（　　　）。

A. 税率　　　B. 利润总额　　　C. 费用绝对值　　　D. 货币时间价值

10. （　　　）是政府提倡的行为。

A. 抗税　　　B. 偷税　　　C. 节税优化　　　D. 避税优化

二、多选题

1. 税务优化的基本原理包括（　　　）。

A. 风险节税原理　　　　　　　　B. 安全节税原理

C. 绝对节税原理　　　　　　　　D. 相对节税原理

2. 税务优化的特点包括（　　　）。

A. 合法性　　　B. 客观性　　　C. 事先性　　　D. 目的性

3. 税务优化产生的成本有（　　　）。

A. 机会成本　　B. 货币成本　　C. 时间成本　　D. 风险成本

4. 税务优化的非违法性要求是与（　　　）的根本区别。

A. 逃税　　　B. 欠税　　　C. 骗税　　　D. 抗税

5. 税率的基本形式有（　　　）。

A. 复合税率　　B. 名义税率　　C. 比例税率　　D. 定额税率

三、判断题

1. 进行税务优化是有风险的。（　　　）

2. 税务优化的主体是各级人民政府。（　　　）

3. 税收优惠的形式有免征额和起征点。　　　　　　　　　　　　（　　）

4. 税务优化是纳税人应有的责任。　　　　　　　　　　　　　　（　　）

5. 税务优化的最本质特征是合法性。　　　　　　　　　　　　　（　　）

6. 税务优化是纳税人的一系列综合谋划活动。　　　　　　　　　（　　）

7. 在税率一定的情况下，应纳税额的大小与计税依据的大小成反比。（　　）

8. 节税越多的方案往往越没有风险。　　　　　　　　　　　　　（　　）

9. 纳税人和负税人是一致的。　　　　　　　　　　　　　　　　（　　）

10. 财务利益最大化是税务管理首先应遵循的最基本的原则。　　　（　　）

四、思考题

1. 如何理解税务优化的内涵？

2. 税务优化有哪些目标？

3. 税务优化采用哪些方法？

4. 税务优化与避税、偷税（逃税）、抗税、骗税的区别有哪些？

5. 税务优化有哪些风险？

创新研究与巩固训练解析 1-8

增值税的税务优化

1. 知识目标

（1）掌握纳税人身份选择的税务优化思路；

（2）掌握销项税额的税务优化思路；

（3）掌握进项税额的税务优化思路；

（4）掌握增值税的其他税务优化思路。

2. 能力目标

（1）能正确进行纳税人身份选择的税务优化；

（2）能正确进行销项税额的税务优化；

（3）能正确进行进项税额的税务优化；

（4）能正确进行增值税的其他税务优化。

3. 素质目标

（1）培养人文素养和家国情怀，树立社会主义核心价值观；

（2）传承中国优秀传统文化，弘扬节约、节俭的中华民族传统美德；

（3）培养法律意识、责任意识与大局意识，树立依法诚信纳税的意识；

（4）培养勤于思考、分析问题的意识，树立严谨的工作作风及热爱劳动的意识；

（5）培养追求真理、实事求是、勇于探究与实践的科学精神；

（6）培养团队精神、拼搏精神和创新精神。

4. 知识结构导图

增值税的税务优化知识结构导图如图2-1所示。

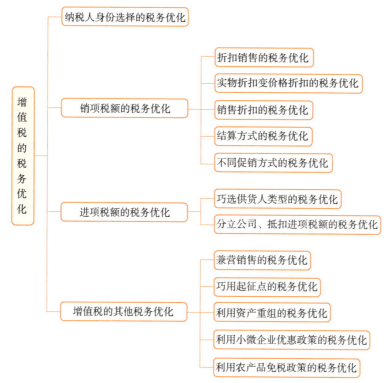

图2-1 增值税的税务优化知识结构导图

任务一 纳税人身份选择的税务优化

【案例引入】

A公司为增值税一般纳税人，年销售额为600万元，由于可抵扣的进项税额较少，年实际缴纳增值税60万元，增值税税负较重。这家公司该如何进行合理减轻增值税负担的税务优化？

2.1.1 任务描述

采用增值率判定法合理筹划增值税的纳税人身份，创造条件改变或保持纳税人身份，完成税务优化。

2.1.2 学习目标

1. 知识目标

掌握纳税人身份选择的税务优化思路。

2. 能力目标

能正确进行纳税人身份选择的税务优化。

3. 素质目标

（1）培养勤于思考、分析问题的意识；

（2）培养团队精神、拼搏精神与创新精神；

（3）培养追求真理、实事求是、勇于探究与实践的科学精神。

2.1.3 重难点

1. 重点

选择纳税人身份，进行税务优化。

2. 难点

一般纳税人和小规模纳税人增值税负担的判别。

难点 2—1

2.1.4 相关知识链接

1. 一般纳税人和小规模纳税人在税收征收中的区别

对一般纳税人实行凭增值税专用发票抵扣税款的制度，对其会计核算水平要求较高，管理也较为严格；对小规模纳税人实行简易征收办法，对纳税人的管理水平要求不高。一般纳税人所适用的增值税税率为13%、9%和6%三档税率，小规模纳税人所适用的征收率一般为3%。一般纳税人的进项税额可以抵扣，而小规模纳税人的进项税额不可以抵扣。

由于一般纳税人和小规模纳税人在征管要求、适用税率和计税方法上都有不同，所以给企业创造了税务优化条件。根据企业的实际情况，通过税负比较，在一般纳税人和小规模纳税人之间进行选择，也就是通过纳税人身份的选择进行税务优化，有利于企业减轻税收负担，从而达到企业经济利益的最大化。

2. 一般纳税人和小规模纳税人增值税负担的判别方法

企业为了减轻增值税税负，就需要综合考虑各种因素，从而决定如何在一般纳税人和小规模纳税人之间做出选择。一般来讲，企业可以根据三个标准来判断一般纳税人和小规模纳税人之间增值税税收负担的差异。

（1）增值率判别法。增值率是增值额占不含税销售额的比例。假设某一般纳税人企业甲某年度不含税的销售额为 A，不含税购进额为 B，增值率为 Z。那么甲企业的应纳增值税为 $A×13\%-B×13\%$；引入增值率计算，则为 $A×Z×13\%$；如果是小规模纳税人，应纳增值税为 $A×3\%$。令两类纳税人的税负相等，则有

$$A×Z×13\% = A×3\%$$

$$Z = 23.08\%$$

也就是说，当增值率为23.08%时，企业无论是选择成为一般纳税人还是小规模纳税人，增值税的税收负担是相等的；当增值率小于23.08%时，企业作为一般纳税人的税负小于作为小规模纳税人的税负；当增值率大于23.08%时，企业作为一般纳税人的税负大于作为小规模纳税人的税负。

需要指出的是，这里所考虑的仅仅是企业的增值税税收负担，而不包括其他因素。因此，在决定是选择一般纳税人还是小规模纳税人身份时，不能仅仅以增值率为标准，还要考虑企业对外经济活动的难易程度以及一般纳税人的会计成本等。由于后者难以量化，因此，税务优化更多地体现了一种创造性的智力活动，而不是一个简单的计算问题或者数字操作问题。

（2）购货额占销售额比重判别法。由于增值税税率和征收率存在多种税率，这里仅仅考虑一般情况，其他情况的计算方法与这里的计算方法是一致的。在一般情况下，一般纳税人适用13%的税率，小规模纳税人适用3%的税率。假定某工业企业不含税的销售额为 A，X 为购货额占销售额的比重，则购入货物的金额为 AX。如果该企业为一般纳税人，应纳增值税为 $A \times 13\% - AX \times 13\%$；如果是小规模纳税人，应纳增值税为 $A \times 3\%$。令两类纳税人的税负相等，则有：

$$A \times 13\% - AX \times 13\% = A \times 3\%$$

$$X = 76.92\%$$

也就是说，当企业购货额占销售额的比重为 76.92% 时，两种纳税人的增值税税收负担完全相同；当比重大于 76.92% 时，一般纳税人的增值税税收负担轻于小规模纳税人；当比重小于76.92% 时，一般纳税人的增值税税收负担重于小规模纳税人。

（3）含税销售额与含税购货额比较法。假设 A 为含增值税的销售额，B 为含增值税的购货额，且两者均为同期。令两类纳税人的税负相等，则有

$$[A \div (1+13\%) - B \div (1+13\%)] \times 13\% = A \div (1+3\%) \times 3\%$$

$$B \div A = 74.68\%$$

可见，当企业的含税购货额为同期销售额的 74.68% 时，两种纳税人的增值税税收负担相同；当企业的含税购货额大于同期销售额的 74.68% 时，一般纳税人增值税税收负担轻于小规模纳税人；当企业含税购货额小于同期销售额的 74.68% 时，一般纳税人增值税税收负担重于小规模纳税人。

企业在设立时，可以根据上述三个标准来判断其自身所负担的增值税，并根据对各种因素的综合考量，进行合理的税务优化。由于企业在成立之前就需要进行这种筹划，因此，企业对各种情况的估计就存在很大的不确定性，这种税务优化结果的确定性就比较小。对此，小型企业一般可以先选择小规模纳税人的身份，在生产经营过程中积累本企业的各项指标数据，然后再进行增值税的税务优化，这样，税务优化的结果就比较确定了。

3. 法律政策依据

（1）《中华人民共和国增值税暂行条例》（1993 年 12 月 13 日国务院令第 134 号公布，2008 年11 月 5 日国务院第 34 次常务会议修订通过，根据 2016 年 2 月 6 日《国务院关于修改部分行政法规的决定》第一次修订，根据 2017 年 11 月 19 日《国务院关于废止〈中华人民共和国营业税暂行条例〉和修改〈中华人民共和国增值税暂行条例〉的决定》第二次修订）。

（2）《中华人民共和国增值税暂行条例实施细则》（财政部 国家税务总局第 50 号令，根据2011 年 10 月 28 日《关于修改〈中华人民共和国增值税暂行条例实施细则〉和〈中华人民共和国营业税暂行条例实施细则〉的决定》修订）。

（3）《增值税一般纳税人登记管理办法》（国家税务总局令第 43 号）。

（4）《财政部 税务总局关于统一增值税小规模纳税人标准的通知》（财税〔2018〕33 号）。

（5）《财政部 税务总局关于实施小微企业普惠性税收减免政策的通知》（财税〔2019〕13 号）。

动画 2-2

案例引入解析 2-3

知识锦囊 2-4

微课 2-5

2.1.5 任务实施

2.1.5.1 任务分组

表1 学生分组表

班级		组号		授课教师	
组长		学号			
组员	姓名	学号	姓名	学号	

2.1.5.2 自主探学

任务工作单1

组号：_____ 姓名：_____ 学号：_____ 检索号： 2152-1

引导问题：

(1) 简述增值税两类纳税人的主要区别。

_____

_____

(2) 简述选择纳税人身份进行税务优化的思路。

_____

_____

任务工作单2

组号：_____ 姓名：_____ 学号：_____ 检索号： 2152-2

引导问题：

(1) A公司年应纳增值税销售额为900万元，会计核算制度也比较健全，符合一般纳税人的条件，属于增值税一般纳税人，适用13%的增值税税率。但是，该企业准予从销项税额中抵扣的进项税额较少，只占销项税额的30%。依据增值率判别法，增值率：（900－900×30%）÷900＝70%>18.75%。因此，该公司作为一般纳税人的增值税负担比较重。请问：该公司如何进行税务优化？

_____

_____

(2) A公司年销售额为390万元（不含税），公司每年购按13%税率进行抵扣的物品价值为180万元（不含税）。如果是一般纳税人，产品的增值税适用税率为13%；如果是小规模纳税人，则为3%的征收率。假设该公司有条件认定为一般纳税人，请问做哪一种增值税纳税人适合该公司？

_____

_____

2.1.5.3　合作研学

任务工作单1

组号：＿＿＿＿＿＿　姓名：＿＿＿＿＿＿　学号：＿＿＿＿＿＿　检索号：　2153-1

引导问题：

小组讨论，教师参与，确定任务工作单2152-1的最优答案。并检讨自己存在的不足。

任务工作单2

组号：＿＿＿＿＿＿　姓名：＿＿＿＿＿＿　学号：＿＿＿＿＿＿　检索号：　2153-2

引导问题：

小组讨论，教师参与，确定任务工作单2152-2的最优答案。并检讨自己存在的不足。

2.1.5.4　展示赏学

任务工作单1

组号：＿＿＿＿＿＿　姓名：＿＿＿＿＿＿　学号：＿＿＿＿＿＿　检索号：　2154-1

引导问题：

（1）每组推荐一位小组长，汇报任务工作单2152-2方案。借鉴每组经验，进一步优化方案。

（2）个人结合汇报情况，检讨自己的不足。

2.1.5.5　评价反馈

任务工作单1：自我测评

组号：＿＿＿＿＿＿　姓名：＿＿＿＿＿＿　学号：＿＿＿＿＿＿　检索号：　2155-1

个人自评表

班级		组名		日期	年　月　日
评价指标	评价内容			分数	分数评定
信息检索	能有效利用网络、图书资源查找有用的相关信息等；能将查到的信息有效地传递到学习中			10分	
感知课堂	是否能在学习中获得满足感以及课堂生活的认同感			10分	
参与态度	积极主动与教师、同学交流，相互尊重、理解、平等；与教师、同学之间是否能够保持多向、丰富、适宜的信息交流			15分	
	能处理好合作学习和独立思考的关系，做到有效学习；能提出有意义的问题或能发表个人见解			15分	

续表

评价指标	评价内容	分数	分数评定
学习方法	学习方法得体，是否获得了进一步学习的能力	15分	
思维态度	是否能发现问题、提出问题、分析问题、解决问题，并拓展思维，创新提升	10分	
自评反馈	按时按质按任务、较好地掌握知识点；具有较强的信息分析能力和理解能力；具有较为全面严谨的思维能力，并能条理清晰地表达成文	25分	
自评分数			
有益的经验和做法			
总结反馈建议			

任务工作单2：小组内互评

组号：＿＿＿＿＿＿　姓名：＿＿＿＿＿＿　学号：＿＿＿＿＿＿　检索号：　2155-2

小组内互评表

班级		组名		日期	年 月 日
评价指标	评价内容			分数	分数评定
信息检索	该同学能有效利用网络、图书资源查找有用的相关信息等；能将查到的信息有效地传递到学习中			10分	
感知课堂	该同学是否能在学习中获得满足感以及课堂生活的认同感			10分	
参与态度	该同学能否积极主动与教师、同学交流，相互尊重、理解、平等；与教师、同学之间是否能够保持多向、丰富、适宜的信息交流			15分	
	该同学能否处理好合作学习和独立思考的关系，做到有效学习；能提出有意义的问题或能发表个人见解			15分	
学习方法	该同学学习方法得体，是否获得了进一步学习的能力			15分	
思维态度	该同学是否能发现问题、提出问题、分析问题、解决问题，并拓展思维，创新提升			10分	
自评反馈	该同学是否能按时按质按任务、较好地掌握知识点；具有较强的信息分析能力和理解能力；具有较为全面严谨的思维能力，并能条理清晰地表达成文			25分	
评价分数					
该同学的不足之处					
有针对性的改进建议					

任务工作单3：小组间互评

被评组号： _____ **检索号：** 2155-3

小组间互评表

班级		评价小组		日期		年 月 日
评价指标	评价内容			分数	分数评定	
汇报 表述	表述准确			15分		
	语言流畅			10分		
	准确反映该组完成情况			15分		
内容 正确度	内容正确			30分		
	阐述表达到位			30分		
互评分数						
简要评述						

任务工作单4：教师测评

组号： _____ **姓名：** _____ **学号：** _____ **检索号：** 2155-4

教师评价表

班级		组名		姓名	
出勤情况					
评价内容	评价要点	考察要点		分数	分数评定
1. 查阅文献情况	任务实施过程中文献查阅	（1）是否查阅信息资料		20分	
		（2）正确运用信息资料			
2. 互动交流情况	组内交流、教学互动	（1）积极参与交流		30分	
		（2）主动接受教师指导			
3. 任务完成情况	规定时间内的完成度	（1）在规定时间内完成任务		20分	
	任务完成的正确度	（2）任务完成的正确性		30分	
合计				100分	

自主探学解析 2-6　　个人自评表 2-7　　小组内互评表 2-8　　小组间互评表 2-9　　教师评价表 2-10

知识拓展

　　为进一步支持小微企业发展，财政部、税务总局日前发布《财政部 税务总局关于对增值税小规模纳税人免征增值税的公告》（2022年第15号），明确自2022年4月1日至2022年12月31日，对小规模纳税人适用3%征收率的应税销售收入，免征增值税；对适用3%预征率的预缴增值税项目，暂停预缴增值税。

　　中国持续加大对小微企业税收支持力度，2013年在此前仅对小规模纳税人中个体工商户适用起征点政策的基础上，扩大政策适用范围，对月销售额2万元以下的所有小规模纳税人，均免征增值税；2014年、2019年和2021年，结合经济发展水平和社会发展需要，先后将增值税起征点提高至月销售额3万元、10万元和15万元；2020年疫情发生以来至2022年3月底，实施3%征收率减按1%征收政策。

思政之窗

　　国务院推出的相应措施都是惠民生、促经济、保就业、保稳定的重要举措，且都具有较强的可操作性，尤其减免和优惠小规模纳税人，增值税更是最为吸人眼球和有现实针对意义的政策措施。

　　疫情对中小微实体企业影响较大、伤害最深，而我国中小微企业包括吸纳2亿多人就业的8 000多万个体工商户，目前这些中小微企业停工停产的较多，复工开工压力较大，且还面临着巨大的资金压力。在我国，小规模纳税人在营改增之后主要指每年应税服务的年应征增值税销售额（以下称应税服务年销售额）未超过500万元（≤500万元）的纳税人，也就是我们通常所说的中小微企业。很明显，减免小规模纳税人增值税实际就是减轻中小微实体企业的税费负担，让中小微企业能够消除疫情影响而轻装上阵。

　　在我国，中小微实体企业的地位和重要性是不言而喻的：占我国企业总数的90%，为国家贡献了50%的税收，60%的GDP，70%的科技创新，80%的就业。中小微企业是创造中国税收最多、提供就业门路最广、吸纳就业人数最多的企业，对中国经济起到"定海神针"的作用。

任务二 销项税额的税务优化

【案例引入】

佳惠百货商场计划在春节期间开展一次"买一赠一"的促销活动。原计划提供促销商品正常销售额 2 000 万元，实际收取销售额 1 000 万元。已知该商场销售该商品适用增值税税率为 13%。请问该商场如何设计合理减轻增值税负担的筹划方案？

2.2.1 任务描述

通过折扣销售、结算方式、销售折扣、不同促销方式及实物折扣变价格折扣的合理筹划，完成增值税销项税额的税务优化，从而减轻增值税税负。

2.2.2 学习目标

1. 知识目标
（1）掌握增值税销项税额的概念；
（2）掌握折扣销售、销售折扣、结算方式、不同促销方式、实物折扣变价格折扣的筹划思路。

2. 能力目标
（1）能正确理解增值税的销项税额；
（2）能正确进行折扣销售、销售折扣、结算方式、不同促销方式、实物折扣变价格折扣的税务优化。

3. 素质目标
（1）弘扬节约、节俭的中华民族传统美德，传承中国优秀传统文化；
（2）培养依法诚信纳税的意识；
（3）培养团队精神、拼搏精神与创新精神。

2.2.3 重难点

1. 重点
折扣销售、销售折扣、结算方式、不同促销方式、实物折扣变价格折扣的税务优化。

2. 难点
增值税结算方式的税务优化。

难点 2-11

2.2.4 相关知识链接

1. 销项税额
销项税额是指纳税人发生应税销售行为，按照不含税销售额和适用税率计算并向购买方收取的增值税税款，其计算公式为：销项税额=不含税销售额×适用税率。销项税额的税务优化主要从缩小计税销售额和降低税率两个方面进行，即可以通过分解销售额对不同销售方式、结算方式的选择来优化，但由于增值税税率档次较少且比较固定，企业优化的空间不大。

2. 折扣销售的税务优化

（1）税务优化思路。根据《增值税若干具体问题的规定》（国税发〔1993〕154号）第2条第（2）项的规定，纳税人采取折扣方式销售货物，如果销售额和折扣额在同一张发票上分别注明的，可按折扣后的销售额征收增值税；如果将折扣额另开发票，不论其在财务上如何处理，均不得从销售额中减除折扣额。根据《国家税务总局关于折扣额抵减增值税应税销售额问题通知》（国税函〔2010〕56号）的规定，纳税人采取折扣方式销售货物，销售额和折扣额在同一张发票上分别注明是指销售额和折扣额在同一张发票上的"金额"栏分别注明的，可按折扣后的销售额征收增值税。未在同一张发票"金额"栏注明折扣额，而仅在发票的"备注"栏注明折扣额的，折扣额不得从销售额中减除。

我国税法对以上两种情况规定了差别待遇，所以给企业进行税务优化提供了空间。

根据《国家税务总局关于纳税人折扣折让行为开具红字增值税专用发票问题的通知》（国税函〔2006〕1279号）的规定，纳税人销售货物并向购买方开具增值税专用发票后，由于购货方在一定时期内累计购买货物达到一定数量，或者由于市场价格下降等原因，销货方给予购货方相应的价格优惠或补偿等折扣、折让行为，销货方可按现行《增值税专用发票使用规定》的有关规定开具红字增值税专用发票。

（2）法律政策依据：

①《中华人民共和国增值税暂行条例》（1993年12月13日国务院令第134号公布，2008年11月5日国务院第34次常务会议修订通过，根据2016年2月6日《国务院关于修改部分行政法规的决定》第一次修订，根据2017年11月19日《国务院关于废止〈中华人民共和国营业税暂行条例〉和修改〈中华人民共和国增值税暂行条例〉的决定》第二次修订）。

②《中华人民共和国增值税暂行条例实施细则》（财政部 国家税务总局第50号令，根据2011年10月28日《关于修改〈中华人民共和国增值税暂行条例实施细则〉和〈中华人民共和国营业税暂行条例实施细则〉的决定》修订）。

③《增值税若干具体问题的规定》（国家税务总局1993年12月28日发布，国税发〔1993〕154号）。

④《国家税务总局关于纳税人折扣折让行为开具红字增值税专用发票问题的通知》（国家税务总局2006年12月29日发布，国税函〔2006〕1279号）。

⑤《国家税务总局关于折扣额抵减增值税应税销售额问题通知》（国家税务总局2010年2月8日发布，国税函〔2010〕56号）。

3. 实物折扣变价格折扣的税务优化

（1）税务优化思路。企业在运用折扣销售方式进行税务优化时，还需注意，即折扣销售的税收优惠不适用于实物折扣，仅仅适用于对货物价格的折扣。假设销售者将资产、委托加工和购买的货物用于实物折扣，则该实物款额不仅不能从货物销售额中扣除，而且还应当对用于折扣的实物按照"视同销售货物"中的"赠送他人"项目，计征增值税。所以，企业在选择折扣方式进行税务优化时，尽量不选择实物折扣，如必须采用实物折扣方式，则可在发票上通过适当调整而变为价格折扣。

（2）法律政策依据：

①《中华人民共和国增值税暂行条例》（1993年12月13日国务院令第134号公布，2008年11月5日国务院第34次常务会议修订通过，根据2016年2月6日《国务院关于修改部分行政

法规的决定》第一次修订，根据 2017 年 11 月 19 日《国务院关于废止〈中华人民共和国营业税暂行条例〉和修改〈中华人民共和国增值税暂行条例〉的决定》第二次修订)。

②《中华人民共和国增值税暂行条例实施细则》(财政部 国家税务总局第 50 号令，根据 2011 年 10 月 28 日《关于修改〈中华人民共和国增值税暂行条例实施细则〉的决定》修订)。

4. 销售折扣的税务优化

(1) 税务优化思路。销售折扣通常采用 3/10、1/20、N/30 等符号。这三种符号的含义是：如果债务方在 10 天内付清款项，则折扣额为 3%；如果在 20 天内付清款项，则折扣额为 1%；如果在 30 天内付清款项，则应全额支付。由于销售折扣发生在销售货物之后，本身并不属于销售行为，而为一种融资性的理财行为，因此销售折扣不得从销售额中减除，企业应当按照全部销售额计缴增值税。销售折扣在实际发生时计入财务费用。

从企业税负角度考虑，折扣销售方式优于销售折扣方式。如果企业面对的是一个信誉良好的客户，销售货款回收的风险较小，那么企业可以考虑通过修改合同，将销售折扣方式改为折扣销售方式。

(2) 法律政策依据：

①《中华人民共和国增值税暂行条例》(1993 年 12 月 13 日国务院令第 134 号公布，2008 年 11 月 5 日国务院第 34 次常务会议修订通过，根据 2016 年 2 月 6 日《国务院关于修改部分行政法规的决定》第一次修订，根据 2017 年 11 月 19 日《国务院关于废止〈中华人民共和国营业税暂行条例〉和修改〈中华人民共和国增值税暂行条例〉的决定》第二次修订)。

②《中华人民共和国增值税暂行条例实施细则》(财政部 国家税务总局第 50 号令，根据 2011 年 10 月 28 日《关于修改〈中华人民共和国增值税暂行条例实施细则〉和〈中华人民共和国营业税暂行条例实施细则〉的决定》修订)。

5. 结算方式的税务优化

(1) 税务优化思路。增值税销售结算方式包括直接收款、委托收款、托收承付、赊销或分期收款、预收款、委托代销等，是企业营销策划的重要内容。选择不同的销售结算方式，不仅会影响企业商品的销量，在增值税既定的情况下，还可以通过改变结算方式来推迟销项税额的确定，从而为企业获得资金的时间价值。

根据《中华人民共和国增值税暂行条例》第 19 条的规定，增值税纳税义务发生时间：

①发生应税销售行为，为收讫销售款项或者取得索取销售款项凭据的当天；先开具发票的，为开具发票的当天。

②进口货物，为报关进口的当天。

根据《中华人民共和国增值税暂行条例实施细则》第 38 条的规定，收讫销售款项或者取得索取销售款项凭据的当天，按销售结算方式的不同，具体为：

①采用直接收款方式销售货物，不论货物是否发出，均为收到销售款或者取得索取销售款凭据的当天；

②采取托收承付和委托银行收款方式销售货物，为发出货物并办妥托收手续的当天；

③采取赊销和分期收款方式销售货物，为书面合同约定的收款日期的当天，无书面合同的或者书面合同没有约定收款日期的，为货物发出的当天；

④采取预收货款方式销售货物，为货物发出的当天，但生产销售生产工期超过 12 个月的大型机械设备、船舶、飞机等货物，为收到预收款或者书面合同约定的收款日期的当天；

⑤委托其他纳税人代销货物，为收到代销单位的代销清单或者收到全部或者部分货款的当天，未收到代销清单及货款的，为发出代销货物满 180 天的当天；

⑥销售应税劳务，为提供劳务同时收讫销售款或者取得索取销售款的凭据的当天；

⑦纳税人发生视同销售货物行为，为货物移送的当天。

按照我国税法的规定，销售结算方式不同，其增值税纳税义务发生时间也会不同，但企业还是能够通过税收优化，在税法允许的范围内，尽量采取有利于企业的结算方式，推迟纳税时间，获得纳税期的递延。纳税人销售货物、劳务、服务、无形资产、不动产，其纳税义务发生时间为收讫销售款项或者取得索取销售款项的凭据的当天；先开具发票的，为开具发票的当天。纳税人可以充分利用上述增值税纳税义务发生时间的规定，通过适当调整结算方式进行税务优化，总体筹划思路是没有收到货款即先不开发票，以达到延期纳税的目的。例如，采取赊销和分期收款方式销售货物时，购买方在合同约定时间无法支付货款，则应当及时修改合同，以确保销售方在收到货款后再缴纳增值税，否则，销售方则需要在合同约定的付款日期（在该日期实际上并未收到货款）产生增值税的纳税义务并应当在随后的纳税期限到来后缴纳增值税。对于委托销售的，如果发出代销货物即将满180天仍然未收到代销清单及货款，则应当及时办理退货手续，否则就产生了增值税的纳税义务。

（2）法律政策依据：

①《中华人民共和国增值税暂行条例》（1993年12月13日国务院令第134号公布，2008年11月5日国务院第34次常务会议修订通过，根据2016年2月6日《国务院关于修改部分行政法规的决定》第一次修订，根据2017年11月19日《国务院关于废止〈中华人民共和国营业税暂行条例〉和修改〈中华人民共和国增值税暂行条例〉的决定》第二次修订）。

②《中华人民共和国增值税暂行条例实施细则》（财政部 国家税务总局第50号令，根据2011年10月28日《关于修改〈中华人民共和国增值税暂行条例实施细则〉和〈中华人民共和国营业税暂行条例实施细则〉的决定》修订）。

6. 不同促销方式的税务优化

（1）税务优化思路。不同的促销方式在增值税上所受的待遇会不同，企业可以利用这些不同待遇进行税务优化。在增值税法上，赠送行为视同销售行为征收增值税，所以，当企业准备采用赠送这种促销方式时，需要考虑将赠送的商品放入销售的商品中，与销售的商品一起进行销售，这样就把赠送行为隐藏在销售行为之中，避免赠送商品所承担的税负。例如，市场上的"加量不加价"的促销方式就是运用这种税务优化的方法。假如采用在原数量和价格的基础上赠送若干数量商品的方法来促销，则该赠送的商品就需要缴纳增值税，从而会加重企业的税收负担。

（2）法律政策依据：

①《中华人民共和国增值税暂行条例》（1993年12月13日国务院令第134号公布，2008年11月5日国务院第34次常务会议修订通过，根据2016年2月6日《国务院关于修改部分行政法规的决定》第一次修订，根据2017年11月19日《国务院关于废止〈中华人民共和国营业税暂行条例〉和修改〈中华人民共和国增值税暂行条例〉的决定》第二次修订）。

②《中华人民共和国增值税暂行条例实施细则》（财政部 国家税务总局第50号令，根据2011年10月28日《关于修改〈中华人民共和国增值税暂行条例实施细则〉和〈中华人民共和国营业税暂行条例实施细则〉的决定》修订）。

案例引入解析 2-12

知识锦囊 2-13

微课 2-14

2.2.5 任务实施

2.2.5.1 任务分组

表1 学生分组表

班级		组号		授课教师	
组长		学号			
组员		姓名	学号	姓名	学号

2.2.5.2 自主探学

任务工作单1

组号：_____ 姓名：_____ 学号：_____ 检索号： 2252-1

引导问题：

(1) 折扣销售中的税务优化思路是什么？

_____

_____

(2) 将实物折扣变成价格折扣进行税务优化的思路是什么？

_____

_____

(3) 销售折扣中的税务优化思路是什么？

_____

_____

(4) 增值税结算方式的税务优化思路是什么？

_____

_____

(5) 利用不同的促销方式进行税务优化思路是什么？

_____

_____

_____

任务工作单2

组号：_____ 姓名：_____ 学号：_____ 检索号： 2252-2

引导问题：

(1) 甲公司迎国庆搞促销活动，规定凡购买其产品在5 000件以上的，折扣为10%。该产品不含税单价 200 元，折扣后的不含税价格为 180 元。该公司没有将销售额和折扣额在同一张发票上的金额栏分别注明。请问：该公司需要缴纳多少增值税？如何进行税务优化？

（2）甲公司销售 20 000 件商品，每件不含税价格为 100 元。现根据需要，采取实物折扣方式进行销售，即购买 100 件商品的基础上赠送 10 件商品，实际赠送商品 2 000 件。请问：该公司需要缴纳多少增值税？如何进行税务优化？

（3）甲公司与客户签订的合同约定不含税销售额为 200 000 元，合同约定付款期为 40 天。假如对方付款能在 20 天内，将给予对方 3% 的销售折扣，即 6 000 元。由于该公司采取的是销售折扣方式，折扣额不能从销售额中扣除。请问：该公司需要缴纳多少增值税？如何进行税务优化？

（4）A 企业是按月缴纳增值税的企业，委托 B 企业代销一批货物，于 2020 年 1 月 1 日发出货物。该企业于 2020 年 12 月 1 日收到 B 企业的代销清单和全部货款 116 万元。请问 A 企业应当在何时缴纳增值税，并如何进行税务优化？

（5）为扩大销售，A 公司准备春节期间进行"买一赠一"促销活动，计划提供促销商品正常销售额为 3 000 万元，实际收取销售额为 1 500 万元。已知该公司销售该商品适用增值税税率为 13%。请问：该公司需要缴纳多少增值税？如何进行税务优化？

2.2.5.3　合作探究

任务工作单 1

组号：_____　姓名：_____　学号：_____　检索号：　2253-1

引导问题：

小组交流讨论，教师参与，形成任务工作单 2252-1 的正确答案。

任务工作单 2

组号：_____ 姓名：_____ 学号：_____ 检索号：__2253-2__

引导问题：

小组交流讨论，教师参与，形成任务工作单 2252-2 的正确答案。

_____

_____

2.2.5.4 展示赏学

任务工作单 1

组号：_____ 姓名：_____ 学号：_____ 检索号：__2254-1__

引导问题：

（1）每组推荐一位小组长，汇报任务工作单 2252-2 方案。借鉴每组经验，进一步优化方案。

_____

_____

（2）个人结合汇报情况，检讨自己的不足。

_____

_____

2.2.5.5 评价反馈

任务工作单 1：自我测评

组号：_____ 姓名：_____ 学号：_____ 检索号：__2255-1__

个人自评表

班级		组名		日期	年　月　日
评价指标	评价内容			分数	分数评定
信息检索	能有效利用网络、图书资源查找有用的相关信息等；能将查到的信息有效地传递到学习中			10分	
感知课堂	是否能在学习中获得满足感以及课堂生活的认同感			10分	
参与态度	积极主动与教师、同学交流，相互尊重、理解、平等；与教师、同学之间是否能够保持多向、丰富、适宜的信息交流			15分	
	能处理好合作学习和独立思考的关系，做到有效学习；能提出有意义的问题或能发表个人见解			15分	
学习方法	学习方法得体，是否获得了进一步学习的能力			15分	
思维态度	是否能发现问题、提出问题、分析问题、解决问题，并拓展思维，创新提升			10分	
自评反馈	按时按质按任务、较好地掌握知识点；具有较强的信息分析能力和理解能力；具有较为全面严谨的思维能力，并能条理清晰地表达成文			25分	
自评分数					
有益的经验和做法					
总结反馈建议					

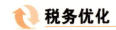

任务工作单2：小组内互评

组号：＿＿＿＿＿ 姓名：＿＿＿＿＿ 学号：＿＿＿＿＿ 检索号： **2255-2**

小组内互评表

班级		组名	日期	年　月　日
评价指标	评价内容		分数	分数评定
信息检索	该同学能有效利用网络、图书资源查找有用的相关信息等；能将查到的信息有效地传递到学习中		10分	
感知课堂	该同学是否能在学习中获得满足感以及课堂生活的认同感		10分	
参与态度	该同学能否积极主动与教师、同学交流，相互尊重、理解、平等；与教师、同学之间是否能够保持多向、丰富、适宜的信息交流		15分	
	该同学能否处理好合作学习和独立思考的关系，做到有效学习；能提出有意义的问题或能发表个人见解		15分	
学习方法	该同学学习方法得体，是否获得了进一步学习的能力		15分	
思维态度	该同学是否能发现问题、提出问题、分析问题、解决问题，并拓展思维，创新提升		10分	
自评反馈	该同学是否能按时按质按任务、较好地掌握知识点；具有较强的信息分析能力和理解能力；具有较为全面严谨的思维能力，并能条理清晰地表达成文		25分	
评价分数				
该同学的不足之处				
有针对性的改进建议				

任务工作单3：小组间互评

被评组号：＿＿＿＿＿ 检索号： **2255-3**

小组间互评表

班级		评价小组	日期	年　月　日
评价指标	评价内容		分数	分数评定
汇报表述	表述准确		15分	
	语言流畅		10分	
	准确反映该组完成情况		15分	

评价指标	评价内容	分数	分数评定
内容正确度	内容正确	30 分	
	阐述表达到位	30 分	
互评分数			
简要评述			

任务工作单 4：教师评价

组号：＿＿＿＿＿＿　姓名：＿＿＿＿＿＿　学号：＿＿＿＿＿＿　检索号：__2255-4__

教师评价表

班级			组名		姓名	
出勤情况						
评价内容	评价要点	考察要点			分数	分数评定
1. 查阅文献情况	任务实施过程中文献查阅	（1）是否查阅信息资料			20 分	
		（2）正确运用信息资料				
2. 互动交流情况	组内交流、教学互动	（1）积极参与交流			30 分	
		（2）主动接受教师指导				
3. 任务完成情况	规定时间内的完成度	（1）在规定时间内完成任务			20 分	
	任务完成的正确度	（2）任务完成的正确性			30 分	
合计					100 分	

自主探学解析 2-15

个人自评表 2-16

小组内互评表 2-17

小组间互评表 2-18

教师评价表 2-19

知识拓展 >>>>>

　　深圳查处"护航1号"电子普通发票虚开案。2021年初，深圳警税成功打掉电子普通发票虚开团伙1个，抓获犯罪嫌疑人5名，摧毁犯罪窝点4个。初步查明，该犯罪团伙控制580余家注册在深圳的空壳企业，对外虚开增值税普通发票15.8万余份，涉案金额超10亿元。

　　湖南查处"1·23"增值税发票虚开案。2021年1月，湖南娄底税务部门发现3家汽车销售公司存在重大虚开嫌疑，迅速会同公安部门成立联合专案组。经查，该犯罪团伙自2020年底以来，在娄底成立22家空壳公司虚开发票，虚开金额超6亿元。专案组成功收网，捣毁作案窝点3个，抓获嫌疑人5名。

思政之窗 >>>>>

　　国家税务总局稽查局有关负责人表示，税务部门将会同公安机关，精准有效打击虚开骗税违法犯罪行为。同时充分发挥税收大数据作用，实现对违法犯罪行为惩处从事后打击向事前事中精准防范转变，保障国家税收安全。

　　增值税改革，不仅仅是一项税制改革，更超越税制本身——不仅是减轻负担、缓解民生焦虑的惠民之举，同时也是促进结构调整、催生发展内生动力的有效措施。这是贯彻习近平总书记提出的"两个百年"奋斗目标，全面建成小康社会，把中国建成富强、民主、文明、和谐、美丽的社会主义现代化强国的必然要求，在实现中国梦的宏伟蓝图中，为我国的经济建设做出了贡献。

任务三　进项税额的税务优化

【案例引入】

A 公司属于增值税一般纳税人，适用 13%税率。购买原材料时，有两种进货渠道方案可供选择：方案一是从一般纳税人那里进货，含税价格为 118 元/件，可以开具 13%的增值税专用发票；方案二是从小规模纳税人那里进货，含税价格为 100 元/件，不能开具增值税专用发票。该企业 2020 年度一直从一般纳税人那里进货，一共进货 15 万件。请问：该公司如何进行税务优化？

2.3.1　任务描述

通过巧选供货人类型，分立公司、抵扣进项税额的合理筹划，完成增值税进项税额的税务优化，从而减轻增值税税负。

2.3.2　学习目标

1. 知识目标
（1）掌握增值税进项税额的概念；
（2）掌握巧选供货人类型的税务优化思路；
（3）掌握分立公司、抵扣进项税额的税务优化思路。

2. 能力目标
（1）能正确理解增值税的进项税额；
（2）能正确进行巧选供货人类型的税务优化；
（3）能正确进行分立公司、抵扣进项税额的税务优化。

3. 素质目标
（1）树立社会主义核心价值观，培养人文素养和家国情怀；
（2）培养团队精神、拼搏精神与创新精神；
（3）培养严谨的工作作风及热爱劳动的意识。

2.3.3　重难点

1. 重点
巧选供货人类型，分立公司、抵扣进项税额的税务优化。

2. 难点
分立公司、抵扣进项税额的税务优化。

难点 2-20

2.3.4 相关知识链接

1. 进项税额

进项税额是指纳税人购进货物、劳务、服务、无形资产或者不动产，支付或者负担的增值税额。它与销售方收取的销项税额相对应。由于当期进项税额是应交增值税的抵减项目，因此，进项税额越高，应交增值税越少。进项税额优化的基本思路是获得合法的抵扣凭证，尽可能扩大允许抵扣的范围，以获得节税利益。

2. 巧选供货人类型的税务优化

（1）税务优化思路。由于一般纳税人可以开具增值税专用发票，而税法规定，只有增值税专用发票才能作为抵扣凭证，所以本身就是一般纳税人的企业从另一家一般纳税人企业采购货物时，部分增值税是可以抵扣的。如果是从只开具增值税普通发票的小规模纳税人处采购货物的话，是无法抵扣其中所包含的增值税的。所以企业选择不同的供应商，可抵扣的增值税会不同，这将影响企业的实际税收负担。

如果一般纳税人和小规模纳税人两者的含税价格一样，那么肯定选择为一般纳税人的供应商了，因为可以抵扣部分增值税，相当于降低了产品的成本。但是大多时候企业会遇到这样的情况，甲企业需要的某种材料，乙企业（一般纳税人）可以供应，丙企业（小规模纳税人）愿意以更低的价格供应，这时候甲企业就要筹划丙企业的价格降低到多少，自己采购才比较合适？

一般纳税人按采购货物的渠道可以把供应商分为三种：第一种是一般纳税人，它可以开具税率为13%的增值税专用发票；第二种是可以开具增值税专用发票的小规模纳税人；第三种是只能开具增值税普通发票的小规模纳税人（增值税普通发票不能抵扣）。

当进价和售价一样时，选择一般纳税人为供货商时交税最少；选择不能开增值税专用发票的小规模纳税人时交税最多，这还没有考虑因为增值税而另外需要交的城市维护建设税和教育费附加。

通常情况下作为小规模的纳税人为了留住客户，都愿意在价格上给予一定的优惠。这时作为采购方就需要考虑，对方究竟给出多大的优惠幅度才能弥补没有增值税专用发票带来的损失。

假设从小规模纳税人供应商处的进货物价格（含税）为 X，一般纳税人供应商处的进货物价格（含税，税率为13%）为 Y，因为增值税专用发票可以抵扣 $Y \div (1+13\%) \times 13\%$ 的进项税，进项税7%的城市维护建设税和进项税3%的教育费附加，为使两者相等，则可以得到下列公式：

$$Y - Y \div (1+13\%) \times 13\% \times (1+3\%+7\%) = X$$

$$Y = 1.14X$$

$$X/Y = 87.35\%$$

也就是说，当该企业从一般纳税人处的进货价为 Y 时，从小规模纳税人的进货价为一般纳税人进货价格的87.35%时，二者所要缴纳的增值税才是相等的。当小规模纳税人的报价折扣低于这个比率时，那么从一般纳税人供应商那里采购比较划算，因为可以抵扣的税额大于从小规模纳税人那里采购得到的优惠。如果小规模纳税人的报价折扣高于87.35%的比例，那么从小规模纳税人处采购更优惠。

一般从小规模纳税人处采购的价格会较低，当企业采购从小规模纳税人处想换到一般纳税人处时，价格肯定会增加，但是最高定价多少才合适呢？就是在原来小规模处的价格乘以前面的系数就是最高价格，如果超过这个价格，那么从一般纳税人那里进货就不合适了。

例如，某一般纳税人企业之前从一个小规模纳税人处进货价格为100元，只能取得增值税普通发票，那么想要换到税率为13%的一般纳税人处时，进货价格最高就是 1.14×100 元 = 114元，低于这个价格可以考虑进货，高于这个价格就不合适了。

企业可以通过以上换算的结果，看看自己企业的供应商能提供什么样的抵扣税率的增值税发票，对比价格，好选择最优供应商。

不过这里主要从增值税负担角度来考虑，现实中可能还需要考虑运输成本、储存成本、交货时间、信用关系等各方面，企业要综合考量，选择最佳方案。

（2）法律政策依据：

①《中华人民共和国增值税暂行条例》(1993 年 12 月 13 日国务院令第 134 号公布，2008 年 11 月 5 日国务院第 34 次常务会议修订通过，根据 2016 年 2 月 6 日《国务院关于修改部分行政法规的决定》第一次修订，根据 2017 年 11 月 19 日《国务院关于废止〈中华人民共和国营业税暂行条例〉和修改〈中华人民共和国增值税暂行条例〉的决定》第二次修订)。

②《中华人民共和国增值税暂行条例实施细则》(财政部 国家税务总局第 50 号令，根据 2011 年 10 月 28 日《关于修改〈中华人民共和国增值税暂行条例实施细则〉和〈中华人民共和国营业税暂行条例实施细则〉的决定》修订)。

③《增值税一般纳税人登记管理办法》(国家税务总局令第 43 号)。

④《国家税务总局关于增值税一般纳税人登记管理若干事项的公告》(国家税务总局公告 2018 年第 6 号)。

3. 分立公司、抵扣进项税额的税务优化

（1）税务优化思路。我国增值税的计算和征收方式是税额抵扣法，即用纳税人的销项税额减去进项税额，而确定销项税额和进项税额的依据都是增值税专用发票，因此，如果纳税人不能合法取得增值税专用发票，纳税人的进项税额就不能抵扣。这就会增加纳税人的税收负担，使其在与同行业的竞争中处于不利地位。但是，根据税法的规定，在某些情况下，虽然纳税人无法取得增值税专用发票，但是也可以抵扣进项税额。例如购进农产品，除取得增值税专用发票或者海关进口增值税专用缴款书外，可以按照农产品收购发票或者销售发票上注明的农产品金额抵扣进项税，自 2019 年 4 月 1 日起原适用 10%扣除率的，扣除率调整为 9%，纳税人购进用于生产或者委托加工 13%税率货物的农产品，按照 10%的扣除率计算进项税额。进项税额计算公式：进项税额＝买价×扣除率。企业应当充分利用上述政策，尽量多地取得可以抵扣进项税额的发票。

根据《中华人民共和国增值税暂行条例》第 15 条的规定，农业生产者销售的自产农产品免征增值税，但其他生产者销售的农产品不能享受免税待遇。农业，是指种植业、养殖业、林业、牧业、水产业。农业生产者，包括从事农业生产的单位和个人。农产品，是指初级农产品，具体范围由财政部、国家税务总局确定。因此，企业如果有自产农产品，可以考虑单独设立相关的子公司负责生产销售自产农产品，从而享受免税待遇。

（2）法律政策依据：

①《中华人民共和国增值税暂行条例》(1993 年 12 月 13 日国务院令第 134 号公布，2008 年 11 月 5 日国务院第 34 次常务会议修订通过，根据 2016 年 2 月 6 日《国务院关于修改部分行政法规的决定》第一次修订，根据 2017 年 11 月 19 日《国务院关于废止〈中华人民共和国营业税暂行条例〉和修改〈中华人民共和国增值税暂行条例〉的决定》第二次修订)。

②《中华人民共和国增值税暂行条例实施细则》(财政部 国家税务总局第 50 号令，根据 2011 年 10 月 28 日《关于修改〈中华人民共和国增值税暂行条例实施细则〉和〈中华人民共和国营业税暂行条例实施细则〉的决定》修订)。

③《财政部 税务总局 海关总署关于深化增值税改革有关政策的公告》(财政部 税务总局 海关总署公告 2019 年 39 号)。

④《财政部 税务总局关于促进服务业领域困难行业纾困发展有关增值税政策的公告》(财政部 税务总局公告 2022 年第 11 号)。

案例引入解析 2-21　　　　知识锦囊 2-22　　　　微课 2-23

2.3.5　任务实施

2.3.5.1　任务分组

表 1　学生分组表

班级		组号		授课教师	
组长		学号			
组员		姓名	学号	姓名	学号

2.3.5.2　自主探学

任务工作单 1

组号：_____　姓名：_____　学号：_____　检索号：　2352-1

引导问题：

(1) 巧选供货人类型的税务优化思路是什么？

_____

_____

(2) 分立公司、抵扣进项税额的税务优化思路是什么？

_____

_____

_____

任务工作单 2

组号：_____　姓名：_____　学号：_____　检索号：　2352-2

引导问题：

(1) A 公司属于增值税一般纳税人，适用 13%税率。购买原材料时，有两种进货渠道方案可供选择：方案一是从一般纳税人那里进货，含税价格为 118 元/件，可以开具 13%的增值税专用发票；方案二是从小规模纳税人那里进货，含税价格为 100 元/件，不能开具增值税专用发票。该公司 2020 年度一直从一般纳税人那里进货，一共进货 15 万件。请问：该公司如何进行税务优化？

_____

_____

_____

（2）A 牛奶公司饲养奶牛，将产出的新鲜牛奶加工制成奶制品，然后将奶制品销售给其他商业公司。奶制品的增值税税率适用 13%，进项税额主要分为两部分：一是向农民个人收购的草料部分可以抵扣 9% 的进项税额；二是公司水费、电费和修理用配件等按规定可以抵扣进项税额。已知该公司 2020 年度从农民生产者手中购入的草料金额为 900 万元，允许抵扣的进项税额为 90 万元，其他水电费、修理用配件等进项税额为 80 万元，全年奶制品不含税销售收入为 4 800 万元。请问：该公司如何进行税务优化？

_____

_____

_____

_____

2.3.5.3 合作研学

任务工作单 1

组号：_____ 姓名：_____ 学号：_____ 检索号：___2353-1___

引导问题：

小组交流讨论，教师参与，形成任务工作单 2352-1 正确的税务优化思路。

_____

_____

任务工作单 2

组号：_____ 姓名：_____ 学号：_____ 检索号：___2353-2___

引导问题：

小组交流讨论，教师参与，形成任务工作单 2352-2 正确的税务优化方案。

_____

_____

2.3.5.4 展示赏学

任务工作单 1

组号：_____ 姓名：_____ 学号：_____ 检索号：___2354-1___

引导问题：

（1）每组推荐一位小组长，汇报任务工作单 2352-2 方案。借鉴每组经验，进一步优化方案。

_____

_____

（2）个人结合汇报情况，检讨自己的不足。

_____

_____

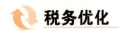

2.3.5.5 评价反馈

任务工作单1：自我测评

组号：_____ 姓名：_____ 学号：_____ 检索号：__2355-1__

个人自评表

班级		组名		日期	年 月 日
评价指标	评价内容			分数	分数评定
信息检索	能有效利用网络、图书资源查找有用的相关信息等；能将查到的信息有效地传递到学习中			10分	
感知课堂	是否能在学习中获得满足感以及课堂生活的认同感			10分	
参与态度	积极主动与教师、同学交流，相互尊重、理解、平等；与教师、同学之间是否能够保持多向、丰富、适宜的信息交流			15分	
	能处理好合作学习和独立思考的关系，做到有效学习；能提出有意义的问题或能发表个人见解			15分	
学习方法	学习方法得体，是否获得了进一步学习的能力			15分	
思维态度	是否能发现问题、提出问题、分析问题、解决问题，并拓展思维，创新提升			10分	
自评反馈	按时按质按任务、较好地掌握知识点；具有较强的信息分析能力和理解能力；具有较为全面严谨的思维能力，并能条理清晰地表达成文			25分	
自评分数					
有益的经验和做法					
总结反馈建议					

任务工作单2：小组内互评

组号：_____ 姓名：_____ 学号：_____ 检索号：__2355-2__

小组内互评表

班级		组名		日期	年 月 日
评价指标	评价内容			分数	分数评定
信息检索	该同学能有效利用网络、图书资源查找有用的相关信息等；能将查到的信息有效地传递到学习中			10分	
感知课堂	该同学是否能在学习中获得满足感，课堂生活的认同感			10分	

评价指标	评价内容	分数	分数评定
参与态度	该同学能否积极主动与教师、同学交流，相互尊重、理解、平等；与教师、同学之间是否能够保持多向、丰富、适宜的信息交流	15分	
	该同学能否处理好合作学习和独立思考的关系，做到有效学习；能提出有意义的问题或能发表个人见解	15分	
学习方法	该同学学习方法得体，是否获得了进一步学习的能力	15分	
思维态度	该同学是否能发现问题、提出问题、分析问题、解决问题，并拓展思维，创新提升	10分	
自评反馈	该同学是否能按时按质按任务、较好地掌握知识点；具有较强的信息分析能力和理解能力；具有较为全面严谨的思维能力，并能条理清晰地表达成文	25分	
评价分数			
该同学的不足之处			
有针对性的改进建议			

任务工作单3：小组间互评

被评组号：＿＿＿＿＿＿＿＿ **检索号：** ＿2355-3＿

小组间互评表

班级		评价小组		日期	年 月 日
评价指标	评价内容			分数	分数评定
汇报表述	表述准确			15分	
	语言流畅			10分	
	准确反映该组完成情况			15分	
内容正确度	内容正确			30分	
	阐述表达到位			30分	
互评分数					
简要评述					

任务工作单4：教师评价

组号：＿＿＿＿＿ 姓名：＿＿＿＿＿ 学号：＿＿＿＿＿ 检索号： 2355-4

教师评价表

班级		组名		姓名	
出勤情况					
评价内容	评价要点	考察要点		分数	分数评定
1. 查阅文献情况	任务实施过程中文献查阅	（1）是否查阅信息资料		20分	
		（2）正确运用信息资料			
2. 互动交流情况	组内交流、教学互动	（1）积极参与交流		30分	
		（2）主动接受教师指导			
3. 任务完成情况	规定时间内的完成度	（1）在规定时间内完成任务		20分	
	任务完成的正确度	（2）任务完成的正确性		30分	
合计				100分	

自主探学解析 2-24　　个人自评表 2-25　　小组内互评表 2-26　　小组间互评表 2-27　　教师评价表 2-28

知识拓展

截至 2021 年 6 月，我国针对创新创业的主要环节和关键领域陆续推出了 102 项税费优惠政策措施，覆盖企业整个生命周期。

一、企业初创期税费优惠

企业初创期，除了普惠式税收优惠，符合条件的增值税小规模纳税人、小型微利企业、个体工商户，特殊群体创业或者吸纳特殊群体就业（高校毕业生、失业人员、退役士兵、军转干部、随军家属、残疾人、回国服务的在外留学人员、长期来华定居专家等）还能享受特殊的税费优惠。同时，国家还对扶持企业成长的科技企业孵化器、大学科技园等创业就业平台，创投企业、金融机构、企业和个人等给予税收优惠，充分发挥集聚效应，给予企业金融支持。

二、企业成长期税费优惠

为营造良好的科技创新税收环境，促进企业快速健康成长，国家出台了一系列税收优惠政策，帮助企业不断增强转型升级的动力。对研发费用实施所得税加计扣除政策，对制造业企业研发费用实施所得税 100% 加计扣除政策。对企业固定资产实行加速折旧，对制造业及部分服务业企业符合条件的仪器、设备实行加速折旧。对科学研究机构、技术开发机构、学校、图书馆进口国内不能生产或性能不能满足需求的科学研究、科技开发和教学用品，免征进口关税和进口环节增值税、消费税。实施科技成果转化税收优惠，帮助企业和科研机构留住创新人才，激发科研人员研发创新和科技成果转化的积极性。

三、企业成熟期税费优惠

为助力企业持续发展壮大、做大做强，国家从不同角度、不同领域出台了一系列税收优惠政策，帮助我国企业加快创新追赶步伐、抢占科技制高点。对高新技术企业、技术先进型服务企业减按15%的税率征收企业所得税，对高新技术企业和科技型中小企业亏损结转年限延长至10年，先进制造业纳税人给予增值税期末留抵退税优惠。对软件产品实施增值税超税负即征即退，国家鼓励的软件企业可以享受企业所得税定期减免优惠，尤其是国家鼓励的重点软件企业，可减按10%的税率征收企业所得税。对集成电路重大项目企业给予增值税期末留抵税额退税优惠，对符合规定的集成电路生产企业或项目定期减免企业所得税，对集成电路生产企业生产设备缩短折旧年限，对动漫企业销售自主开发生产动漫软件实行增值税超税负即征即退、动漫软件出口免征增值税等政策。

推进大众创业、万众创新，是发展的动力之源，也是富民之道、公平之计、强国之策，对于推动经济结构调整、打造发展新引擎、增强发展新动力、走创新驱动发展道路具有重要意义。近年来，大众创业、万众创新持续向更大范围、更高层次和更深程度推进，创新创业与经济社会发展深度融合，对推动新旧动能转换和经济结构升级、扩大就业和改善民生、营造公平营商环境和创新社会氛围发挥了重要作用。

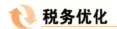

任务四　增值税的其他税务优化

【案例引入】

　　某钢材厂属于增值税一般纳税人。2020年9月销售钢材，取得含税销售额1 800万元，同时又经营农机，取得含税销售额200万元。前项经营的增值税税率为13%，后项经营的增值税税率为9%。该厂对两种经营统一进行核算，其增值税负担比较重。请问：该厂如何进行税务优化？

2.4.1　任务描述

　　通过兼营销售、巧用起征点，以及小微企业优惠政策、农产品免税政策和资产重组不征增值税政策进行合理筹划，完成增值税的其他税务优化，从而减轻增值税税负。

2.4.2　学习目标

1. 知识目标
　　（1）掌握兼营销售，巧用起征点进行税务优化的思路；
　　（2）掌握利用小微企业优惠政策，农产品免税政策以及资产重组不征增值税政策进行税务优化的思路。

2. 能力目标
　　（1）能正确进行兼营销售、巧用起征点的税务优化；
　　（2）能正确利用小微企业优惠政策、农产品免税政策以及资产重组不征增值税政策进行税务优化。

3. 素质目标
　　（1）培养爱国情怀，增强制度自信和民族自豪感；
　　（2）培养法律意识、责任意识和大局意识；
　　（3）培养团队精神、拼搏精神和创新精神。

2.4.3　重难点

1. 重点
　　兼营销售、巧用起征点的税务优化；利用小微企业优惠政策、农产品免税政策以及资产重组不征增值税政策进行税务优化。

2. 难点
　　利用资产重组不征增值税政策进行税务优化。

难点 2-29

2.4.4 相关知识链接

1. 兼营销售的税务优化

（1）税务优化思路。根据《中华人民共和国增值税暂行条例》第 3 条的规定，纳税人兼营不同税率的项目，应当分别核算不同税率项目的销售额；未分别核算销售额的，从高适用税率。因此，纳税人兼营不同税率的项目时，一定要分别核算，否则，会增加纳税人的税收负担。我国现行增值税一般纳税人适用的增值税税率有 4 档——13%、9%、6% 和 0，在特定情况下适用征收率为 3% 或 5%。

原来缴纳营业税的业务，除了出租动产适用 13% 的增值税税率外，其他业务适用税率（9%、6%）都明显低于销售货物适用税率（13%、9%）。因此，企业在经营中一定将应税服务项目与销售货物分别签订合同、分别开具发票、分别进行收入核算，这样才能分别适用税率。

有些情况下，兼营不同税率业务的企业，最好先去工商管理部门更正经营范围，明确主营业务和兼营业务。如建筑施工单位将自制建筑材料用到承包的建筑工程，首先应在经营范围上明确主营工程施工，兼营建材生产销售，或者主营建材生产销售，兼营工程施工；然后分别签订销售建材合同和工程承包合同；进而分别开具发票，分别核算主营和兼营收入；最后才能分别适用 13% 和 9% 的税率纳税。否则，属于混合经营行为，有可能一并按照 13% 的税率征收增值税。对于既销售货物又兼营运输的企业，首先也应明确主营和兼营的范围，然后分别签订销售货物合同和运输合同，进而分别开具发票，分别核算主营和兼营收入，最后才能分别适用 13% 和 9% 的税率纳税。

（2）法律政策依据：

①《中华人民共和国增值税暂行条例》(1993 年 12 月 13 日国务院令第 134 号公布，2008 年 11 月 5 日国务院第 34 次常务会议修订通过，根据 2016 年 2 月 6 日《国务院关于修改部分行政法规的决定》第一次修订，根据 2017 年 11 月 19 日《国务院关于废止〈中华人民共和国营业税暂行条例〉和修改〈中华人民共和国增值税暂行条例〉的决定》第二次修订)。

②《中华人民共和国增值税暂行条例实施细则》(财政部 国家税务总局第 50 号令，根据 2011 年 10 月 28 日《关于修改〈中华人民共和国增值税暂行条例实施细则〉和〈中华人民共和国营业税暂行条例实施细则〉的决定》修订)。

③《财政部 国家税务总局关于简并增值税税率有关政策的通知》(财税〔2017〕37 号)。

④《财政部 税务总局关于调整增值税税率的通知》(财税〔2018〕32 号)。

⑤《财政部 税务总局 海关总署关于深化增值税改革有关政策的公告》(财政部 税务总局 海关总署公告 2019 年 39 号)。

2. 巧用起征点的税务优化

（1）税务优化思路。起征点纳税人发生应税销售行为的销售额未达到增值税起征点的，免征增值税；达到起征点的，全额计算缴纳增值税。

增值税起征点的适用范围限于个人，且不适用于登记为一般纳税人的个体工商户。起征点的幅度规定如下：

①按期纳税的，为月销售额 5 000~20 000 元（含本数）。

②按次纳税的，为每次（日）销售额 300~500 元（含本数）。

起征点的调整由财政部和国家税务总局规定。省、自治区、直辖市财政厅（局）和税务局应当在规定的幅度内，根据实际情况确定本地区适用的起征点，并报财政部和国家税务总局备案。

如果纳税人的不含税销售额位于当地规定的增值税起征点附近，应当尽量使自己的不含税销售额低于税法规定的起征点，从而享受免税的优惠待遇。但这一优惠仅能适用于个人和个体工商户，不能适用于个人独资企业、合伙企业、有限责任公司。

（2）法律政策依据：

①《中华人民共和国增值税暂行条例》（1993年12月13日国务院令第134号公布，2008年11月5日国务院第34次常务会议修订通过，根据2016年2月6日《国务院关于修改部分行政法规的决定》第一次修订，根据2017年11月19日《国务院关于废止〈中华人民共和国营业税暂行条例〉和修改〈中华人民共和国增值税暂行条例〉的决定》第二次修订）。

②《中华人民共和国增值税暂行条例实施细则》（财政部 国家税务总局第50号令，根据2011年10月28日《关于修改〈中华人民共和国增值税暂行条例实施细则〉和〈中华人民共和国营业税暂行条例实施细则〉的决定》修订）。

③《国家税务总局关于小规模纳税人免征增值税征管问题的公告》（国家税务总局公告2021年第5号）。

3. 利用资产重组的税务优化

（1）税务优化思路。《国家税务总局关于纳税人资产重组有关增值税问题的公告》（国家税务总局公告2011年第13号）规定，自2011年3月1日起，纳税人在资产重组过程中，通过合并、分立、出售、置换等方式，将全部或部分实物资产及与其相关联的债权、负债和劳动力一并转让给其他单位和个人，不属于增值税的征税范围，其中涉及的货物转让，不征收增值税。

《国家税务总局关于纳税人资产重组有关增值税问题的公告》（国家税务总局公告2013年第66号）的规定，纳税人在资产重组过程中，通过合并、分立、出售、置换等方式，将全部或部分实物资产及与其相关联的债权、负债经多次转让后，最终的受让方与劳动力接收方为同一单位和个人的，仍适用《国家税务总局关于纳税人资产重组有关增值税问题的公告》（国家税务总局公告2011年第13号）的相关规定，其中货物的多次转让行为均不征收增值税。资产的出让方需将资产重组方案等文件资料报其主管税务机关。

《财政部 国家税务总局关于全面推开营业税改征增值税试点的通知》（财税〔2016〕36号）附件2《营业税改征增值税试点有关事项的规定》：在资产重组过程中，通过合并、分立、出售、置换等方式，将全部或者部分实物资产以及与其相关联的债权、负债和劳动力一并转让给其他单位和个人，其中涉及的不动产、土地使用权转让行为不征收增值税。

纳税人可以利用上述优惠政策进行资产重组。

（2）法律政策依据：

①《国家税务总局关于纳税人资产重组有关增值税问题的公告》（国家税务总局公告2011年第13号）。

②《国家税务总局关于纳税人资产重组增值税留抵税额处理有关问题的公告》（国家税务总局公告2012年第55号）。

③《国家税务总局关于纳税人资产重组有关增值税问题的公告》（国家税务总局公告2013年第66号）。

4. 利用小微企业优惠政策的税务优化

（1）税务优化思路。现在国家针对小微企业相继出台了不少优惠政策，纳税人可以根据这些优惠政策进行税务优化，减轻企业的税负。从2021年4月1日起，对月销售额15万元以下（含本数）的增值税小规模纳税人，免征增值税。具体如下：

①小规模纳税人发生增值税应税销售行为，合计月销售额未超过15万元（以1个季度为1个纳税期的，季度销售额未超过45万元，下同）的，免征增值税。

小规模纳税人发生增值税应税销售行为，合计月销售额超过15万元，但扣除本期发生的销售不动产的销售额后未超过15万元的，其销售货物、劳务、服务、无形资产取得的销售额免征增值税。

②按固定期限纳税的小规模纳税人可以选择以1个月或1个季度为纳税期限，一经选择，一个会计年度内不得变更。

小规模纳税人，因为纳税期限的不同，可享受免税政策的效果存在差异，可根据自身企业的实际情况，做出有利于自己的选择。

如果小规模纳税人每年大多时候月份的销售额可能都不会超过15万元，只是偶尔有月份会超过15万元，那么选择按月纳税能享受的优惠更多。到底是选择按月还是按季度纳税，每家企业要根据自己的实际情况来定。

③《中华人民共和国增值税暂行条例实施细则》第九条所称的其他个人，采取一次性收取租金形式出租不动产取得的租金收入，可在对应的租赁期内平均分摊，分摊后的月租金收入未超过15万元的，免征增值税。

对于所有小规模纳税人来说，只要满足上面的条件都可以享受到这个增值税的优惠政策。对于一些满足一般纳税人转为小规模纳税人的企业，如果没有特殊情况可以转为小规模纳税人，这样每年能节省不少增值税，那些因增值税产生的附加税也不用再交了。

对于一些生产季节性比较强的商品或提供季节性比较强的服务的小规模纳税人，可以提前进行税务筹划，将纳税期限变成一个季度的，这样其他季度如果销售额小于45万元，就可以减免增值税及一些附加税。

（2）法律政策依据：

①《中华人民共和国增值税暂行条例》（1993年12月13日国务院令第134号公布，2008年11月5日国务院第34次常务会议修订通过，根据2016年2月6日《国务院关于修改部分行政法规的决定》第一次修订，根据2017年11月19日《国务院关于废止〈中华人民共和国营业税暂行条例〉和修改〈中华人民共和国增值税暂行条例〉的决定》第二次修订）。

②《中华人民共和国增值税暂行条例实施细则》（财政部 国家税务总局第50号令，根据2011年10月28日《关于修改〈中华人民共和国增值税暂行条例实施细则〉和〈中华人民共和国营业税暂行条例实施细则〉的决定》修订）。

③《财政部 国家税务总局关于暂免征收部分小微企业增值税和营业税的通知》（财税〔2013〕52号）。

④《财政部 国家税务总局关于进一步支持小微企业增值税和营业税政策的通知》（财税〔2014〕71号）。

⑤《财政部 国家税务总局关于继续执行小微企业增值税和营业税政策的通知》（财税〔2015〕96号）。

⑥《国家税务总局关于小微企业免征增值税和营业税有关问题的公告》（国家税务总局公告2014年第57号）。

⑦《财政部 国家税务总局关于延续小微企业增值税政策的通知》（财税〔2017〕76号）。

⑧《财政部 税务总局关于实施小微企业普惠性税收减免政策的通知》（财税〔2019〕13号）。

⑨《国家税务总局关于小规模纳税人免征增值税征管问题的公告》(国家税务总局公告 2021 年第 5 号)。

5. 利用农产品免税政策的税务优化

(1) 税务优化思路。增值税一般纳税人购进农产品,从按照简易计税方法依照 3% 征收率计算缴纳增值税的小规模纳税人处取得增值税专用发票的,以增值税专用发票上注明的金额和 9% 的扣除率计算进项税额。这里需要注意,农产品免税只是针对农业生产者销售自产的农产品才免收增值税,如果农业生产者对自己的产品进行深加工后再销售,是无法享受这个免税优惠的。所以企业在创建之初就要根据自身的经营内容和方式,进行系统的税务筹划,尤其是对于农产品加工企业而言更需提前合理规划。若一个企业既包括原料农场,又包括农产品加工,可以将农场和加工厂分成两个独立的法人,这样可以减轻企业的税负。因为农场自产自销未加工的初级农产品(如小麦),可以享受国家的免增值税优惠政策。加工厂购进农场的小麦后,可按购进的农产品价格核算,按照 9% 扣除率计算进项税额,进行抵扣,降低企业的税负。

(2) 法律政策依据:

①《财政部 国家税务总局关于简并增值税税率有关政策的通知》(财税〔2017〕37 号)。

②《财政部 税务总局关于调整增值税税率的通知》(财税〔2018〕32 号)。

③《财政部 税务总局 海关总署关于深化增值税改革有关政策的公告》(财政部 税务总局 海关总署公告 2019 年第 39 号)。

案例引入解析 2-30　　　　　知识锦囊 2-31　　　　　微课 2-32

2.4.5 任务实施

2.4.5.1 任务分组

表 1　学生分组表

班级		组号		授课教师	
组长		学号			
组员	姓名	学号	姓名	学号	

2.4.5.2 自主探学

任务工作单 1

组号：_____ 姓名：_____ 学号：_____ 检索号：**2452-1**

引导问题：

（1）兼营销售的税务优化思路是什么？

_____

_____

（2）巧用起征点的税务优化思路是什么？

_____

_____

（3）利用资产重组的税务优化思路是什么？

_____

_____

（4）利用小微企业优惠政策的税务优化思路是什么？

_____

_____

（5）利用农产品免税政策的税务优化思路是什么？

_____

_____

任务工作单 2

组号：_____ 姓名：_____ 学号：_____ 检索号：**2452-2**

引导问题：

（1）A 公司属于增值税一般纳税人，2021 年 5 月份的经营收入有机电产品销售额 1 000 万元，其中农机销售额 600 万元（含增值税）。适用增值税税率为 9%，其他机电设备的销售额为 400 万元（含增值税），适用增值税税率为 13%。该公司对两种经营统一进行核算。请问：该公司如何进行税务优化？

_____

_____

（2）个体工商户刘女士销售杂货，每月含税销售额为 20 600 元左右，当地财政厅和国家税务局规定的增值税起征点为 20 000 元。请问：刘女士全年需要缴纳多少增值税？如何进行税务优化？（不考虑小微企业免征增值税优惠）

_____

_____

（3）A 上市公司与 B 公司计划进行资产置换，A 公司名下的所有资产与负债均转移给 B 公司，B 公司名下的全部资产与负债转移给 A 公司，双方互不支付差价。已知，A 公司名下的货物正常销售额为 6 000 万元，B 公司名下的货物正常销售额为 5 000 万元。A 公司与 B 公司原计划各自按照资产销售的方式进行税务处理，请提出这两家公司交易的税务优化方案。

_____

_____

（4）A公司为增值税小规模纳税人，适用3%的征收率，每季度含税销售额为47万元左右。由于不符合小微企业免增值税的条件，每季度依法缴纳增值税。请问：该公司2021年度需要缴纳多少增值税？如何进行税务优化？

（5）某地村民们栽种了大量速生材，现已进入砍伐期。部分村民直接出售原木，每立方米价格为200元。另一部分村民将原木加工成薄板、包装箱等销售。假设每立方米原木加工需要人工费4元，耗用电费6元，其最低出售价为210元。可这价格没人收购，深加工后的原木销售价格反而比没加工的原木低。请问：如何进行税务优化？

2.4.5.3　合作研学

任务工作单1

组号：_____　姓名：_____　学号：_____　检索号：　2453-1

引导问题：

小组交流讨论，教师参与，形成任务工作单2452-1的正确答案。

任务工作单2

组号：_____　姓名：_____　学号：_____　检索号：　2453-2

引导问题：

小组交流讨论，教师参与，形成任务工作单2452-2正确的税务优化方案。

2.4.5.4　展示赏学

任务工作单1

组号：_____　姓名：_____　学号：_____　检索号：　2454-1

引导问题：

（1）每组推荐一位小组长，汇报任务工作单2452-2方案。借鉴每组经验，进一步优化方案。

（2）个人结合汇报情况，检讨自己的不足。

_____

_____

_____

2.4.5.5 评价反馈

任务工作单1：自我测评

组号：_____ 姓名：_____ 学号：_____ 检索号：2455-1

个人自评表

班级		组名		日期	年 月 日
评价指标	评价内容			分数	分数评定
信息检索	能有效利用网络、图书资源查找有用的相关信息等；能将查到的信息有效地传递到学习中			10分	
感知课堂	是否能在学习中获得满足感以及课堂生活的认同感			10分	
参与态度	积极主动与教师、同学交流，相互尊重、理解、平等；与教师、同学之间是否能够保持多向、丰富、适宜的信息交流			15分	
	能处理好合作学习和独立思考的关系，做到有效学习；能提出有意义的问题或能发表个人见解			15分	
学习方法	学习方法得体，是否获得了进一步学习的能力			15分	
思维态度	是否能发现问题、提出问题、分析问题、解决问题，并拓展思维，创新提升			10分	
自评反馈	按时按质按任务、较好地掌握知识点；具有较强的信息分析能力和理解能力；具有较为全面严谨的思维能力，并能条理清晰地表达成文			25分	
自评分数					
有益的经验和做法					
总结反馈建议					

任务工作单2：小组内互评

组号：_____ 姓名：_____ 学号：_____ 检索号：2455-2

小组内互评表

班级		组名		日期	年 月 日
评价指标	评价内容			分数	分数评定
信息检索	该同学能有效利用网络、图书资源查找有用的相关信息等；能将查到的信息有效地传递到学习中			10分	

评价指标	评价内容	分数	分数评定
感知课堂	该同学是否能在学习中获得满足感以及课堂生活的认同感	10分	
参与态度	该同学能否积极主动与教师、同学交流，相互尊重、理解、平等；与教师、同学之间是否能够保持多向、丰富、适宜的信息交流	15分	
	该同学能否处理好合作学习和独立思考的关系，做到有效学习；能提出有意义的问题或能发表个人见解	15分	
学习方法	该同学学习方法得体，是否获得了进一步学习的能力	15分	
思维态度	该同学是否能发现问题、提出问题、分析问题、解决问题，并拓展思维，创新提升	10分	
自评反馈	该同学是否能按时按质按任务、较好地掌握知识点；具有较强的信息分析能力和理解能力；具有较为全面严谨的思维能力，并能条理清晰地表达成文	25分	
评价分数			
该同学的不足之处			
有针对性的改进建议			

任务工作单 3：小组间互评

被评组号：＿＿＿＿＿＿＿　　检索号：　2455-3

小组间互评表

班级		评价小组		日期	年　月　日
评价指标		评价内容		分数	分数评定
汇报表述	表述准确			15分	
	语言流畅			10分	
	准确反映该组完成情况			15分	
内容正确度	内容正确			30分	
	阐述表达到位			30分	
互评分数					
简要评述					

任务工作单4：教师评价

组号：＿＿＿＿＿　姓名：＿＿＿＿＿　学号：＿＿＿＿＿　检索号：　2455-4

教师评价表

班级		组名		姓名		
出勤情况						
评价内容	评价要点	考察要点			分数	分数评定
1. 查阅文献情况	任务实施过程中文献查阅	（1）是否查阅信息资料			20分	
		（2）正确运用信息资料				
2. 互动交流情况	组内交流、教学互动	（1）积极参与交流			30分	
		（2）主动接受教师指导				
3. 任务完成情况	规定时间内的完成度	（1）在规定时间内完成任务			20分	
	任务完成的正确度	（2）任务完成的正确性			30分	
合计					100分	

自主探学解析 2-33　个人自评表 2-34　小组内互评表 2-35　小组间互评表 2-36　教师评价表 2-37

 **知识拓展** ▶▶▶▶

港澳青年，背靠祖国天地宽

就业是最大的民生。人社部、财政部、国家税务总局以及国务院港澳办联合印发《关于支持港澳青年在粤港澳大湾区就业创业的实施意见》（以下简称《意见》），旨在进一步促进港澳青年到大湾区就业创业，更好地增进港澳同胞民生福祉、助推港澳与内地交往交流交融。

《意见》一经公布，就引发热烈反响，获得港澳青年、大湾区内用人单位等各方面广泛好评，其中一个重要原因，就在于《意见》里干货满满，都是实招、硬招。比如，加大"三支一扶"计划招募力度，允许符合条件的港澳青年报名参加；在粤港澳大湾区自主创业的港澳青年，按规定享受税收优惠、创业担保贷款及贴息、场地支持等扶持政策；鼓励粤港澳大湾区用人单位为港澳青年提供就业见习岗位；根据港澳青年求职需要举办专场招聘会等等。《意见》从拓宽就业渠道、支持创新创业、提升就业能力、优化就业服务四方面提出实举措，为有意愿在粤港澳大湾区就业创业的港澳青年提供有针对性的服务保障和政策支持，必将助力一批港澳青年在大湾区放飞梦想、实现梦想，更好地融入国家发展大局。

思政之窗 ▶▶▶▶

好风凭借力。大湾区是我国开放程度最高、经济活力最强的区域之一，拥有完备的产业体系、发达的交通网络，面向广阔的内地市场，如今政策配套更趋完善，为港澳青年逐梦大湾区筑牢了底气和信心。不妨看看，南沙粤港澳（国际）青年创新工场、前海深港青年梦工场、横琴澳门青年创业谷方兴未艾、生机勃勃，无数优秀项目从这里孵化、起飞；广东每年约有 1 万个事业单位公开招聘岗位面向港澳居民开放，为港澳人士融入大湾区搭梯筑台；医师、教师、导游等 8 个领域的 2 000 多名港澳专业人士已取得内地注册执业资格。这些成果充分证明，大湾区是港澳青年展示才华、大展拳脚的最好舞台，祖国内地是港澳青年实现抱负、赢得未来的最大机遇所在。

目前香港面临房价高企、贫富差距大、产业结构问题，澳门则面临经济结构相对单一的问题，不少港澳青年面临就业难、创业难、置业难等痛点。要突破这些瓶颈，除了香港和澳门需要从内部找到突破口，也离不开祖国内地的帮助和支持。粤港澳大湾区横空出世，为解决上述难题提供了金钥匙。对港澳青年来说，更要珍惜这样的机遇和条件，敢于打破思维定式，勇于走出人生"舒适区"，到内地多走走多看看，拓宽视野、发现机遇，把握发展大势，发挥港澳和自身优势，定能创造更多可能性。

全球发展的最大机遇在中国，港澳发展的最大机遇在内地。我们相信，无论是心怀狮子山下的拼搏精神，还是带着濠江之畔的创业豪情，只要广大港澳青年推开心门、勇敢出发、不懈奋斗，就一定能让年轻的梦想在祖国广袤土地上生根发芽、开花结果，就一定能把个人价值的实现与港澳发展、祖国发展紧密结合在一起，书写更加精彩的人生。

（来源：人民日报客户端）

项目小结

项目二从纳税人身份的选择、销项税额、进项税额等方面分别阐述了税务优化的思路、法律政策依据、税务优化图及相关案例等知识。其中，销项税额税务优化包括折扣销售、销售折扣、结算方式的税务优化，实物折扣变价格折扣的税务优化，以及不同促销方式的税务优化；进项税额税务优化包括巧用供货人类型的税务优化和分立公司、抵扣进项税额的税务优化；增值税其他税务优化包括利用资产重组、小微企业优惠政策、农产品免税政策的税务优化，还有兼营销售税务优化和巧用起征点的税务优化。

教学过程中，引导学生养成良好的职业素养，培养学生的团队精神、劳模精神、拼搏精神和创新精神，具备诚实守信、热爱劳动的意识。

通过项目二的学习，学生能够完成对增值税的税务优化。

创新研究与巩固训练

一、单选题

1. 某公司为增值税一般纳税人，2022 年 1 月销售化妆品，取得含税收入 32 万元，同时收取包装物租金 2 万元，该公司适用的增值税税率为 13%，计算该公司上述业务应缴纳的增值税税额为（　　）。

A. 32÷（1+13%）×13%　　　　　　　B. 32×13%+2×13%

C. 32÷（1+13%）×13%+2×13%　　　D. 32÷（1+13%）×13%+2÷（1+13%）×13%

2. 下列在计算增值税销项税额中可以从销售额中扣除的是（　　）。

A. 销售额和折扣额在同一张发票上的"金额"栏分别注明的

B. 折扣额另开发票

C. 销售额和折扣额在同一张发票上，未在发票"金额"栏注明折扣额，而仅在发票的"备注"栏注明折扣额的

D. 企业为尽快回笼资金实行的销售折扣

3. 根据增值税税法规定，关于外购的免税农产品的扣税率，下列正确的是（   ）。

A. 6%　　　　　　　B. 9%　　　　　　　C. 13%　　　　　　D. 17%

4. 对于小规模纳税人来说，适用的增值税征收率一般为（   ）。

A. 3%　　　　　　　B. 9%　　　　　　　C. 6%　　　　　　　D. 4%

5. 采取托收承付和委托银行收款方式销售货物，增值税纳税义务发生时间为（   ）。

A. 发出货物并办妥托收手续的当天　　B. 收到销售款当天

C. 签订合同的当天　　　　　　　　　D. 开具发票的当天

6. 某超市（增值税一般纳税人），2022年1月向农民收购苹果一批直接对外销售，取得收购发票金额10万元，可以抵扣的进项税额为（   ）万元。

A. 1　　　　　　　　B. 0.9　　　　　　C. 1.3　　　　　　D. 0

7. 不属于一般纳税人特征的是（   ）。

A. 年应征增值税销售额超过500万元　　B. 实行凭增值税专用发票抵扣税款的制度

C. 会计核算水平要求较高　　　　　　　D. 管理水平要求不高

8. 增值税起征点适用范围为（   ）。

A. 公司　　　　　　　　　　　　　　　B. 合伙企业

C. 登记为一般纳税人的个体工商户　　　D. 个人

9. 企业为了减轻增值税税负，根据增值率判别法，不考虑其他因素情况下，当增值率小于23.08%时，应选择（   ）。

A. 小规模纳税人　　　　　　　　　　　B 一般纳税人

C. 小规模纳税人或者一般纳税人　　　　D. 无法确定

10. 企业为了减轻增值税税负，根据购货额占销售额比重判别法，不考虑其他因素情况下，当购货额占销售额的比重大于76.92%时，应选择（   ）。

A. 小规模纳税人　　　　　　　　　　　B. 一般纳税人

C. 小规模纳税人或者一般纳税人　　　　D. 无法确定

二、多选题

1. 根据增值税法律制度的规定，以下选项可以认定为小规模纳税人的有（   ）。

A. 年应征增值税销售额400万元的食品加工厂

B. 年应征增值税销售额50万元的商店

C. 年应征增值税销售额70万元且会计制度不健全的蔬菜批发公司

D. 年应征增值税销售额600万元的汽车维修厂

2. 一般纳税人所适应的增值税税率为（   ）。

A. 13%　　　　　　B. 9%　　　　　　　C. 3%　　　　　　　D. 6%

3. 下列各项中，符合增值税纳税义务发生时间的有（   ）。

A. 采用预收货款方式销售货物，为发出货物的当天

B. 采用赊销、分期付款结算方式的，为书面合同约定的收款日期的当天

C. 销售应税劳务，为提供劳务同时收讫销售额或者取得索取销售款的凭据的当天

D. 进口货物，为报关进口的当天

4. 下列可以作为增值税进项税抵扣的发票有（   ）。

A. 增值税专用发票　　　　　　　　　　B. 增值税普通发票

C. 农产品销售发票　　　　　　　　　　D. 农产品收购发票

5. 下列说法正确的是（   ）。

A. 月销售额超过15万元全额缴纳增值税

B. 月销售额超过15万元差额缴纳增值税

C. 季销售额超过 45 万元全额缴纳增值税

D. 季销售额超过 45 万元差额缴纳增值税

三、判断题

1. 小规模纳税人不可以自行开具增值税专用发票。（　　）

2. 采取直接收款方式销售货物，不论货物是否发出，均为收到销售款或者取得索取销售款凭据的当天。（　　）

3. 销售农产品免征增值税。（　　）

4. 纳税人兼营不同税率的项目，应当分别核算不同税率项目的销售额；未分别核算销售额的，从高适用税率。（　　）

5. 起征点纳税人发生应税销售行为的销售额未达到增值税起征点的，免征增值税；达到起征点的，全额计算缴纳增值税。（　　）

四、典型案例分析

1. 万兴集团为增值税一般纳税人，2021 年 8 月发生 4 笔销售业务，共计 5 000（含税）万元，货物已全部发出。其中，两笔业务共计 3 400 万元，货款两清；一笔业务 600 万元，两年后一次结清；另一笔一年后付 400 万元，一年半后付 500 万元，余款 100 万元两年后结清。请结合直接收款、赊销和分期收款结算方式的具体规定，对该集团的增值税业务进行筹划分析。

2. A、B 两个企业均为小规模纳税人，加工生产机械配件。A 企业年不含税销售额为 410 万元，年可抵扣购进货物金额 360 万元；B 企业年不含税销售额 440 万元，年可抵扣购进货物金额 385 万元。进项税额可取得增值税专用发票。由于两个企业年销售额均达不到一般纳税人标准，税务机关对两个企业均按小规模纳税人简易方法征税，征收率 3%。要求：根据购货额占销售额比重判别法分析计算两企业应如何对纳税人身份进行筹划。

创新研究与巩固训练解析 2-38

消费税的税务优化

1. 知识目标

（1）掌握消费税纳税人的税务优化思路；

（2）掌握消费税计税依据的税务优化思路；

（3）掌握连续生产应税消费品的税务优化思路。

2. 能力目标

（1）能正确进行消费税纳税人的税务优化；

（2）能正确进行消费税计税依据的税务优化；

（3）能正确进行连续生产应税消费品的税务优化。

3. 素质目标

（1）培养学生勤于思考、分析问题的意识；

（2）培养学生的法律意识、责任意识与大局意识；

（3）培养学生的团队精神、拼搏精神与创新精神；

（4）培养学生严谨的工作作风，树立诚实守信、热爱劳动的意识；

（5）引导学生树立社会主义核心价值观，培养学生的人文素养和家国情怀；

（6）培养学生追求真理、实事求是、勇于探究与实践的科学精神；

（7）引导学生弘扬节约、节俭的中华民族传统美德，传承中国优秀传统文化。

4. 知识结构导图

消费税的税务优化知识结构导图如图 3-1 所示。

图 3-1　消费税的税务优化知识结构导图

任务一　消费税纳税人的税务优化

【案例引入】

A 企业为增值税一般纳税人，适用 25% 的企业所得税税率，计划投产新产品，有两种方案可供选择：一是生产蓝莓果汁饮料；二是生产薯类白酒。假设该企业无论生产上述两种产品中的任何一种产品，预计 2022 年均能取得销售收入 400 万元，耗用成本 200 万元，从节税的角度出发，该企业应当投产哪种产品？（假设以上销售额均为不含增值税销售额，不考虑增值税的进项税额、白酒的从量消费税，不考虑城市维护建设税和教育费附加。）

3.1.1 任务描述

对消费税纳税人进行正确的税务优化。

3.1.2 学习目标

1. 知识目标
（1）掌握消费税征收范围的税务优化思路；
（2）掌握利用联合企业的税务优化思路。

2. 能力目标
（1）能正确进行消费税征收范围的税务优化；
（2）能正确进行利用联合企业的税务优化。

3. 素质目标
（1）培养学生勤于思考、分析问题的意识；
（2）培养学生的团队精神、拼搏精神与创新精神；
（3）引导学生树立社会主义核心价值观，培养学生的人文素养和家国情怀。

3.1.3 重难点

1. 重点
消费税征收范围的税务优化，利用联合企业的税务优化。

2. 难点
消费税征收范围的税务优化。

难点 3-1

3.1.4 相关知识链接

1. 征收范围的税务优化

（1）税务优化思路。根据《中华人民共和国消费税暂行条例》附录"消费税税目税率表"中规定的征收范围，我国目前对消费税的征收范围仅局限于 15 类商品，分别是烟、酒、高档化妆品、贵重首饰及珠宝玉石、鞭炮及焰火、成品油、摩托车、小汽车、高尔夫球及球具、高档手表、游艇、木制一次性筷子、实木地板、电池和涂料。即使在上述 15 类消费品的范围内，也有一些免税的消费品，如无汞原电池、金属氢化物镍蓄电池（又称"氢镍蓄电池"或"镍氢蓄电池"）、锂原电池、锂离子蓄电池、太阳能电池、燃料电池和全钒液流电池以及电动汽车等。如果企业希望从源头上节税，可以在投资决策时避开以上消费品，选择其他符合国家产业政策、在流转税及所得税方面有优惠措施的产品进行投资，如高档摄像机、高档组合音响、裘皮制品、移动电话、装饰材料。在市场前景看好的情况下，企业选择这类项目投资，也可以达到减轻消费税税收负担的目的。

（2）法律政策依据：

①《中华人民共和国消费税暂行条例》（国务院 1993 年 12 月 13 日颁布，国务院令〔1993〕第 135 号，2008 年 11 月 5 日国务院第 34 次常务会议修订通过）。

②《中华人民共和国消费税暂行条例实施细则》（财政部 国家税务总局第 51 号令）。

③《财政部 国家税务总局关于调整消费税政策的通知》（财税〔2014〕93 号）。

④《财政部 国家税务总局关于对电池、涂料征收消费税的通知》（财税〔2015〕16 号）。

⑤《财政部 国家税务总局关于调整化妆品消费税政策的通知》（财税〔2016〕103 号）。

2. 利用联合企业的税务优化

（1）税务优化思路。根据《中华人民共和国消费税暂行条例》的规定，消费税是按不同产品分别设计高低不同的税率，税率档次较多。纳税人可以利用这种多层次的税率进行税务优化，即将分散的企业联合成企业集团，或者将独立的企业分解成由若干分公司或者子公司组成的企业联合体，进而通过合理确定企业内部定价，从整体上减轻企业的税收负担。当企业为一个大的联合企业或企业集团时，内部各分厂及所属的商店、劳动服务公司等，在彼此间购销商品，进行连续加工或销售时，通过内部定价，便可以巧妙而有效地达到减轻整个联合企业税负的目的。当适用高税率的分厂将其产品卖给适用低税率的分厂时，通过制定较低的内部价，便把商品原有的一部分价值由税率高的部门转到税率低的部门。适用高税率的企业，销售收入减少，应纳税额减少；而适用税率低的企业，产品收入不变，应纳税额不变，但由于它得到了低价的原材料，就可以降低成本，增加利润。

（2）法律政策依据：

①《中华人民共和国消费税暂行条例》（国务院1993年12月13日颁布，国务院令〔1993〕第135号，2008年11月5日国务院第34次常务会议修订通过）。

②《中华人民共和国消费税暂行条例实施细则》（财政部 国家税务总局第51号令）。

③《财政部 国家税务总局关于调整消费税政策的通知》（财税〔2014〕93号）。

④《财政部 国家税务总局关于提高成品油消费税的通知》（财税〔2014〕94号）。

⑤《财政部 国家税务总局关于继续提高成品油消费税的通知》（财税〔2015〕11号）。

⑥《财政部 国家税务总局关于对电池、涂料征收消费税的通知》（财税〔2015〕16号）。

⑦《财政部 国家税务总局关于调整卷烟消费税的通知》（财税〔2015〕60号）。

⑧《财政部 国家税务总局关于调整化妆品消费税政策的通知》（财税〔2016〕103号）。

案例引入解析 3-2

知识锦囊 3-3

微课 3-4

3.1.5 任务实施

3.1.5.1 任务分组

表1　学生分组表

班级		组号		授课教师	
组长		学号			
组员		姓名	学号	姓名	学号

3.1.5.2 自主探学

任务工作单 1

组号：_____ 姓名：_____ 学号：_____ 检索号：__3152-1__

引导问题：

（1）请简述消费税征收范围的税务优化思路。

_____

_____

（2）请简述利用联合企业的税务优化思路。

_____

_____

任务工作单 2

组号：_____ 姓名：_____ 学号：_____ 检索号：__3152-2__

引导问题：

（1）经过市场调研，A 企业计划投产高档摄像机或者高档手表。两种产品的总投资额为 1 000 万元，预计年销售额均可达到 500 万元，耗用成本 200 万元。A 企业适用的企业所得税税率为 25%。假设不考虑城市维护建设税及教育附加费。高档手表的消费税税率为 20%。从节税的角度出发，该企业应当投产哪种产品？

_____

_____

（2）中建集团公司由 A、B 两家企业组成，B 企业生产所需的原料是 A 企业生产的产品。A 企业产品适用消费税税率为 30%，B 企业产品适用消费税税率为 20%。B 企业现采购生产原料，以 150 万元（不含税）向 A 企业购买一批原料，加工以后以 220 万元（不含税）的价格将该产品对外进行销售。请问该集团公司应如何进行税务优化？

_____

_____

_____

3.1.5.3 合作研学

任务工作单 1

组号：_____ 姓名：_____ 学号：_____ 检索号：__3153-1__

引导问题：

小组交流讨论，教师参与，形成任务工作单 3152-1 正确的税务优化思路。

_____

_____

任务工作单 2

组号：_____ 姓名：_____ 学号：_____ 检索号：__3153-2__

引导问题：

小组交流讨论，教师参与，形成任务工作单 3152-2 正确的税务优化方案。

_____

_____

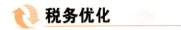

3.1.5.4 展示赏学

任务工作单 1

组号：_____ 姓名：_____ 学号：_____ 检索号：__3154-1__

引导问题：

（1）每组推荐一位小组长，汇报任务工作单 3152-2 方案。借鉴每组经验，进一步优化方案。

_____

_____

_____

（2）个人结合汇报情况，检讨自己的不足。

_____

_____

_____

3.1.5.5 评价反馈

任务工作单 1：自我测评

组号：_____ 姓名：_____ 学号：_____ 检索号：__3155-1__

个人自评表

班级		组名		日期	年 月 日
评价指标	评价内容			分数	分数评定
信息检索	能有效利用网络、图书资源查找有用的相关信息等；能将查到的信息有效地传递到学习中			10 分	
感知课堂	是否能在学习中获得满足感以及课堂生活的认同感			10 分	
参与态度	积极主动与教师、同学交流，相互尊重、理解、平等；与教师、同学之间是否能够保持多向、丰富、适宜的信息交流			15 分	
	能处理好合作学习和独立思考的关系，做到有效学习；能提出有意义的问题或能发表个人见解			15 分	
学习方法	学习方法得体，是否获得了进一步学习的能力			15 分	
思维态度	是否能发现问题、提出问题、分析问题、解决问题，并拓展思维，创新提升			10 分	
自评反馈	按时按质按任务、较好地掌握知识点；具有较强的信息分析能力和理解能力；具有较为全面严谨的思维能力，并能条理清晰地表达成文			25 分	
自评分数					
有益的经验和做法					
总结反馈建议					

任务工作单2：小组内互评

组号：_____ 姓名：_____ 学号：_____ 检索号： 3155-2

小组内互评表

班级		组名		日期	年　月　日
评价指标	评价内容			分数	分数评定
信息检索	该同学能有效利用网络、图书资源查找有用的相关信息等；能将查到的信息有效地传递到学习中			10分	
感知课堂	该同学是否能在学习中获得满足感以及课堂生活的认同感			10分	
参与态度	该同学能否积极主动与教师、同学交流，相互尊重、理解、平等；与教师、同学之间是否能够保持多向、丰富、适宜的信息交流			15分	
	该同学能否处理好合作学习和独立思考的关系，做到有效学习；能提出有意义的问题或能发表个人见解			15分	
学习方法	该同学学习方法得体，是否获得了进一步学习的能力			15分	
思维态度	该同学是否能发现问题、提出问题、分析问题、解决问题，并拓展思维，创新提升			10分	
自评反馈	该同学是否能按时按质按任务、较好地掌握知识点；具有较强的信息分析能力和理解能力；具有较为全面严谨的思维能力，并能条理清晰地表达成文			25分	
评价分数					
该同学的不足之处					
有针对性的改进建议					

任务工作单3：小组间互评

被评组号：_____ 检索号： 3155-3

小组间互评表

班级		评价小组		日期	年　月　日
评价指标	评价内容			分数	分数评定
汇报表述	表述准确			15分	
	语言流畅			10分	
	准确反映该组完成情况			15分	

续表

评价指标	评价内容	分数	分数评定
内容正确度	内容正确	30分	
	阐述表达到位	30分	
互评分数			
简要评述			

任务工作单4：教师评价

组号：_____ 姓名：_____ 学号：_____ 检索号：3155-4

教师评价表

班级		组名		姓名		
出勤情况						
评价内容	评价要点	考察要点			分数	分数评定
1. 查阅文献情况	任务实施过程中文献查阅	（1）是否查阅信息资料			20分	
		（2）正确运用信息资料				
2. 互动交流情况	组内交流、教学互动	（1）积极参与交流			30分	
		（2）主动接受教师指导				
3. 任务完成情况	规定时间内的完成度	（1）在规定时间内完成任务			20分	
	任务完成的正确度	（2）任务完成的正确性			30分	
合计					100分	

自主探学解析 3-5　　个人自评表 3-6　　小组内互评表 3-7　　小组间互评表 3-8　　教师评价表 3-9

 知识拓展 ▶▶▶▶▶

　　2021年11月10日，国务院公布《国务院关于修改〈中华人民共和国烟草专卖法实施条例〉的决定》（以下简称《决定》），在《中华人民共和国烟草专卖法实施条例》（以下简称《实施条例》）中增加了"电子烟等新型烟草制品参照本条例卷烟的有关规定执行"的规定。12月2日，国家烟草专卖局公布了《电子烟管理办法（征求意见稿）》，面向社会公开征求意见。此举

旨在强化电子烟监管，规范它的生产经营活动，保障消费者的利益。目前消费税税目中有烟一类，包括卷烟、雪茄和烟丝。比如卷烟在工业生产环节，甲类卷烟税率56%加0.003元/支，乙类卷烟税率为36%加0.003元/支。卷烟商业批发环节，税率为11%加0.005元/支。但是，消费税暂行条例的税目中并没有电子烟，而且正在立法中的消费税法也没有将电子烟纳入征税范围，因此目前国家对电子烟不征收消费税。由于很多电子烟含有尼古丁等物质，影响人的身体健康尤其是青少年，因此很多专家建议将电子烟纳入消费税征收范围。根据世界卫生组织《2021全球烟草流行报告》，已至少有29个国家对电子烟征收消费税。各国征税方式不一，有的按照电子烟售价来从价计税，有的根据电子烟烟油体积来从量计税等。

北京2022年冬奥会吸引了全世界的目光，绿色能源、绿色交通、低碳场馆等无处不在的"绿意"，成为北京冬奥会最大亮点，描绘出中国绿色可持续发展的优美画卷。第十九次全国代表大会的报告指出，中国应该加强生态文明建设。我们必须建设绿色可持续的中国，建设美好的新中国。为了贯彻建设资源节约型、环境友好型社会，必须有相关的政策保障，消费税就具有引导消费并调节宏观产业发展的作用，逐渐成为调节生产和消费发展的重要手段。

税收的绿色发展理念是通过消费税、资源税、环境保护税等税收来调节消费、优化资源使用来达到保护环境、实现节约资源、保护生态平衡，并逐渐实现可持续发展的目标的税收理念。建立消费税主要是为了保护环境，节约资源，减少环境污染，并以此来保证国家的财政收入。绿色发展税制旨在引导绿色的理性健康消费。节约资源的消耗和利用。在消费的税率、税收项目、税收补贴和其他税收立法设计中采取对于高耗能高污染与低耗能少污染区别对待，贯彻环保、节约资源和可持续发展等要素，进一步建立符合生态环境保护和提升生态环境效益的税收制度。

任务二　消费税计税依据的税务优化

【案例引入】

A 企业生产经营各类粮食白酒和果酒。2019 年度，粮食白酒的销售量为 5 万斤，销售额为 200 万元，果酒的销售量为 5 万斤，销售额为 100 万元，但该企业没有分别核算。请计算该企业应当缴纳的消费税，并提出税务优化方案。（根据现行的税法规定，粮食白酒的比例税率为 20%，定额税率为 0.5 元/500 克；果酒的比例税率为 10%，无定额税率。）

3.2.1　任务描述

正确完成消费税计税依据的税务优化。

3.2.2　学习目标

1. 知识目标

（1）掌握兼营行为的税务优化思路；

（2）掌握白酒消费税最低计税价格的税务优化思路；

（3）掌握以外汇结算应税消费品的税务优化思路；

（4）掌握利用临界点进行税务优化的思路；

（5）掌握包装物的税务优化思路；

（6）掌握自产自用消费品的税务优化思路；

（7）掌握包装方式的税务优化思路。

2. 能力目标

（1）能正确进行兼营行为的税务优化；

（2）能正确进行白酒消费税最低计税价格的税务优化；

（3）能正确进行以外汇结算应税消费品的税务优化；

（4）能正确利用临界点进行税务优化；

（5）能正确进行包装物的税务优化；

（6）能正确进行自产自用消费品的税务优化；

（7）能正确进行包装方式的税务优化。

3. 素质目标

（1）培养学生的法律意识、责任意识与大局意识；

（2）培养学生的团队精神、拼搏精神与创新精神；

（3）引导学生弘扬节约、节俭的中华民族传统美德，传承中国优秀传统文化。

3.2.3 重难点

1. 重点

兼营行为的税务优化，白酒消费税最低计税价格的税务优化，包装物的税务优化，自产自用消费品的税务优化，包装方式的税务优化。

2. 难点

利用临界点进行税务优化。

难点 3-10

3.2.4 相关知识链接

1. 兼营行为的税务优化

（1）税务优化思路。根据《中华人民共和国消费税暂行条例》第 3 条的规定，纳税人兼营不同税率的应当缴纳消费税的消费品（简称应税消费品），应当分别核算不同税率应税消费品的销售额、销售数量；未分别核算销售额、销售数量，或者将不同税率的应税消费品组成成套消费品销售的，从高适用税率。税法的上述规定要求纳税人必须注意分别核算不同税率的应税消费品的生产情况，这一税务优化方法看似简单，但如果纳税人不了解税法的这一规定，而没有分别核算的话，在缴纳消费税的时候就会吃亏。因此，纳税人在进行纳税申报的时候，必须要注意消费品的组合问题，没有必要成套销售的，就不宜采用这种销售方式。

（2）法律政策依据：

①《中华人民共和国消费税暂行条例》（国务院 1993 年 12 月 13 日颁布，国务院令〔1993〕第 135 号，2008 年 11 月 5 日国务院第 34 次常务会议修订通过）第 3 条。

②《中华人民共和国消费税暂行条例实施细则》（财政部 国家税务总局第 51 号令）。

③《财政部 国家税务总局关于调整化妆品消费税政策的通知》（财税〔2016〕103 号）。

2. 白酒消费税最低计税价格的税务优化

（1）税务优化思路。根据《国家税务总局关于加强白酒消费税征收管理通知》（国税函〔2009〕380 号），白酒生产企业销售给销售单位的白酒，生产企业消费税计税价格低于销售单位对外销售价格（不含增值税，下同）70% 以下的，税务机关应核定消费税最低计税价格。

白酒生产企业应将各种白酒的消费税计税价格和销售单位销售价格，在主管税务机关规定的时限内填报。白酒消费税最低计税价格由白酒生产企业自行申报，税务机关核定。

主管税务机关应将白酒生产企业申报的销售给销售单位的消费税计税价格低于销售单位对外销售价格 70% 以下、年销售额 1 000 万元以上的各种白酒，在规定的时限内逐级上报至国家税务总局。税务总局选择其中部分白酒核定消费税最低计税价格。除税务总局已核定消费税最低计税价格的白酒外，其他需要核定消费税最低计税价格的白酒，消费税最低计税价格由各省、自治区、直辖市和计划单列市国家税务局核定。

白酒消费税最低计税价格核定标准如下：

①白酒生产企业销售给销售单位的白酒，生产企业消费税计税价格高于销售单位对外销售价格 70%（含 70%）以上的，税务机关暂不核定消费税最低计税价格。

②白酒生产企业销售给销售单位的白酒，生产企业消费税计税价格低于销售单位对外销售

价格 70%以下的，消费税最低计税价格由税务机关根据生产规模、白酒品牌、利润水平等情况在销售单位对外销售价格 50%~70%范围内自行核定。其中生产规模较大、利润水平较高的企业生产的需要核定消费税最低计税价格的白酒，税务机关核价幅度原则上应选择在销售单位对外销售价格 60%~70%范围内。

已核定最低计税价格的白酒，生产企业实际销售价格高于消费税最低计税价格的，按实际销售价格申报纳税；实际销售价格低于消费税最低计税价格的，按最低计税价格申报纳税。

已核定最低计税价格的白酒，销售单位对外销售价格持续上涨或下降时间达到 3 个月以上、累计上涨或下降幅度在 20%（含）以上的白酒，税务机关重新核定最低计税价格。

对于已经核定白酒最低计税价格的企业而言，尽量按照白酒最低计税价格来确定自己的实际销售价格，这样可以按照最低的计税价格来纳税。

（2）法律政策依据：

①《中华人民共和国消费税暂行条例》（国务院 1993 年 12 月 13 日颁布，国务院令〔1993〕第 135 号，2008 年 11 月 5 日国务院第 34 次常务会议修订通过）。

②《中华人民共和国消费税暂行条例实施细则》（财政部 国家税务总局第 51 号令）。

③《国家税务总局关于加强白酒消费税征收管理通知》（国家税务总局 2009 年 7 月 17 日发布，国税函〔2009〕380 号）。

3. 以外汇结算应税消费品的税务优化

（1）税务优化思路。根据《中华人民共和国消费税暂行条例》第 5 条的规定，纳税人销售的应税消费品，以人民币计算销售额。纳税人以人民币以外的货币结算销售额的，应当折合成人民币计算。根据《中华人民共和国消费税暂行条例实施细则》第 11 条的规定，纳税人销售的应税消费品，以人民币以外的货币结算销售额的，其销售额的人民币折合率可以选择销售额发生的当天或者当月 1 日的人民币汇率中间价。纳税人应在事先确定采用何种折合率，确定后一年内不得变更。从税务优化的角度看，人民币折合率既可以采用结算当天的国家外汇牌价，也可以用当月月初的外汇牌价。一般来说，外汇市场波动越大，通过选择折合率进行税务优化的必要性越大，越是以较低的人民币汇率计算应纳税额，越有利于税务优化。

需要指出的是，由于汇率的折算方法一经确定，一年内不得随意变动，因此在选择汇率折算方法的时候，需要纳税人对未来的经济形势及汇率走势做出恰当的判断。同时，这一限制也对这一税务优化方法的效果产生很大限制，当然，税务优化应当体现在点点滴滴的税负减轻之中，税务优化更体现为一种意识，在某一方面节税效果不是很明显，但是对于一个涉及众多税种，进行众多经营的大型企业来讲，税务优化的效果是不能小视的。

（2）法律政策依据：

①《中华人民共和国消费税暂行条例》（国务院 1993 年 12 月 13 日颁布，国务院令〔1993〕第 135 号，2008 年 11 月 5 日国务院第 34 次常务会议修订通过）第 5 条。

②《中华人民共和国消费税暂行条例实施细则》（财政部 国家税务总局第 51 号令）第 11 条。

4. 利用临界点的税务优化

（1）税务优化思路。根据《财政部 国家税务总局关于调整酒类产品消费税政策的通知》（财税〔2001〕84 号）的规定，每吨啤酒出厂价格（含包装物及包装物押金）在 3 000 元（含3 000 元，不含增值税）以上的，单位税额 250 元/吨；每吨啤酒出厂价格在 3 000 元（不含

3 000元，不含增值税）以下的，单位税额220元/吨。娱乐业、饮食业自制啤酒，单位税额250元/吨。啤酒消费税的税率为从量定额税率，同时根据啤酒的单位价格实行全额累进。全额累进税率的一个特点是：在临界点，税收负担变化比较大，会出现税收负担的增加大于计税依据的增加的情况。在这种情况下，巧妙运用临界点的规定适当降低产品价格反而能够增加税后利润。

（2）法律政策依据：

①《中华人民共和国消费税暂行条例》（国务院1993年12月13日颁布，国务院令〔1993〕第135号，2008年11月5日国务院第34次常务会议修订通过）第5条。

②《中华人民共和国消费税暂行条例实施细则》（财政部 国家税务总局第51号令）第11条。

动画 3-11

5. 包装物的税务优化

（1）税务优化思路。根据《中华人民共和国消费税暂行条例实施细则》第13条的规定，应税消费品连同包装物销售的，无论包装物是否单独计价及在会计上如何核算，均应并入应税消费品的销售额中缴纳消费税。如果包装物不作价随同产品销售，而是收取押金，此项押金则不应并入应税消费品的销售额中征税。但对因逾期未收回的包装物不再退还的或者已收取的时间超过12个月的押金，应并入应税消费品的销售额，按照应税消费品的适用税率缴纳消费税。对既作价随同应税消费品销售，又另外收取押金的包装物的押金，凡纳税人在规定的期限内没有退还的，均应并入应税消费品的销售额，按照应税消费品的适用税率缴纳消费税。因此，企业如果想在包装物上节省消费税，关键是包装物不能作价随同产品出售，而应采取收取"押金"的形式，这样"押金"就不并入销售额计算消费税额。即使在经过1年以后，需要将押金并入应税消费品的销售额，按照应税消费品的适用税率征收消费税，也使企业获得了该笔消费税的1年的免费使用权。

这种税务优化在会计上的处理方法，随同产品出售但单独计价的包装物，按规定应缴纳的消费税，借记"税金及附加"科目，贷记"应交税费——应交消费税"科目。企业逾期未退还的包装物押金，按规定应缴纳的消费税，借记"税金及附加""其他应付款"等科目，贷记"应交税费——应交消费税"科目。

值得注意的是，根据《财政部 国家税务总局关于酒类产品包装物押金征税问题的通知》（财税〔1995〕53号）及《国家税务总局关于印发〈消费税问题解答〉的通知》（国税函发〔1997〕306号）的规定，从1995年6月1日起，对销售除啤酒、黄酒外的其他酒类产品而收取的包装物押金，无论是否返还以及会计上如何核算，均应并入当期销售额征税（之所以将啤酒和黄酒除外，是因为对酒类包装物押金征税的规定只适用于实行从价定率办法征收消费税的酒类，而啤酒和黄酒产品是实行从量定额办法征收消费税的，因此无法适用这一规定）。这在一定程度上限制了经营酒类产品的企业利用包装物税务优化的可能性。同时，财政部和税务总局的上述规定也从反面说明了企业大量使用这种税务优化方法，导致企业节约了大量税款，相应导致国家税款流失。

根据《财政部 国家税务总局关于调整金银首饰消费税纳税环节有关问题的通知》（财税〔1994〕95号）的规定，金银首饰连同包装物销售的，无论包装是否单独计价，也无论会计上如何核算，均应并入金银首饰的销售额，计征消费税。根据这一规定，金银首饰生产企业仍然可以通过把包装物变成押金的方式进行税务优化。在会计处理上，根据《财政部关于调整金银首饰消费税纳税环节后有关会计处理规定的通知》（财会字〔1995〕9号）的规定，随同金银首饰出售但单独计价的包装物，按规定应缴纳的消费税，借记"税金及附加"科目，贷记"应交税费——应交消费税"科目。

（2）法律政策依据：

①《中华人民共和国消费税暂行条例》（国务院1993年12月13日颁布，国务院令〔1993〕第135号，2008年11月5日国务院第34次常务会议修订通过）。

②《中华人民共和国消费税暂行条例实施细则》（财政部 国家税务总局第51号令）第13条。

③《财政部 国家税务总局关于酒类产品包装物押金征税问题的通知》（财政部 国家税务总局1995年6月9日发布，财税〔1995〕53号）。

④《国家税务总局关于印发〈消费税问题解答〉的通知》（国家税务总局1997年5月21日发布，国税函发〔1997〕306号）。

⑤《财政部关于消费税会计处理的规定》（财政部1993年12月30日发布，财会〔1993〕83号）。

⑥《财政部 国家税务总局关于调整金银首饰消费税纳税环节有关问题的通知》（财政部 国家税务总局1994年12月24日发布，财税〔1994〕95号）。

⑦《财政部关于调整金银首饰消费税纳税环节后有关会计处理规定的通知》（财政部1995年2月14日发布，财会字〔1995〕9号）。

6. 自产自用消费品的税务优化

（1）税务优化思路。根据《中华人民共和国消费税暂行条例》第7条的规定，纳税人自产自用的应税消费品，按照纳税人生产的同类消费品的销售价格计算纳税；没有同类消费品销售价格的，按照组成计税价格计算纳税。实行从价定率办法计算纳税的组成计税价格计算公式为

$$组成计税价格 = (成本 + 利润) \div (1 - 比例税率)$$

实行复合计税办法计算纳税的组成计税价格计算公式为

$$组成计税价格 = (成本 + 利润 + 自产自用数量 \times 定额税率) \div (1 - 比例税率)$$

应税消费品的全国平均成本利润率如下：

甲类卷烟为10%；乙类卷烟为5%；雪茄烟为5%；烟丝为5%；粮食白酒为10%；薯类白酒为5%；其他酒为5%；高档化妆品为5%；鞭炮及焰火为5%；贵重首饰及珠宝玉石为6%；摩托车为6%；高尔夫球及球具为10%；高档手表为20%；游艇为10%；木制一次性筷子为5%；实木地板为5%；乘用车为8%；中轻型商用客车为5%；电池为4%；涂料为7%。

根据《中华人民共和国消费税暂行条例实施细则》第15条的规定，同类消费品的销售价格，是指纳税人或者代收代缴义务人当月销售的同类消费品的销售价格，如果当月同类消费品各期销售价格高低不同，应按销售数量加权平均计算。但销售的应税消费品有下列情况之一的，不得列入加权平均计算：

①销售价格明显偏低并无正当理由的。

②无销售价格的。

如果当月无销售或者当月未完结，应按照同类消费品上月或最近月份的销售价格计算纳税。纳税人可以通过自产自用消费品计价方式的不同来选择税负最轻的纳税方式。

（2）法律政策依据：

①《中华人民共和国消费税暂行条例》（国务院 1993 年 12 月 13 日颁布，国务院令〔1993〕第 135 号，2008 年 11 月 5 日国务院第 34 次常务会议修订通过）第 4 条、第 7 条。

②《中华人民共和国消费税暂行条例实施细则》（财政部 国家税务总局第 51 号令）第 15 条。

③《财政部 国家税务总局关于调整和完善消费税政策的通知》（财政部 国家税务总局 2006 年 3 月 20 日发布，财税〔2006〕33 号）。

④《财政部 国家税务总局关于对电池 涂料征收消费税的通知》（财税〔2015〕16 号）。

7. 包装方式的税务优化

（1）税务优化思路。根据《中华人民共和国消费税暂行条例》第 3 条的规定，纳税人兼营不同税率的应税消费品，应当分别核算不同税率应税消费品的销售额、销售数量。未分别核算销售额、销售数量，或者将不同税率的应税消费品组成成套消费品销售的，从高适用税率。当纳税人需要将不同税率的商品组成套装进行销售时，应当尽量采取先销售后包装的方式进行核算，而不要采取先包装后销售的方式进行核算。

（2）法律政策依据：

①《中华人民共和国消费税暂行条例》（国务院 1993 年 12 月 13 日颁布，国务院令〔1993〕第 135 号，2008 年 11 月 5 日国务院第 34 次常务会议修订通过）第 3 条。

②《中华人民共和国消费税暂行条例实施细则》（财政部 国家税务总局第 51 号令）。

案例引入解析 3-12　　　知识锦囊 3-13　　　微课 3-14

3.2.5 任务实施

3.2.5.1　任务分组

表 1　学生分组表

班级		组号		授课教师	
组长		学号			
组员	姓名	学号	姓名	学号	

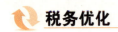

3.2.5.2 自主探学

任务工作单 1

组号：_____ 姓名：_____ 学号：_____ 检索号： 3252-1

（1）请简述兼营行为的税务优化思路。
_____

_____

（2）请简述白酒消费税最低计税价格的税务优化思路。
_____

_____

（3）请简述以外汇结算应税消费品的税务优化思路。
_____

_____

（4）请简述利用临界点进行税务优化的思路。
_____

_____

（5）请简述包装物的税务优化思路。
_____

_____

（6）请简述自产自用消费品的税务优化思路。
_____

_____

（7）请简述包装方式的税务优化思路。
_____

_____

任务工作单 2

组号：_____ 姓名：_____ 学号：_____ 检索号： 3252-2

引导问题：

（1）A 企业同时生产经营化妆品和护肤护发品，高档化妆品的消费税税率为 15%，护肤护发品不征收消费税。202×年度，该企业高档化妆品的不含税销售额为 220 万元，护肤护发品的不含税销售额为 120 万元，假设该企业没有分别进行核算或将护肤护发品与高档化妆品组成成套商品销售。请问该企业应如何进行税务优化？
_____

_____

（2）甲企业生产的粮食白酒经税务机关核定的最低计税价格为 60 元/斤，该企业批发给自己设立的销售公司的价格为每斤 59 元，批发给其他公司的价格为 65 元/斤。该企业 202×年度向其他公司销售 12 000 斤粮食白酒。请问该企业应如何进行税务优化？
_____

_____

_____

（3）202×年 6 月 15 日 A 公司取得 20 万美元销售额，6 月 1 日的国家外汇牌价为 1 美元：6.8 元人民币，6 月 15 日的外汇牌价为 1 美元：6.7 元人民币。公司按照每月 1 日的外汇牌价计算，请问该公司应如何进行税务优化？

（4）202×年，A 啤酒厂生产销售某品牌啤酒，出厂价格为每吨 2 990 元（不包括增值税）。第二年，该厂改进该品牌啤酒的生产工艺，较好地提高了啤酒的质量。该啤酒厂计划将啤酒出厂价格提高到 3 010 元。请问该啤酒厂应如何进行税务优化？

（5）202×年 5 月，A 焰火厂生产并销售了 12 000 箱焰火，每箱价值 210 元，其中包含包装物价值 12 元，焰火的消费税税率为 15%。请问本月该厂应如何进行税务优化？

（6）202×年 12 月，某品牌摩托车生产企业 A 将自产的 120 辆摩托车作为年终奖发放给员工。该月生产的摩托车销售价格为 5 000 元，A 企业以该价格销售了 410 辆，另以 5 000 元的价格也销售了 410 辆。摩托车的生产成本为 4 500 元/辆，成本利润率为 6%，消费税税率为 10%。请问该品牌摩托车 200 辆应当缴纳多少消费税？如何进行税务优化？

（7）为适应不同消费者需求，A 酒厂生产了几款不同类型的酒。中秋将至，该厂于 8 月初搞促销活动，推出"组合装礼品酒"，将均为一斤装的葡萄酒、白酒、白兰地酒各一瓶组成价值 120 元的成套礼品酒进行销售，三种酒出厂价分别为 28 元/瓶、50 元/瓶、42 元/瓶，葡萄酒和白兰地酒消费税税率是销售额的 10%，白酒消费税税率是 0.5 元/斤加上出厂价的 20%。该月 A 酒厂采取先包装后销售的方式进行促销，共销售礼品酒 11 000 套。请问 A 酒厂该月应如何进行税务优化？

3.2.5.3 合作研学

任务工作单 1

组号：＿＿＿＿＿　　姓名：＿＿＿＿＿　　学号：＿＿＿＿＿　　检索号：　3253-1

引导问题：

小组交流讨论，教师参与，形成任务工作单 3252-1 正确的税务优化思路。

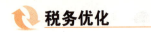

任务工作单 2

组号：_____　　姓名：_____　　学号：_____　　检索号：　3253-2

引导问题：

小组交流讨论，教师参与，形成任务工作单 3252-2 正确的税务优化方案。

_____

_____

3.2.5.4　展示赏学

任务工作单 1

组号：_____　　姓名：_____　　学号：_____　　检索号：　3254-1

引导问题：

（1）每组推荐一位小组长，汇报任务工作单 3252-2 方案。借鉴每组经验，进一步优化方案。

_____

_____

（2）个人结合汇报情况，检讨自己的不足。

_____

_____

3.2.5.5　评价反馈

任务工作单 1：自我测评

组号：_____　　姓名：_____　　学号：_____　　检索号：　3255-1

个人自评表

班级		组名		日期	年　月　日
评价指标	评价内容			分数	分数评定
信息检索	能有效利用网络、图书资源查找有用的相关信息等；能将查到的信息有效地传递到学习中			10 分	
感知课堂	是否能在学习中获得满足感以及课堂生活的认同感			10 分	
参与态度	积极主动与教师、同学交流，相互尊重、理解、平等；与教师、同学之间是否能够保持多向、丰富、适宜的信息交流			15 分	
	能处理好合作学习和独立思考的关系，做到有效学习；能提出有意义的问题或能发表个人见解			15 分	
学习方法	学习方法得体，是否获得了进一步学习的能力			15 分	
思维态度	是否能发现问题、提出问题、分析问题、解决问题，并拓展思维，创新提升			10 分	
自评反馈	按时按质按任务、较好地掌握知识点；具有较强的信息分析能力和理解能力；具有较为全面严谨的思维能力，并能条理清晰地表达成文			25 分	
自评分数					
有益的经验和做法					
总结反馈建议					

任务工作单 2：小组内互评

组号：_____ 姓名：_____ 学号：_____ 检索号：__3255-2__

小组内互评表

班级		组名		日期	年 月 日
评价指标	评价内容			分数	分数评定
信息检索	该同学能有效利用网络、图书资源查找有用的相关信息等；能将查到的信息有效地传递到学习中			10分	
感知课堂	该同学是否能在学习中获得满足感以及课堂生活的认同感			10分	
参与态度	该同学能否积极主动与教师、同学交流，相互尊重、理解、平等；与教师、同学之间是否能够保持多向、丰富、适宜的信息交流			15分	
	该同学能否处理好合作学习和独立思考的关系，做到有效学习；能提出有意义的问题或能发表个人见解			15分	
学习方法	该同学学习方法得体，是否获得了进一步学习的能力			15分	
思维态度	该同学是否能发现问题、提出问题、分析问题、解决问题，并拓展思维，创新提升			10分	
自评反馈	该同学是否能按时按质按任务、较好地掌握知识点；具有较强的信息分析能力和理解能力；具有较为全面严谨的思维能力，并能条理清晰地表达成文			25分	
评价分数					
该同学的不足之处					
有针对性的改进建议					

任务工作单 3：小组间互评

被评组号：_____ 检索号：__3255-3__

小组间互评表

班级		评价小组		日期	年 月 日
评价指标	评价内容			分数	分数评定
汇报表述	表述准确			15分	
	语言流畅			10分	
	准确反映该组完成情况			15分	

续表

评价指标	评价内容	分数	分数评定
内容正确度	内容正确	30分	
	阐述表达到位	30分	
互评分数			
简要评述			

任务工作单4：教师评价

组号：_____ 姓名：_____ 学号：_____ 检索号：3255-4

教师评价表

班级		组名		姓名	
出勤情况					
评价内容	评价要点	考察要点		分数	分数评定
1. 查阅文献情况	任务实施过程中文献查阅	（1）是否查阅信息资料		20分	
		（2）正确运用信息资料			
2. 互动交流情况	组内交流、教学互动	（1）积极参与交流		30分	
		（2）主动接受教师指导			
3. 任务完成情况	规定时间内的完成度	（1）在规定时间内完成任务		20分	
	任务完成的正确度	（2）任务完成的正确性		30分	
合计				100分	

自主探学解析3-15　　个人自评表3-16　　小组内互评表3-17　　小组间互评表3-18　　教师评价表3-19

 知识拓展 ▶▶▶▶

　　消费税作为一种可调节性比较强的税，与国家的民生问题和经济发展息息相关，其制度本身和改革方向一直是政府关注重点。在十八届三中全会上通过的《中共中央关于全面深化改革若干重大问题的决定》，明确提出完善消费税制度的要求。"十四五"规划和2035远景同样指出需"调整优化消费税征收范围和税率"。目前卷烟消费税已经率先调整，电池、涂料等商品列入

征收税目中，"营改增"全面实施，我国税收结构正不断发生变化，消费税也需要配合改革背景进行相应的调整，不断完善和改革现有的消费税制度，才能促进我国经济健康、持续、高质量发展。

绿色发展是新发展理念的重要组成部分，2020年我国提出了2030年前力争实现碳达峰、在2060年前实现碳中和的目标，中央经济工作会议也将"做好碳达峰、碳中和工作"列为2021年的重点任务之一。"十四五"是实现我国碳排放达峰的关键期，也是推动经济高质量发展和生态环境质量持续改善的攻坚期，发挥绿色税收的导向作用，进一步完善碳减排相关税收制度，引导低碳生产生活行为，是新时代税收改革发展的题中应有之义。

2014年底，取消汽车轮胎和酒精等消费税税目，拉开了新一轮消费税改革的帷幕。2016年，消费税迎来改革的窗口期，以征税范围、征收环节、税率为核心的调整加速推进，继取消普通化妆品税目、下调高档化妆品税率之后，体现了消费税促进消费与限制高污染、高消费和高耗能产品的双向调节意图。之后又对超豪华小汽车加征消费税，宏观调控意图清晰明显，促进节能减排的积极信号不断释放。

新中国70年的峥嵘岁月，中华民族从站起来、富起来到强起来的伟大飞跃，证明我国改革开放30多年来，经济社会发展迅速，人民生活水平和消费水平不断提高，中华民族正阔步迈向伟大复兴的光明前景。随着经济社会发展、居民生活水平提高及国家消费政策的变化，经济高速发展带来的资源及环境问题日益严重，发展转型赋予财税改革新定位。

当前我国消费税收入主要集中于烟草、成品油、汽车及酒类四大税目，未来消费税扩围可能有三条路径，即纳入更多双高消费品、纳入高消费产品及服务以及纳入非健康消费品。目前我国消费税征收有三条主线：其一通过对高端、奢侈消费品课征消费税，发挥调节收入分配职能；其二通过对过度消费、不利健康的消费品课征消费税，发挥引导消费职能；其三通过对资源、能源消耗高的消费品课征消费税，实现促进能源资源集约利用职能。整体来看，目前我国的消费税收入主要集中在烟草、成品油、汽车和酒四大税目，其收入占比超过消费税总收入的95%。2021年3月通过的"十四五"规划中提及消费税税制改革方向，"调整优化消费税征收范围和税率，推进征收环节后移并稳步下划地方"，而当前有限的征收范围与消费税的多重调控目标不相匹配，在一定程度上限制了消费税调控作用的发挥。从目前促进共同富裕和实现双碳目标的思路来看，消费税扩围可从两条路径实现，分别是对部分高污染高耗能的特定消费品、高档产品及服务征收消费税。此外，考虑到消费税存在引导健康消费习惯的功能，消费税扩围存在第三条路径，即纳入更多的非健康消费品。

任务三　连续生产应税消费品的税务优化

【案例引入】

A 卷烟厂计划将一批价值为 200 万元的烟叶委托 B 卷烟厂加工成烟丝，并付给 B 卷烟厂 100 万元的加工费（不含增值税）。然后 A 卷烟厂继续将 B 卷烟厂加工好的烟丝再加工成乙类卷烟，预计加工成本等各项费用合计为 120 万元，最后 A 卷烟厂将该批卷烟包装成 16 000 大箱，并以 1 120 万元的不含税价格销售。请计算 A 卷烟厂应当缴纳的消费税，并提出税务优化方案（计算结果取小数点后一位）。（根据现行的税法规定，烟丝的消费税税率是 30%，乙类卷烟的消费税税率是 36%+150 元/大箱。）

3.3.1　任务描述

正确完成连续生产应税消费品的税务优化。

3.3.2　学习目标

1. 知识目标
（1）掌握利用生产制作环节纳税的规定进行税务优化的思路；
（2）掌握利用连续生产不纳税的规定进行税务优化的思路；
（3）掌握利用外购已税消费品可以扣除的规定进行税务优化；
（4）掌握利用委托加工由受托方收税的规定进行税务优化的思路。

2. 能力目标
（1）能正确进行利用生产制作环节纳税的规定进行税务优化；
（2）能正确进行利用连续生产不纳税的规定进行税务优化；
（3）能正确进行利用外购已税消费品可以扣除的规定进行税务优化；
（4）能正确进行利用委托加工由受托方收税的规定进行税务优化。

3. 素质目标
（1）培养学生严谨的工作作风，树立诚实守信、热爱劳动的意识；
（2）培养学生的团队精神、拼搏精神与创新精神；
（3）培养学生追求真理、实事求是、勇于探究与实践的科学精神。

3.3.3　重难点

1. 重点
利用生产制作环节纳税的规定进行税务优化，利用连续生产不纳税的规定进行税务优化，利用外购已税消费品可以扣除的规定进行税务优化。

2. 难点
利用委托加工由受托方收税的规定进行税务优化。

难点 3-20

3.3.4 相关知识链接

1. 利用生产制作环节纳税的规定进行税务优化

（1）税务优化思路。我国税法规定，生产应税消费品的，于销售时纳税，但企业可以通过降低商品价值，通过"物物交换"进行税务优化，也可以改变和选择某种对企业有利的结算方式推迟纳税时间，获得资金使用利益。

我国的消费税除金银首饰改在零售环节课税，卷烟在批发环节、超豪华小汽车在零售环节额外征收一道消费税以外，其他应税消费都在生产（进口）环节课税。这样的规定主要是从方便征管的角度考虑的，因为在生产制作环节纳税人数量较少，征管对象明确，便于控制税源，降低征管成本。由于生产制作环节不是商品实现消费以前的最后一个流转环节，在这个环节之后还存在批发、零售等若干个流转环节，这就为纳税人进行税务优化提供了空间。纳税人可以用分设独立核算的经销部、销售公司，以较低的价格向它们供货，再以正常价格对外销售，由于消费税主要在生产制作环节征收，纳税人的税收负担会因此减轻许多。

以较低的销售价格将应税消费品销售给其独立核算的销售分公司，由于处在销售环节，只缴纳增值税不缴纳消费税，可使纳税人的整体消费税税负下降，但这种方法并不影响纳税人的增值税税负。目前，这种在纳税环节进行的税务优化在生产化妆品、烟、酒、摩托车、小汽车的行业里得到了较为普遍的应用。但是，应当指出的是：首先，根据《中华人民共和国消费税暂行条例》第 10 条的规定，纳税人应税消费品的计税价格明显偏低并无正当理由的，由主管税务机关核定其计税价格。因此，生产厂家向销售分公司出售应税消费品时，只能适度压低价格，如果压低的幅度过大，就构成了《中华人民共和国消费税暂行条例》所称"计税价格明显偏低"的情况，税务机关可以行使价格调整权。其次，这种行为有避税的嫌疑，国家有可能出台相关的税收法规来防止纳税人采用这种方式进行税务优化。例如，国家税务总局对中国第一汽车集团公司及上海大众汽车有限公司等大型汽车生产企业的消费税征收环节进行了调整，由在生产环节对纳税人征税，改为推延至经销环节征税。这样，该纳税人就无法采取这种方式进行税务优化了，但是对于广大中小纳税人而言，这种税务优化方法仍然得到广泛的适用。

另外还需要注意的是，2009 年 7 月 17 日，国家税务总局发布了《关于加强白酒消费税征收管理的通知》（国税函〔2009〕380 号），规定了白酒消费税最低计税价格核定管理的最新政策。白酒生产企业销售给销售单位的白酒，生产企业消费税计税价格低于销售单位对外销售价格（不含增值税，下同）70%以下的，税务机关应核定消费税最低计税价格。因此，白酒生产企业采取这种方式节税应当注意节税的空间。

（2）法律政策依据：

①《中华人民共和国消费税暂行条例》（国务院 1993 年 12 月 13 日颁布，国务院令〔1993〕第 135 号，2008 年 11 月 5 日国务院第 34 次常务会议修订通过）。

②《中华人民共和国消费税暂行条例实施细则》（财政部 国家税务总局第 51 号令）。

③《国家税务总局关于加强白酒消费税征收管理的通知》（国家税务总局 2009 年 7 月 17 日发布，国税函〔2009〕380 号）。

2. 利用连续生产不纳税的规定进行税务优化

（1）税务优化思路。根据《中华人民共和国消费税暂行条例》第 4 条的规定，纳税人自产自用的应税消费品，用于连续生产应税消费品的，不纳税。这一规定就为纳税人在纳税环节进行税务优化提供了一定的空间。因此，当两个或者两个以上的纳税人分别生产某项最终消费品的不同环节产品时，可以考虑组成一个企业，这样就可以运用这里所规定的连续生产不纳税的政策，减轻自己的消费税负担。由于企业使用外购应税消费品继续生产应税消费品，一般情况下可以扣除外购消费品已纳的消费税，因此，利用连续生产不纳税的规定在大多数情况下只能起到延缓纳税的作用。另外，纳税人利用外购酒精生产白酒时，外购酒精已纳消费税不能扣除，此时，纳税人外购酒精生产白酒的消费税负担就会高于自己直接生产白酒的消费税负担。

（2）法律政策依据：

①《中华人民共和国消费税暂行条例》（国务院 1993 年 12 月 13 日颁布，国务院令〔1993〕第 135 号，2008 年 11 月 5 日国务院第 34 次常务会议修订通过）第 4 条。

②《中华人民共和国消费税暂行条例实施细则》（财政部 国家税务总局第 51 号令）。

3. 利用外购已税消费品可以扣除的规定进行税务优化

（1）税务优化思路。根据消费税法的规定，对于用外购或委托加工的已税消费品连续生产应税消费品，在计征消费税时可以扣除外购已税消费品的买价或委托加工已税消费品代收代缴的消费税。此项按规定可以扣除的买价或消费税，是指当期所实际耗用的外购或委托加工的已税消费品的买价或代收代缴的消费税。

根据现行的消费税政策，下列应税消费品准予从消费税应纳税额中扣除原料已纳的消费税税款：

①以外购或委托加工收回的已税烟丝为原料生产的卷烟；

②以外购或委托加工收回的已税高档化妆品为原料生产的化妆品；

③以外购或委托加工收回的已税珠宝、玉石为原料生产的贵重首饰及珠宝玉石；

④以外购或委托加工收回的已税鞭炮、焰火为原料生产的鞭炮、焰火；

⑤以外购或委托加工收回的已税杆头、杆身和握把为原料生产的高尔夫球杆；

⑥以外购或委托加工收回的已税木制一次性筷子为原料生产的木制一次性筷子；

⑦以外购或委托加工收回的已税实木地板为原料生产的实木地板；

⑧以外购或委托加工收回的已税石脑油、润滑油、燃料油为原料生产的成品油；

⑨以外购或委托加工收回的已税汽油、柴油为原料生产的汽油、柴油。

同时又购进与自产应税消费品同样的应税消费品进行销售的工业企业，对其销售的外购应税消费品应当征收消费税，同时可以扣除外购应税消费品的已纳税款。扣除消费税的计算公式如下：

当前准予扣除的税款=当期准予扣除的应税消费品的买价或者数量×外购或委托加工应税消费品的适用税率或者税额

当期准予扣除的应税消费品的买价或者数量=期初库存的应税消费品的买价或者数量+当期购进或收回的应税消费品的买价或者数量−期末库存的应税消费品的买价或者数量

纳税人用外购的或者委托加工收回的已税珠宝玉石生产的改在零售环节征收消费税的金银首饰（镶嵌首饰）、钻石首饰，在计税时，一律不得扣除外购或者委托加工收回的珠宝玉石的已纳税款。

（2）法律政策依据：

①《中华人民共和国消费税暂行条例》（国务院 1993 年 12 月 13 日颁布，国务院令〔1993〕第 135 号，2008 年 11 月 5 日国务院第 34 次常务会议修订通过）。

②《中华人民共和国消费税暂行条例实施细则》（财政部 国家税务总局第 51 号令）。

③《国家税务总局关于消费税若干征税问题的通知》(国家税务总局1997年5月21日发布, 国税发〔1997〕84号)。

④《中华人民共和国消费税暂行条例》(中华人民共和国国务院令第539号)。

⑤《财政部 国家税务总局关于调整和完善消费税政策的通知》(财税〔2006〕33号)。

⑥《国家税务总局关于高档化妆品消费税征收管理事项的公告》(国家税务总局公告2016年第66号)。

4. 利用委托加工由受托方收税的规定进行税务优化

(1) 税务优化思路。根据《中华人民共和国消费税暂行条例》第4条的规定,委托加工的应税消费品,除受托方为个人外,由受托方在向委托方交货时代收代缴税款。根据《中华人民共和国消费税暂行条例实施细则》第7条的规定,委托加工的应税消费品,是指由委托方提供原料和主要材料,受托方只收取加工费和代垫部分辅助材料加工的应税消费品。对于由受托方提供原材料生产的应税消费品,或者受托方先将原材料卖给委托方,然后再接受加工的应税消费品,以及由受托方以委托方名义购进原材料生产的应税消费品,不论在财务上是否作销售处理,都不得作为委托加工应税消费品,而应当按照销售自制应税消费品缴纳消费税。委托加工的应税消费品直接出售的,不再缴纳消费税。委托个人加工的应税消费品,由委托方收回后缴纳消费税。根据《国家税务总局关于消费税若干征税问题的通知》(国税发〔1994〕130号)的规定,对消费者个人委托加工的金银首饰及珠宝玉石,可暂按加工费征收消费税。纳税人可根据上述规定,采取与受托方联营的方式,改变受托与委托关系,从而节省此项消费税。

在其他条件相同的情况下,自行加工方式的税后利润最少,税负最重。而彻底的委托加工方式又比委托加工后再自行加工后销售税负更低。原因在于:委托加工的应税消费品与自行加工的应税消费品的税基不同,委托加工时,受托方代收代缴税款,税基为组成计税价格或同类产品销售价格;自行加工时,计税的税基为产品销售价格。在通常情况下,委托方收回委托加工的应税消费品,要以高于成本的价格售出以求盈利。不论委托加工费大于或小于自行加工成本,只要收回的应税消费品的计税价格低于收回后的直接出售价格,委托加工应税消费品的税负就会低于自行加工的税负。对委托方而言,其产品对外售价高于收回委托加工应税消费品的计税价格部分,实际上并未纳税。另外,消费税是价内税,在计算应税所得时,可以作为扣除项目。因此,消费税的多少,又会进一步影响所得税,进而影响企业的税后利润和所有者权益。

(2) 法律政策依据:

①《中华人民共和国消费税暂行条例》(国务院1993年12月13日颁布,国务院令〔1993〕第135号,2008年11月5日国务院第34次常务会议修订通过)。

②《中华人民共和国消费税暂行条例实施细则》(财政部 国家税务总局第51号令)。

③《国家税务总局关于消费税若干征税问题的通知》(国家税务总局1994年5月26日发布,国税发〔1994〕130号)。

案例引入解析3-21　　知识锦囊3-22　　微课3-23

3.3.5 任务实施

3.3.5.1 学生分组

表1　学生分组表

班级		组号		授课教师	
组长		学号			
组员	姓名	学号	姓名	学号	

3.3.5.2 自主探学

任务工作单1

组号：＿＿＿＿＿　姓名：＿＿＿＿＿　学号：＿＿＿＿＿　检索号：　3352-1

引导问题：

（1）请简述利用生产制作环节纳税的规定进行税务优化的思路。

_____

_____

（2）请简述利用连续生产不纳税的规定进行税务优化的思路。

_____

_____

（3）请简述利用外购已税消费品可以扣除的规定进行税务优化的思路。

_____

_____

（4）请简述利用委托加工由受托方收税的规定进行税务优化的思路。

_____

_____

任务工作单2

组号：＿＿＿＿＿　姓名：＿＿＿＿＿　学号：＿＿＿＿＿　检索号：　3352-2

引导问题：

（1）某品牌化妆品生产厂家生产高档化妆品，假设正常生产环节的不含税售价为每套600元，适用消费税税率为15%，则该厂应纳消费税：$600×15\%=90$（元）。假设生产成本为X，则该厂税前利润：$600-90-X=510-X$。请问该厂应如何进行税务优化？

_____

_____

（2）A 酒厂主要生产药酒，均从 B 酒厂购进白酒进行生产。202×年，A 酒厂向 B 酒厂购进白酒 900 万斤，价值 3 600 万元。白酒适用消费税比例税率为 20%，定额税率为 0.5 元/斤。该年 A 酒厂销售 900 万斤，销售收入为 5 400 万元。药酒消费税税率为 10%。以上价格均不含增值税。请问 A 厂应如何进行税务优化？

_____

（3）甲化妆品厂计划购买一批高档化妆品 A，继续生产高档化妆品 B 后再对外销售。有两种供货方案可供选择。方案一：从乙化妆品厂采购；方案二：从丙批发公司采购；两种方案 A 的售价都是 210 万元，A 的成本为 135 万元，加工后的 B 的售价为 420 万元。请问甲厂应如何进行税务优化？（假设以上金额均不含增值税。）

_____

（4）乙卷烟厂受甲卷烟厂的委托，将一批价值为 200 万元的烟叶加工成烟丝，协议规定 100 万元（不含增值税）加工费；加工好的烟丝运回甲厂，再由甲厂继续加工成乙类卷烟，加工成本、分摊费用共计 140 万元，该批卷烟不含税销售收入为 1 000 万元。假设烟丝消费税税率为 30%，乙类卷烟消费税税率为 40%。请问甲厂、乙厂分别应当缴纳多少消费税和增值税？如何进行税务优化？

_____
_____

3.3.5.3 合作探究

任务工作单 1

组号：_____ 姓名：_____ 学号：_____ 检索号：__3353-1__

引导问题：

小组交流讨论，教师参与，形成任务工作单 3352-1 正确的税务优化思路。

_____
_____

任务工作单 2

组号：_____ 姓名：_____ 学号：_____ 检索号：__3353-2__

引导问题：

小组交流讨论，教师参与，形成任务工作单 3352-2 正确的税务优化方案。

_____
_____

3.3.5.4 展示赏学

任务工作单 1

组号：_____ 姓名：_____ 学号：_____ 检索号：__3354-1__

引导问题：

（1）每组推荐一位小组长，汇报任务工作单 3352-2 方案。借鉴每组经验，进一步优化方案。

_____
_____

（2）个人结合汇报情况，检讨自己的不足。

3.3.5.5 评价反馈

任务工作单1：自我测评

组号：＿＿＿＿＿＿ 姓名：＿＿＿＿＿＿ 学号：＿＿＿＿＿＿ 检索号：＿3355-1＿

个人自评表

班级		组名		日期	年 月 日
评价指标	评价内容			分数	分数评定
信息检索	能有效利用网络、图书资源查找有用的相关信息等；能将查到的信息有效地传递到学习中			10分	
感知课堂	是否能在学习中获得满足感以及课堂生活的认同感			10分	
参与态度	积极主动与教师、同学交流，相互尊重、理解、平等；与教师、同学之间是否能够保持多向、丰富、适宜的信息交流			15分	
	能处理好合作学习和独立思考的关系，做到有效学习；能提出有意义的问题或能发表个人见解			15分	
学习方法	学习方法得体，是否获得了进一步学习的能力			15分	
思维态度	是否能发现问题、提出问题、分析问题、解决问题，并拓展思维，创新提升			10分	
自评反馈	按时按质按任务、较好地掌握知识点；具有较强的信息分析能力和理解能力；具有较为全面严谨的思维能力，并能条理清晰地表达成文			25分	
自评分数					
有益的经验和做法					
总结反馈建议					

任务工作单2：小组内互评

组号：＿＿＿＿＿ 姓名：＿＿＿＿＿ 学号：＿＿＿＿＿ 检索号：＿3355-2＿

小组内互评表

班级		组名		日期	年 月 日
评价指标	评价内容			分数	分数评定
信息检索	该同学能有效利用网络、图书资源查找有用的相关信息等；能将查到的信息有效地传递到学习中			10分	
感知课堂	该同学是否能在学习中获得满足感以及课堂生活的认同感			10分	

续表

评价指标	评价内容	分数	分数评定
参与态度	该同学能否积极主动与教师、同学交流，相互尊重、理解、平等；与教师、同学之间是否能够保持多向、丰富、适宜的信息交流	15分	
	该同学能否处理好合作学习和独立思考的关系，做到有效学习；能提出有意义的问题或能发表个人见解	15分	
学习方法	该同学学习方法得体，是否获得了进一步学习的能力	15分	
思维态度	该同学是否能发现问题、提出问题、分析问题、解决问题，并拓展思维，创新提升	10分	
自评反馈	该同学是否能按时按质按任务、较好地掌握知识点；具有较强的信息分析能力和理解能力；具有较为全面严谨的思维能力，并能条理清晰地表达成文	25分	
评价分数			
该同学的不足之处			
有针对性的改进建议			

任务工作单3：小组间互评

被评组号：_____ 检索号：____3355-3____

小组间互评表

班级		评价小组		日期	年 月 日
评价指标	评价内容			分数	分数评定
汇报表述	表述准确			15分	
	语言流畅			10分	
	准确反映该组完成情况			15分	
内容正确度	内容正确			30分	
	阐述表达到位			30分	
互评分数					
简要评述					

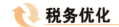

任务工作单4：教师评价

组号：_____ 姓名：_____ 学号：_____ 检索号：__3355-4__

教师评价表

班级		组名		姓名	
出勤情况					
评价内容	评价要点	考察要点		分数	分数评定
1. 查阅文献情况	任务实施过程中文献查阅	（1）是否查阅信息资料		20分	
		（2）正确运用信息资料			
2. 互动交流情况	组内交流、教学互动	（1）积极参与交流		30分	
		（2）主动接受教师指导			
3. 任务完成情况	规定时间内的完成度	（1）在规定时间内完成任务		20分	
	任务完成的正确度	（2）任务完成的正确性		30分	
合计				100分	

自主探学解析 3-24　　个人自评表 3-25　　小组内互评表 3-26　　小组间互评表 3-27　　教师评价表 3-28

 知识拓展

　　自2016年5月实施"营改增"以来已六年有余，营业税退出后，消费税与增值税成为我国目前流转税体系中两大支柱性税种，虽然在绝对收入规模上消费税不及增值税和营业税，但其在增值税之上选择性征收、税率调整弹性大等不同于其他税种的特点，加上"营改增"后地方主体税种的缺失，导致地方财政吃紧以及现代税收、现代财政制度和国家治理现代化的现代国家大框架下的现实需要等因素，都使理论界和实务界对消费税寄予了厚望。2013年党的十八届三中全会审议通过的《中共中央关于全面深化改革若干重大问题的决定》提出："调整消费税征收范围、环节、税率，把高耗能、高污染产品及部分高档消费品纳入征收范围。"几年过去了，除了2015年将电池和涂料纳入消费税征税范围、上调成品油的消费税率和2016年将普通化妆品剔出征税范围、上调高档化妆品税率外，有关消费税的改动调整范围甚小，与频繁改革的增值税形成鲜明对比。况且，自1994年分税制改革时出台《消费税暂行条例》至今，消费税的几次改革基本都是在原有基础上对课税范围、征收环节和税率进行简单的修补性调整，并未触及消费税改革的核心领域，接下来对于消费税的制度改革应该以全方位、多层次、高水平为出发点进行构建。2018年全国人民代表大会和中国人民政治协商会议（简称"两会"）期间，正式提出"到2020年全面落实税收法定原则"。截至目前，我国现行上升到法律层面的税法包括《中华人民共和国企业所得税法》《中华人民共和国个人所得税法》《中华人民共和国环境保护税法》《中华人民共和国资源税法》《中华人民共和国烟叶税法》《中华人民共和国耕地占用

税法》《中华人民共和国车辆购置税法》和《中华人民共和国税收征管法》，此外《印花税法》《土地增值税法》征求意见工作业已结束。明确地说，自 2018 年两会以来，我国的税收法律密集出台，尤其是 2019 年底相继发布的增值税法和消费税法的征求意见稿更是加快了 2020 年落实税收法定原则的进程。《中华人民共和国消费税法》的出台指日可待，法律地位的提高会为相关的制度研究提供坚固的法理依据。2019 年 9 月 26 日，国务院印发《实施更大规模减税降费后调整中央与地方收入划分改革推进方案》，基本原则第三条明确指出："稳步推进健全地方税体系改革。适时调整完善地方税税制，培育壮大地方税税源，将部分条件成熟的中央税种作为地方收入，增强地方应对更大规模减税降费的能力"，主要改革措施第三条提出："后移消费税征收环节并稳步下划地方……改革调整的存量部分核定基数，由地方上解中央，增量部分原则上将归属地方，确保中央与地方既有财力格局稳定。"这份文件所释放的信号似乎为未来消费税的改革指明了方向，为之前有关消费税能否担任地方主体税种、构建地方税体系的讨论给出了一个参考答案。

党的十九大报告提出实施乡村振兴战略，并提出了"坚持农业农村优先发展"和"产业兴旺、生态宜居、乡风文明、治理有效、生活富裕"的总要求。乡村振兴，既要立足于富农户，又要立足于壮集体。深化农村集体经济财税制度改革，保障农民利益，发展壮大集体经济是实现共同富裕的有效途径，是实现脱贫攻坚的有效保障。

从消费税改革方面看，完善产业税收扶持体系，助力乡村产业兴旺，首先是完善农业发展扶持政策。消费税税收优惠政策可从注重生产向加工、销售上转变：一是完善环保税制，将碳排放纳入征收范围；二是调整乡村绿色生产税制，逐步将使用化学农药、化学肥料等纳入消费税征收范围，对使用生物农药、生物肥料予以消费税减免。

──── 项目小结 ────

项目三从纳税人、计税依据、连续生产应税消费品三个方面分别阐述了消费税税务优化的思路、法律政策依据、税务优化图及相关案例等知识。其中，纳税人的税务优化包括征收范围的税务优化，利用联合企业的税务优化；计税依据的税务优化包括兼营行为的税务优化，白酒消费税最低计税价格的税务优化，以外汇结算应税消费品的税务优化，利用临界点进行税务优化，包装物的税务优化，自产自用消费品的税务优化，包装方式的税务优化；连续生产应税消费品的税务优化包括利用生产制作环节纳税的规定进行税务优化，利用连续生产不纳税的规定进行税务优化，利用委托加工由受托方收税的规定进行税务优化。

教学过程中，引导学生养成良好的职业素养，培养学生的团队精神、劳模精神、拼搏精神和创新精神，树立诚实守信、热爱劳动的意识。

通过项目三的学习，学生能够完成对消费税的税务优化。

──── 创新研究与巩固训练 ────

一、单选题

1. 根据消费税法律制度的规定，应缴纳消费税的选项是（　　　）。

A. 手表厂销售高档手表　　　　　　　　B. 超市销售木制一次性筷子

C. 汽车厂销售雪地车　　　　　　　　　D. 珠宝店进口钻石饰品

2. 委托加工应税消费品，一般由受托方代收代缴消费税，但个别情况由委托方回原地纳税。

下列情形中，委托方应回原地纳税的是（　　　）。

    A. 受托方是个体经营者　　　　　　　B. 受托方是外商投资企业

    C. 受托方是股份制企业　　　　　　　D. 受托方是国有企业

3. 根据消费税法律制度的规定，下列项目中，不属于消费税征税范围的是（　　　）。

    A. 啤酒　　　　　　B. 高档香水　　　　　　C. 燃料油　　　　　　D. 橄榄球

4. 在批发环节缴纳消费税的是（　　　）。

    A. 卷烟　　　　　　B. 白酒　　　　　　C. 鞭炮　　　　　　D. 高尔夫球具

5. 下列应税消费品中属于复合计征的是（　　　）。

    A. 烟丝　　　　　　B. 啤酒　　　　　　C. 成品油　　　　　　D. 粮食白酒

6. 纳税人兼营不同税率的应税消费品未分别核算的应（　　　）税率征收。

    A. 从高　　　　　　B. 从低　　　　　　C. 加权平均　　　　　　D. 算数平均

7. 某烟厂 3 月初烟丝库存为零，当月外购烟丝，取得增值税专用发票上注明不含税价款为 58 万元，本月末生产领用本月库存烟丝 80% 用于继续生产卷烟，已知烟丝消费税税率为 30%。该企业本月应纳消费税中可扣除的消费税是（　　　）。

    A. $58 \times 30\% \times 80\% = 13.92$（万元）

    B. $58 \div (1+13\%) \times 30\% \times 80\% = 12.32$（万元）

    C. $58 \div (1+13\%) \times 30\% = 15.4$（万元）

    D. $58 \times 30\% = 17.4$（万元）

8. 某木地板厂为增值税一般纳税人。2021 年 5 月向某建材商场销售实木地板一批，取得含增值税销售额 101.7 万元。已知实木地板适用的增值税税率为 13%，消费税税率为 5%。该厂当月应纳消费税税额为（　　　）。

    A. $101.7 \times 5\% = 5.085$（万元）

    B. $101.7 \div (1-13\%) \times 5\% = 5.84$（万元）

    C. $101.7 \div (1+13\%) \times 5\% = 4.5$（万元）

    D. $101.7 \div (1-5\%) \times 5\% = 5.35$（万元）

9. 甲化妆品厂 4 月份委托乙化妆品厂加工一批高档化妆品，提供原料的成本为 57 000 元，一次性支付加工费 9 500 元（均不含增值税）。已知甲化妆品厂同类产品不含增值税的销售价格为 100 000 元，乙化妆品厂无同类产品售价；高档化妆品适用的消费税税率为 15%。则加工该批高档化妆品乙化妆品厂应代收代缴消费税的下列计算中，正确的是（　　　）。

    A. $(57\,000+9\,500) \times 15\% = 9\,975$（元）

    B. $(57\,000+9\,500) \div (1-15\%) \times 15\% = 11\,735.29$（元）

    C. $100\,000 \div (1-15\%) \times 15\% = 17\,647.06$（元）

    D. $100\,000 \times 15\% = 15\,000$（元）

10. 根据消费税法律制度的规定，下列应税消费品中，实行从价计征消费税的有（　　　）。

    A. 涂料　　　　　　B. 柴油　　　　　　C. 啤酒　　　　　　D. 黄酒

    二、多选题

1. 在零售环节缴纳消费税的有（　　　）。

    A. 超豪华小汽车　　　B. 卷烟　　　　　　C. 金银首饰　　　　　　D. 高档化妆品

2. 下列各项中需要缴纳两次消费税的是（　　　）。

    A. 超豪华小汽车　　　　　　　　　　B. 卷烟

    C. 金银首饰　　　　　　　　　　　　D. 高档化妆品

3. 下列各项中，从量计征消费税的有（　　　）。

    A. 啤酒　　　　　　B. 黄酒　　　　　　C. 成品油　　　　　　D. 小汽车

4. 下列各项中免征消费税的有 （   ）。
A. 电动汽车   B. 太阳能电池   C. 锂离子蓄电池   D. 润滑油

5. 下列各项中，属于委托加工收回的应税消费品已纳税款扣除范围的有（   ）。
A. 以委托加工收回的已税摩托车生产的摩托车
B. 以委托加工收回的已税高档化妆品原料生产的高档化妆品
C. 以委托加工收回的已税实木地板原料生产的实木地板
D. 以委托加工收回的已税鞭炮、焰火原料生产的鞭炮、焰火

三、判断题

1. 纳税人销售的应税消费品，以人民币以外的货币结算销售额的，其销售额的人民币折合率可以选择销售额发生的当天或者当月 1 日的人民币汇率中间价。 （   ）

2. 应税消费品连同包装物销售的，无论包装物是否单独计价及在会计上如何核算，均应并入应税消费品的销售额中缴纳消费税。 （   ）

3. 纳税人自产自用的应税消费品，用于连续生产应税消费品的，不纳税；用于其他方面的，于移送使用时纳税。 （   ）

4. 我国的消费税主要在生产和委托加工环节课征，实行单一环节征税，批发、零售等环节一律不征收消费税。 （   ）

5. 对销售酒类产品而收取的包装物押金，无论是否返还以及会计上如何核算，均应并入当期销售额征税。 （   ）

四、典型案例分析

1. 顺发化妆品公司从事高档化妆品和护肤护发产品的生产和销售业务，最近公司研制出了一款新面霜。为了让新产品打开销路，公司把几种畅销产品和该款新面霜组合成套销售，套装包括：销售价 280 元的精华、销售价 120 元的唇膏、销售价 100 元的粉底液和该款售价 180 元的新面霜，包装盒 15 元。整套产品销售定价为 695 元（以上均为不含税价款）。高档化妆品的税率 15%，护肤护发品免征消费税。请计算并对该公司进行消费税的税务优化。

2. 甲实木地板厂现有一批木材原料需加工成实木地板销售，可选择的加工方式有：

（1）部分委托加工方式（半成品）：甲厂委托乙厂将一批价值 500 万元的木材原料加工成素板，加工费 200 万元（没有同类消费品）。甲厂将加工后的素板收回后继续加工成实木地板，加工成本、费用共计 180 万元，该批实木地板售价（不含增值税）1 500 万元（实木地板的消费税税率为 5%）。

（2）完全委托加工方式（产成品）。甲厂委托乙厂将木材原料加工成实木地板成品，木材原料价格 500 万元，支付乙厂加工费为 250 万元：甲厂收回后直接对外销售，销售价格为 1 500 万元。

（3）甲厂自行加工应税消费品。将购入的 500 万元的木材原料自行加工成实木地板，加工费共计 250 万元，销售价仍为 1 500 万元。

请计算分析哪种加工方式消费税税负最低。

创新研究与巩固训练解析 3-29

企业所得税的税务优化

1. 知识目标

（1）掌握收入的税务优化思路；

（2）掌握准予扣除项目的税务优化思路；

（3）掌握应纳所得税税额的税务优化思路；

（4）掌握利用税收优惠政策的税务优化思路。

2. 能力目标

（1）能正确进行收入的税务优化；

（2）能正确进行准予扣除项目的税务优化；

（3）能正确进行应纳所得税税额的税务优化；

（4）能正确进行利用税收优惠政策的税务优化。

3. 素质目标

（1）培养学生勤于思考、分析问题的意识；

（2）培养学生形成合理节税思维，提升职业判断能力；

（3）培养学生的团队精神、拼搏精神与创新精神；

（4）培养学生养成依法纳税、诚实守信的职业道德精神；

（5）引导学生树立社会主义核心价值观，培养学生的人文素养和家国情怀；

（6）培养学生追求真理、实事求是、勇于探究与实践的科学精神；

（7）引导学生弘扬节约、节俭的中华民族传统美德，传承中国优秀传统文化。

4. 知识结构导图

企业所得税的税务优化知识结构导图如图4-1所示。

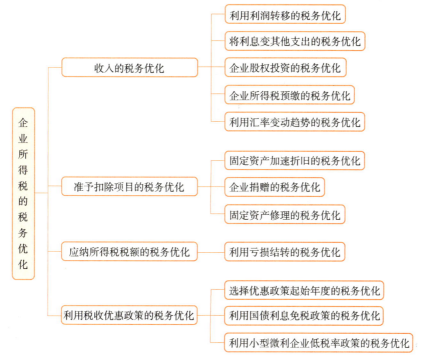

图 4-1　企业所得税的税务优化知识结构导图

任务一　收入的税务优化

【案例引入】

A 集团公司有 8 家子公司，集团全年实现 9 000 万元的应纳税所得额，由于均不符合高新技术企业的条件，均适用 25% 的税率，合计缴纳企业所得税 2 250 万元。B 公司是该集团的子公司，与高新技术企业的条件较接近，年应纳税所得额为 1 000 万元。请问该集团公司应如何进行税务优化？

4.1.1　任务描述

对收入项目进行正确的税务优化。

4.1.2　学习目标

1. 知识目标

（1）掌握利用利润转移进行税务优化的思路；
（2）掌握将利息变其他支出进行税务优化的思路；

（3）掌握企业股权投资的税务优化思路；

（4）掌握预缴企业所得税进行税务优化的思路；

（5）掌握利用汇率变动趋势进行税务优化的思路。

2. 能力目标

（1）能正确进行利用利润转移的税务优化；

（2）能正确进行将利息变其他支出的税务优化；

（3）能正确进行企业股权投资的税务优化；

（4）能正确进行企业所得税预缴的税务优化；

（5）能正确进行利用汇率变动趋势的税务优化。

3. 素质目标

（1）培养学生形成合理避税思维，提升职业判断能力；

（2）培养学生的团队精神、拼搏精神与创新精神；

（3）培养学生追求真理、实事求是、勇于探究与实践的科学精神。

4.1.3 重难点

1. 重点

利用利润转移进行税务优化，将利息变其他支出进行税务优化，预缴企业所得税中的税务优化。

2. 难点

企业股权投资的税务优化。

难点 4-1

4.1.4 相关知识链接

1. 利用利润转移的税务优化

（1）税务优化思路。对于既适用 25% 税率也适用 20% 税率以及 15% 税率的企业集团而言，可以适当将适用 25% 税率的企业的收入转移到适用 20% 税率或者 15% 税率的企业中，从而适当减轻企业集团的所得税负担。

如果企业集团中没有适用较低税率的企业，企业可以通过专门设立高新技术企业或者小型微利企业的方式来增加适用较低税率的企业。

企业之间利润转移主要有关联交易和业务转移两种方法。通过关联交易转移利润应注意幅度的把握，明显的利润转移会受到税务机关的关注和反避税调查。业务转移是将甲公司的某项业务直接交给乙公司承担，通过这种方式转移利润，目前尚不受税法规制，税务风险比较小。

（2）法律政策依据：

①《中华人民共和国企业所得税法》（2007 年 3 月 16 日第十届全国人民代表大会第五次会议通过，2017 年 2 月 24 日第十二届全国人民代表大会常务委员会第二十六次会议第一次修正，2018 年 12 月 29 日第十三届全国人民代表大会常务委员会第七次会议第二次修正）第 4 条。

②《中华人民共和国企业所得税法实施条例》（国务院 2007 年 12 月 6 日颁布，国务院令〔2007〕第 512 号，自 2008 年 1 月 1 日起实施）。

动画 4-2

2. 将利息变其他支出的税务优化

（1）税务优化思路。《中华人民共和国企业所得税法》第 8 条规定："企业实际发生的与取得收入有关的、合理的支出，包括成本、费用、税金、损失和其他支出，准予在计算应纳税所得额时扣除。"这里将可以扣除的支出的条件设定为三个：第一，实际发生；第二，与经营活动有关；第三，合理。所谓实际发生，是指该笔支出已经发生，其所有权已经发生转移，企业对该笔支出不再享有所有权，本来应当发生，但是实际上并未发生的支出不能扣除。所谓与经营活动有关的，是指企业发生的支出费用必须与企业的收入有关系，也就是说，企业为了获得该收入必须进行该支出，该支出直接增加了企业获得该收入的机会和数额，这种有关是具体的，即与特定的收入相关，而且这里的收入还必须是应当记入应纳税所得额中的收入，仅仅与不征税收入相关的支出不能扣除。所谓合理的，一方面是指该支出本身是必要的，是正常的生产经营活动所必需的，而非可有可无甚至不必要的；另一方面是该支出的数额是合理的，是符合正常生产经营活动惯例的，而不是过分的、不成比例的、明显超额的。

企业在生产经营活动中发生的下列利息支出，准予扣除：

①非金融企业向金融企业借款的利息支出，金融企业的各项存款利息支出和同业拆借利息支出，企业经批准发行债券的利息支出。

②非金融企业向非金融企业借款的利息支出，不超过按照金融企业同期同类贷款利率计算的数额的部分。

企业在按照合同要求首次支付利息并进行税前扣除时，应提供"金融企业的同期同类贷款利率情况说明"，以证明其利息支出的合理性。"金融企业的同期同类贷款利率情况说明"中，应包括在签订该借款合同当时，本省任何一家金融企业提供同期同类贷款利率情况。该金融企业应为经政府有关部门批准成立的可以从事贷款业务的企业，包括银行、财务公司、信托公司等金融机构。"同期同类贷款利率"，是指在贷款期限、贷款金额、贷款担保以及企业信誉等条件基本相同下，金融企业提供贷款的利率，既可以是金融企业公布的同期同类平均利率，也可以是金融企业对某些企业提供的实际贷款利率。

企业向股东或其他与企业有关联关系的自然人借款的利息支出，应根据《中华人民共和国企业所得税法》第46条及《财政部 国家税务总局关于企业关联方利息支出税前扣除标准有关税收政策问题的通知》(财税〔2008〕121号)规定的条件，计算企业所得税扣除额。

企业向上述规定以外的内部职工或其他人员借款的利息支出，其借款情况同时符合以下条件的，其利息支出在不超过按照金融企业同期同类贷款利率计算的数额的部分，根据《中华人民共和国企业所得税法》第8条和《中华人民共和国企业所得税法实施条例》第27条规定，准予扣除：

①企业与个人之间的借贷是真实、合法、有效的，并且不具有非法集资目的或其他违反法律、法规的行为。

②企业与个人之间签订了借款合同。

当企业支付的利息超过允许扣除的数额时，企业可以将超额的利息转变为其他可以扣除的支出，例如，通过工资、奖金、劳务报酬或者转移利润的方式支付利息，从而减轻所得税负担。在向自己单位员工借贷资金的情况下，企业可以将部分利息转换为向员工发放的工资支出，从而达到在计算应纳税所得额时予以全部扣除的目的。

（2）法律依据：

①《中华人民共和国企业所得税法》(2007年3月16日第十届全国人民代表大会第五次会议通过，2017年2月24日第十二届全国人民代表大会常务委员会第二十六次会议第一次修正，2018年12月29日第十三届全国人民代表大会常务委员会第七次会议第二次修正)第8条。

②《中华人民共和国企业所得税法实施条例》(国务院2007年12月6日颁布，国务院令〔2007〕第512号，自2008年1月1日起实施)第38条。

③《财政部 国家税务总局关于企业关联方利息支出税前扣除标准有关税收政策问题的通知》(财政部 国家税务总局2008年9月23日发布，财税〔2008〕121号)。

④《国家税务总局关于企业向自然人借款的利息支出企业所得税税前扣除问题的通知》（国家税务总局 2009 年 12 月 31 日发布，国税函〔2009〕777 号）。

⑤《国家税务总局关于企业所得税若干问题的公告》（国家税务总局 2011 年 6 月 9 日发布，国家税务总局公告 2011 年第 34 号）。

3. 企业股权投资的税务优化

（1）税务优化思路。根据《中华人民共和国企业所得税法》的规定，企业对外投资期间，投资资产的成本在计算应纳税所得额时不得扣除。投资资产，是指企业对外进行权益性投资和债权性投资形成的资产。企业在转让或者处置投资资产时，投资资产的成本，准予扣除。投资资产按照以下方法确定成本：

①通过支付现金方式取得的投资资产，以购买价款为成本。

②通过支付现金以外的方式取得的投资资产，以该资产的公允价值和支付的相关税费为成本。

③企业转让资产，该项资产的净值准予在计算应纳税所得额时扣除。资产的净值，是指有关资产、财产的计税基础减除已经按照规定扣除的折旧、折耗、摊销、准备金等后的余额。

根据《中华人民共和国企业所得税法》的规定，符合条件的居民企业之间的股息、红利等权益性投资收益是免税收入。符合条件的居民企业之间的股息、红利等权益性投资收益，是指居民企业直接投资于其他居民企业取得的投资收益。上述股息、红利等权益性投资收益，不包括连续持有居民企业公开发行并上市流通的股票不足 12 个月取得的投资收益。

《国家税务总局关于贯彻落实企业所得税法若干税收问题的通知》（国税函〔2010〕79 号）规定：企业转让股权收入，应于转让协议生效且完成股权变更手续时，确认收入的实现；转让股权收入扣除为取得该股权所发生的成本后，为股权转让所得；企业在计算股权转让所得时，不得扣除被投资企业未分配利润等股东留存收益中按该项股权所可能分配的金额。如果企业准备转让股权，而该股权中尚有大量没有分配的利润，此时，就可以通过先分配股息再转让股权的方式来降低转让股权的价格，从而降低股权转让所得，减轻所得税负担。

转让上市公司限售股（简称限售股）取得收入的企业（包括事业单位、社会团体、民办非企业单位等），为企业所得税的纳税义务人。企业在限售股解禁前将其持有的限售股转让给其他企业或个人（简称受让方），其企业所得税问题按以下规定处理：

①企业应按减持在证券登记结算机构登记的限售股取得的全部收入，计入企业当年度应税收入计算纳税。

②企业持有的限售股在解禁前已签订协议转让给受让方，但未变更股权登记、仍由企业持有的，企业实际减持该限售股取得的收入，依照第一项规定纳税后，其余额转付给受让方的，受让方不再纳税。

（2）法律依据：

①《中华人民共和国企业所得税法》（2007 年 3 月 16 日第十届全国人民代表大会第五次会议通过，2017 年 2 月 24 日第十二届全国人民代表大会常务委员会第二十六次会议第一次修正，2018 年 12 月 29 日第十三届全国人民代表大会常务委员会第七次会议第二次修正）第 14 条、第 16 条、第 26 条。

②《中华人民共和国企业所得税法实施条例》（国务院 2007 年 12 月 6 日颁布，国务院令〔2007〕第 512 号，自 2008 年 1 月 1 日起实施）第 38 条。

③《国家税务总局关于贯彻落实企业所得税法若干税收问题的通知》（国家税务总局 2010 年 2 月 22 日发布，国税函〔2010〕79 号）。

④《国家税务总局关于企业转让上市公司限售股有关所得税问题的公告》（国家税务总局 2011 年 7 月 7 日发布，国家税务总局公告 2011 年第 39 号）。

4. 企业所得税预缴的税务优化

（1）税务优化思路。《中华人民共和国企业所得税法》第 54 条规定："企业所得税分月或者分季预缴。企业应当自月份或者季度终了之日起 15 日内，向税务机关报送预缴企业所得税纳税申报表，预缴税款。企业应当自年度终了之日起 5 个月内，向税务机关报送年度企业所得税纳税申报表，并汇算清缴，结清应缴应退税款。"企业根据上述规定分月或者分季预缴企业所得税时，应当按照月度或者季度的实际利润额预缴；按照月度或者季度的实际利润额预缴有困难的，可以按照上一纳税年度应纳税所得额的月度或者季度平均额预缴，或者按照经税务机关认可的其他方法预缴。预缴方法一经确定，该纳税年度内不得随意变更。

根据税法的上述规定，企业可以通过选择适当的预缴企业所得税办法进行税务优化。当企业预计当年的应纳税所得额比上一纳税年度低时，可以选择按纳税期限的实际数预缴，当企业预计当年的应纳税所得额比上一纳税年度高时，可以选择按上一年度应税所得额的 1/2 或 1/4 的方法分期预缴所得税。

根据国家税务总局的规定，为确保税款足额及时入库，各级税务机关对纳入当地重点税源管理的企业，原则上应按照实际利润额预缴方法征收企业所得税。各级税务机关根据企业上年度企业所得税预缴和汇算清缴情况，对全年企业所得税预缴税款占企业所得税应缴税款比例明显偏低的，要及时查明原因，调整预缴方法或预缴税额。各级税务机关要处理好企业所得税预缴和汇算清缴税款入库的关系，原则上各地企业所得税年度预缴税款占当年企业所得税入库税款（预缴数+汇算清缴数）应不少于 70%。

企业当年度实际发生的相关成本、费用，由于各种原因未能及时取得该成本、费用的有效凭证，企业在预缴季度所得税时，可暂按账面发生金额进行核算；但在汇算清缴时，应补充提供该成本、费用的有效凭证。

纳税人在纳税年度内预缴企业所得税税款少于应缴企业所得税税款的，应在汇算清缴期内结清应补缴的企业所得税税款；自 2021 年度起，纳税人在纳税年度内预缴企业所得税税款超过汇算清缴应纳税款的，纳税人应及时申请退税，主管税务机关应及时按有关规定办理退税，不再抵缴其下一年度应缴企业所得税税款。

（2）法律依据：

①《中华人民共和国企业所得税法》（2007 年 3 月 16 日第十届全国人民代表大会第五次会议通过，2017 年 2 月 24 日第十二届全国人民代表大会常务委员会第二十六次会议第一次修正，2018 年 12 月 29 日第十三届全国人民代表大会常务委员会第七次会议第二次修正）第 54 条。

②《中华人民共和国企业所得税法实施条例》（国务院 2007 年 12 月 6 日颁布，国务院令〔2007〕第 512 号，自 2008 年 1 月 1 日起实施）第 128 条。

③《国家税务总局关于加强企业所得税预缴工作的通知》（国家税务总局 2009 年 1 月 20 日发布，国税函〔2009〕34 号）。

④《国家税务总局关于企业所得税若干问题的公告》（国家税务总局 2011 年 6 月 9 日发布，国家税务总局公告 2011 年第 34 号）。

⑤《国家税务总局关于企业所得税年度汇算清缴有关事项的公告》（国家税务总局公告 2021 年第 34 号）。

5. 利用汇率变动趋势的税务优化

（1）税务优化思路。根据现行的企业所得税政策，企业所得以人民币以外的货币计算的，预缴企业所得税时，应当按照月度或者季度最后一日的人民币汇率中间价，折合成人民币计算应纳税所得额。年度终了汇算清缴时，对已经按照月度或者季度预缴税款的，不再重新折合计算，只就该纳税年度内未缴纳企业所得税的部分，按照纳税年度最后一日的人民币汇率中间价，折合成人民币计算应纳税所得额。

如果纳税人的外汇收入数额不大，或者外汇汇率基本保持不变，利用上述规定进行税务优化的空间不大。但如果纳税人的外汇收入数额较大并且外汇汇率变化较大，利用上述规定进行税务优化的空间就比较大。如果预计某月底人民币汇率中间价将提高，则该月的外汇所得应当尽量减少，如果预计某月底人民币汇率中间价将降低，则该月的外汇所得应当尽量增加。如果预计年底人民币汇率中间价将提高，则预缴税款数额与应纳税额的差额应当尽量减少，如果预计年底人民币汇率中间价将降低，则预缴税款数额与应纳税额的差额应当尽量增加。

（2）法律依据：

①《中华人民共和国企业所得税法》（2007年3月16日第十届全国人民代表大会第五次会议通过，2017年2月24日第十二届全国人民代表大会常务委员会第二十六次会议第一次修正，2018年12月29日第十三届全国人民代表大会常务委员会第七次会议第二次修正）第56条。

②《中华人民共和国企业所得税法实施条例》（国务院2007年12月6日颁布，国务院令〔2007〕第512号，自2008年1月1日起实施）第130条。

案例引入解析 4-3　　知识锦囊 4-4　　微课 4-5

4.1.5 任务实施

4.1.5.1 任务分组

表1 学生分组表

班级		组号		授课教师	
组长		学号			
组员	姓名	学号	姓名	学号	

4.1.5.2 自主探学

任务工作单1

组号：＿＿＿　姓名：＿＿＿　学号：＿＿＿　检索号：4152-1

引导问题：

（1）请简述利用利润转移的税务优化思路。

（2）请简述将利息变其他支出的税务优化思路。

_____

_____

（3）请简述企业股权投资的税务优化思路。

_____

_____

任务工作单2

组号：_____ 姓名：_____ 学号：_____ 检索号：__4152-2__

引导问题：

（1）某集团公司下属A、B两家子公司。其中，A公司适用25%的企业所得税税率，B公司属于国家扶持的高新技术企业，适用15%的企业所得税税率。202×纳税年度，A公司的应纳税所得额为7 000万元，B公司的应纳税所得额为8 000万元。请问A、B两家公司及该集团公司在202×纳税年度分别应当缴纳多少企业所得税？应如何进行税务优化？

_____

_____

（2）A公司有2 000名员工，人均月工资为4 000元。该公司202×年度向员工集资人均10 000元，年利率为9%，假设同期同类银行贷款利率为6%年利率。由于企业所得税法规定，向非金融机构借款的利息支出，不高于按照金融机构同类、同期贷款利率计算的数额以内的部分，准予扣除。因此，超过的部分不能扣除，应当调增应税所得额：2 000×10 000×（9%－6%）＝600 000（元）。该企业为此多缴纳企业所得税：600 000×25%＝150 000（元）。应当代扣代缴个人所得税：10 000×9%×20%×2 000＝360 000（元）。请问应如何进行税务优化？

_____

_____

（3）2018年2月，A公司于以银行存款1 000万元投资于B公司，取得B公司（非上市公司）股本总额的60%，已知B公司未分配利润为500万元。B公司保留盈余不分配。2021年8月，A公司将其拥有的B公司60%的股权全部转让给C公司，转让价格为1 200万元。转让过程中发生的税费为0.6万元。请问A公司应如何进行税务优化？

_____

_____

_____

任务工作单3

组号：_____ 姓名：_____ 学号：_____ 检索号：__4152-3__

引导问题：

（1）请简述企业所得税预缴的税务优化思路。

_____

_____

（2）请简述利用汇率变动趋势的税务优化思路。

_____

_____

任务工作单 4

组号：_____ 姓名：_____ 学号：_____ 检索号：____4152-4____

引导问题：

（1）A 公司 2020 纳税年度缴纳企业所得税 1 200 万元，公司预计 2021 纳税年度应纳税所得额会有一个比较大的增长，每季度实际的应纳税所得额分别为 1 400 万元、1 500 万元、1 700 万元、1 600 万元。公司选择按照纳税期限的实际数额来预缴企业所得税。请问该公司每季度预缴多少企业所得税？应如何进行税务优化？

_____

_____

_____

（2）A 公司主要从事对美外贸业务，每月都有大量的美元收入。该公司选择按月预缴企业所得税。该公司 202×年度 1—5 月，每月美元收入分别为 1 800 万美元、1 600 万美元、1 000 万美元、1 100 万美元、1 500 万美元。假设每月最后一日美元的人民币汇率中间价分别为 7.523 0、7.491 0、7.461 0、7.431 0、7.411 0。请问该公司每月美元收入应当预缴多少企业所得税？应如何进行税务优化？

_____

_____

_____

4.1.5.3　合作研学

任务工作单 1

组号：_____ 姓名：_____ 学号：_____ 检索号：____4153-1____

引导问题：

小组交流讨论，教师参与，形成任务工作单 4152-1 正确的税务优化思路。

_____

_____

任务工作单 2

组号：_____ 姓名：_____ 学号：_____ 检索号：____4153-2____

引导问题：

小组交流讨论，教师参与，形成任务工作单 4152-2 正确的税务优化方案。

_____

_____

_____

任务工作单 3

组号：_____ 姓名：_____ 学号：_____ 检索号： 4153-3

引导问题：

小组交流讨论，教师参与，形成任务工作单 4152-3 正确的税务优化思路。

_____

_____

任务工作单 4

组号：_____ 姓名：_____ 学号：_____ 检索号： 4153-4

引导问题：

小组交流讨论，教师参与，形成任务工作单 4152-4 正确的税务优化方案。

_____

_____

4.1.5.4 展示赏学

任务工作单 1

组号：_____ 姓名：_____ 学号：_____ 检索号： 4154-1

引导问题：

（1）每组推荐一位小组长，汇报任务工作单 4152-2 方案。借鉴每组经验，进一步优化方案。

_____

_____

_____

（2）个人结合汇报情况，检讨自己的不足。

_____

_____

_____

任务工作单 2

组号：_____ 姓名：_____ 学号：_____ 检索号： 4154-2

引导问题：

（1）每组推荐一位小组长，汇报任务工作单 4152-4 方案。借鉴每组经验，进一步优化方案。

_____

_____

_____

（2）个人结合汇报情况，检讨自己的不足。

_____

_____

_____

4.1.5.5　评价反馈

任务工作单 1：自我测评

组号：_____　姓名：_____　学号：_____　检索号：　4155-1

个人自评表

班级		组名		日期	年　月　日
评价指标	评价内容			分数	分数评定
信息检索	能有效利用网络、图书资源查找有用的相关信息等；能将查到的信息有效地传递到学习中			10 分	
感知课堂	是否能在学习中获得满足感以及课堂生活的认同感			10 分	
参与态度	积极主动与教师、同学交流，相互尊重、理解、平等；与教师、同学之间是否能够保持多向、丰富、适宜的信息交流			15 分	
	能处理好合作学习和独立思考的关系，做到有效学习；能提出有意义的问题或能发表个人见解			15 分	
学习方法	学习方法得体，是否获得了进一步学习的能力			15 分	
思维态度	是否能发现问题、提出问题、分析问题、解决问题，并拓展思维，创新提升			10 分	
自评反馈	按时按质按任务、较好地掌握知识点；具有较强的信息分析能力和理解能力；具有较为全面严谨的思维能力，并能条理清晰地表达成文			25 分	
自评分数					
有益的经验和做法					
总结反馈建议					

任务工作单 2：小组内互评

组号：_____　姓名：_____　学号：_____　检索号：　4155-2

小组内互评表

班级		组名		日期	年　月　日
评价指标	评价内容			分数	分数评定
信息检索	该同学能有效利用网络、图书资源查找有用的相关信息等；能将查到的信息有效地传递到学习中			10 分	
感知课堂	该同学是否能在学习中获得满足感以及课堂生活的认同感			10 分	

续表

评价指标	评价内容	分数	分数评定
参与态度	该同学能否积极主动与教师、同学交流，相互尊重、理解、平等；与教师、同学之间是否能够保持多向、丰富、适宜的信息交流	15分	
	该同学能否处理好合作学习和独立思考的关系，做到有效学习；能提出有意义的问题或能发表个人见解	15分	
学习方法	该同学学习方法得体，是否获得了进一步学习的能力	15分	
思维态度	该同学是否能发现问题、提出问题、分析问题、解决问题，并拓展思维，创新提升	10分	
自评反馈	该同学是否能按时按质按任务、较好地掌握知识点；具有较强的信息分析能力和理解能力；具有较为全面严谨的思维能力，并能条理清晰地表达成文	25分	
评价分数			
该同学的不足之处			
有针对性的改进建议			

任务工作单3：小组间互评

被评组号：_____ 检索号： 4155-3

小组间互评表

班级		评价小组		日期	年 月 日
评价指标	评价内容			分数	分数评定
汇报表述	表述准确			15分	
	语言流畅			10分	
	准确反映该组完成情况			15分	
内容正确度	内容正确			30分	
	阐述表达到位			30分	
互评分数					
简要评述					

任务工作单4：教师评价

组号：_____ 姓名：_____ 学号：_____ 检索号：__4155-4__

教师评价表

班级			组名		姓名	
出勤情况						
评价内容	评价要点		考察要点		分数	分数评定
1. 查阅文献情况	任务实施过程中文献查阅		（1）是否查阅信息资料		20分	
			（2）正确运用信息资料			
2. 互动交流情况	组内交流、教学互动		（1）积极参与交流		30分	
			（2）主动接受教师指导			
3. 任务完成情况	规定时间内的完成度		（1）在规定时间内完成任务		20分	
	任务完成的正确度		（2）任务完成的正确性		30分	
合计					100分	

自主探学解析 4-6　　个人自评表 4-7　　小组内互评表 4-8　　小组间互评表 4-9　　教师评价表 4-10

知识拓展

　　"十四五"规划和2035年远景目标纲要提出："深化税收征管制度改革，建设智慧税务，推动税收征管现代化。"深化税收征管改革是完善现代税收体制的重要内容，涉及政府与市场关系的调整，对完善社会主义市场经济体制具有积极作用。2021年3月，中共中央办公厅、国务院办公厅印发《关于进一步深化税收征管改革的意见》，对深化税收征管改革进行了全面部署。贯彻落实中央决策部署，深入推进税收征管改革，对于完善现代税收体制、打造市场化法治化国际化营商环境、更好服务市场主体发展具有重要意义。

思政之窗

以科学财税政策推进共同富裕

　　共同富裕是社会主义的本质要求，是人民群众的共同期盼。它深刻体现以人民为中心的发展思想，着重强调更好地满足人民日益增长的美好生活需要，增进全体人民福祉，让发展成果更多更公平地惠及全体人民。

　　作为践行共同富裕理念、推动相关体制机制改革的战略举措，《中共中央国务院关于支持浙江高质量发展建设共同富裕示范区的意见》为人类社会实现共同富裕目标探索出一条新路。中央财经委员会第十次会议指出,在高质量发展中促进共同富裕,要正确处理效率和公平的关系,构建初次分配、再分配、三次分配协调配套的基础性制度安排,加大税收、社保、转移支付等调节力度并提高精准性。浙江在高质量发展建设共同富裕示范区的进程中,应将共同富裕作为建立现代财税体制的核心导向,在推动共同富裕示范区建设的过程中先行先试、重点突破。

一、立足激发全体人民活力和促进社会公平有机融合

劳动创造世界。从人类社会的发展历程来看,经济社会的每一次重大进步都是全体人民劳动活力创造的结果。构建高水平社会主义市场经济体制,充分发挥市场在资源配置中的决定性作用,将成为全体人民走向共同富裕的根本体制保障。工业社会以来,市场分工体系不断完善、专业化生产水平持续提高,已经成为社会生产效率改善的重要源泉之一。建立现代财税体制应以构建高效规范、公平竞争的国内统一市场为核心导向,推动国内市场分工趋于细化、专业化,降低制度性交易成本,让各类生产要素在国内统一市场内自由流动、迸发活力。"高质量发展之路就是激发市场活力之路",是不断拓宽广大人民群众参与市场竞争、运用市场手段、依靠市场致富的渠道和方式。

二、紧跟时代步伐把握共同富裕的新变化、新要求

时至今日,全体人民的积极性、主动性、创造性仍在不断改变着这个世界。时代在变,全体人民实现共同富裕目标的内容和方式也随之而变。随着数字技术的迅速发展,人类社会正处于从工业社会向数字社会转型升级的重要节点,这对共同富裕提出了一些新要求。

三、坚持深化体制机制改革和优化政策措施相结合

短期靠智、长期靠治。共同富裕目标的圆满实现,短期依靠优化政策措施,最终要依赖于深化体制机制改革,构建实现共同富裕的内生动力体系,更加激发制度红利。

(来源:《浙江日报》;作者:蒋震)

任务二 准予扣除项目的税务优化

【案例引入】

202×年，A公司预计可以实现会计利润（假设等于应纳税所得额）1 500万元，企业所得税税率为25%。公司为树立良好社会形象，计划对外捐赠300万元。现有两种方案可供选择。方案一：直接向受赠对象进行捐赠；方案二：通过政府部门捐赠。请分析以上两种方案，并对其进行税务优化。

4.2.1 任务描述

有关准予扣除项目进行正确的税务优化。

4.2.2 学习目标

1. 知识目标

（1）掌握固定资产加速折旧的税务优化思路；

（2）掌握固定资产修理的税务优化思路；

（3）掌握企业捐赠的税务优化思路。

2. 能力目标

（1）能正确进行固定资产加速折旧的税务优化；

（2）能正确进行固定资产修理的税务优化；

（3）能正确进行企业捐赠的税务优化。

3. 素质目标

（1）培养学生勤于思考、分析问题的意识；

（2）培养学生的团队精神、拼搏精神与创新精神；

（3）引导学生树立社会主义核心价值观，培养学生的人文素养和家国情怀。

4.2.3 重难点

1. 重点

固定资产加速折旧的税务优化，固定资产修理的税务优化，企业捐赠的税务优化。

2. 难点

固定资产加速折旧的税务优化。

难点 4-11

4.2.4 相关知识链接

1. 固定资产加速折旧的税务优化

（1）税务优化思路。固定资产的折旧方法一般有直线法、工作量法、双倍余额递减法、年数总和法等。不同的企业根据自身的情况，所选择的折旧方法也会不一样。企业对固定资产折旧计提方法的选用不同，会导致计入企业成本费用的折旧数额产生差异，因此，所计提的折旧额的抵税效果也会产生差异。但无论采用何种方法，对于某一特定固定资产而言，企业所提取的折旧总额是相同的，所不同的只是企业在固定资产使用年限内每年所抵扣的应纳税所得额是不同的，由此导致每年所抵扣的所得税税额也是不同的。在具备采取固定资产加速折旧条件的情况下，企业应当尽量选择固定资产的加速折旧。

（2）法律政策依据：

①《中华人民共和国企业所得税法》（2007年3月16日第十届全国人民代表大会第五次会议通过，2017年2月24日第十二届全国人民代表大会常务委员会第二十六次会议第一次修正，2018年12月29日第十三届全国人民代表大会常务委员会第七次会议第二次修正）第11条。

②《中华人民共和国企业所得税法实施条例》（国务院2007年12月6日颁布，国务院令〔2007〕第512号，自2008年1月1日起实施）第57条、第59条、第98条。

③《国家税务总局关于企业固定资产加速折旧所得税处理有关问题的通知》（国家税务总局2009年4月16日发布，国税发〔2009〕81号）。

④《财政部 国家税务总局关于完善固定资产加速折旧企业所得税政策的通知》（财政部 国家税务总局2014年10月20日发布，财税2014〕75号）。

⑤《财政部 国家税务总局关于进一步完善固定资产加速折旧企业所得税政策的通知》（财政部 国家税务总局2015年9月17日发布，财税〔2015〕106号）。

⑥《财政部 国家税务总局关于设备、器具扣除有关企业所得税政策的通知》（财税〔2018〕54号）。

⑦《财政部 税务总局关于扩大固定资产加速折旧优惠政策适用范围的公告》（财政部 税务总局公告2019年第66号）。

⑧《财政部 税务总局关于海南自由贸易港企业所得税优惠政策的通知》（财税〔2020〕31号）。

2. 企业捐赠的税务优化

（1）税务优化思路。《中华人民共和国企业所得税法》第9条规定："企业发生的公益性捐赠支出，在年度利润总额12%以内的部分，准予在计算应纳税所得额时扣除；超过年度利润总额12%的部分准予结转以后三年内在计算应纳税所得额时扣除。"公益性捐赠，是指企业通过公益性社会团体或者县级以上人民政府及其部门，用于《中华人民共和国公益事业捐赠法》规定的公益事业的捐赠。

在实务操作中，经民政部门批准成立的非营利的公益性社会团体和基金会，凡符合有关规定条件，并经财政税务部门确认后，纳税人通过其用于公益救济性的捐赠，可按现行税收法律法规及相关政策规定，准予在计算缴纳企业所得税时在所得税税前扣除。经国务院民政部门批准成立的非营利的公益性社会团体和基金会，其捐赠税前扣除资格由财政部和国家税务总局进行确认；经省级人民政府民政部门批准成立的非营利的公益性社会团体和基金会，其捐赠税前扣除资格由省级财税部门进行确认，并报财政部和国家税务总局备案。接受公益救济性捐赠的国家机关指县及县以上人民政府及其组成部门。对获得公益性捐赠税前扣除资格的公益性社会团体，由财政部、国家税务总局和民政部以及省、自治区、直辖市、计划单列市财政、税务和民政部门每年分别联合公布名单。名单应当包括当年继续获得公益性捐赠税前扣除资格和新获得公益性捐赠税前扣除资格的公益性社会团体。企业或个人在名单所属年度内向名单内的公益性社会团体进行的公益性捐赠支出，可按规定进行税前扣除。

自 2019 年 1 月 1 日至 2025 年 12 月 31 日，企业通过公益性社会组织或者县级（含县级）以上人民政府及其组成部门和直属机构，用于目标脱贫地区的扶贫捐赠支出，准予在计算企业所得税应纳税所得额时据实扣除。在政策执行期限内，目标脱贫地区实现脱贫的，可继续适用上述政策。企业同时发生扶贫捐赠支出和其他公益性捐赠支出，在计算公益性捐赠支出年度扣除限额时，符合上述条件的扶贫捐赠支出不计算在内。企业在 2015 年 1 月 1 日至 2018 年 12 月 31 日期间已发生的符合上述条件的扶贫捐赠支出，尚未在计算企业所得税应纳税所得额时扣除的部分，可执行上述企业所得税政策。

纳税人进行捐赠时应当注意符合税法规定的要件，即应当通过特定的机构进行捐赠，而不能自行捐赠，应当用于公益性目的，而不能用于其他目的。通过符合税法要求的捐赠可以最大限度地降低企业的税收负担。如果企业在当年的捐赠达到了限额，则可以考虑在下一个纳税年度再进行捐赠，或者将一个捐赠分成两次或多次进行。

（2）法律政策依据：

①《中华人民共和国企业所得税法》（2007 年 3 月 16 日第十届全国人民代表大会第五次会议通过，2017 年 2 月 24 日第十二届全国人民代表大会常务委员会第二十六次会议第一次修正，2018 年 12 月 29 日第十三届全国人民代表大会常务委员会第七次会议第二次修正）第 9 条。

②《中华人民共和国企业所得税法实施条例》（国务院 2007 年 12 月 6 日颁布，国务院令〔2007〕第 512 号，自 2008 年 1 月 1 日起实施）第 51 条、第 52 条。

③《财政部 国家税务总局 民政部关于公益性捐赠税前扣除有关问题的通知》（财政部 国家税务总局 民政部 2008 年 12 月 31 日发布，财税〔2008〕160 号）。

④《财政部 国家税务总局关于通过公益性群众团体的公益性捐赠税前扣除有关问题的通知》（财政部 国家税务总局 2009 年 12 月 8 日发布，财税〔2009〕124 号）。

⑤《财政部 国家税务总局 民政部关于公益性捐赠税前扣除有关问题的补充通知》（财政部 国家税务总局 民政部 2010 年 7 月 21 日发布，财税〔2010〕45 号）。

⑥《财政部 税务总局 国务院扶贫办关于企业扶贫捐赠所得税税前扣除政策的公告》（财政部 税务总局 国务院扶贫办公告 2019 年第 49 号）。

⑦《财政部 税务总局 民政部关于公益性捐赠税前扣除有关事项的公告》（财政部公告 2020 年第 27 号）。

⑧《财政部 税务总局 人力资源社会保障部 国家乡村振兴局关于延长部分扶贫税收优惠政策执行期限的公告》（财政部 税务总局 人力资源社会保障部 国家乡村振兴局公告 2021 年第 18 号）。

3. 固定资产修理的税务优化

（1）税务优化思路。固定资产的修理费用是企业生产经营过程中经常发生的费用，根据修理程度的不同，企业所得税法规定了不同的扣除政策。根据《中华人民共和国企业所得税法》第 13 条的规定，固定资产的大修理支出应当作为长期待摊费用。按照固定资产尚可使用年限分期摊销。固定资产的大修理支出有两个标准：①修理支出达到取得固定资产时的计税基础 50%以上。②修理后固定资产的使用年限延长 2 年以上。

如果企业处于正常生产经营状况下，在当期直接扣除修理支出对企业更有利。如果企业的固定资产修理支出达到了大修理支出的标准，可以通过采取多次修理的方式来获得当期扣除修理费用的税收待遇。

（2）法律政策依据：

①《中华人民共和国企业所得税法》（2007 年 3 月 16 日第十届全国人民代表大会第五次会

议通过，2017 年 2 月 24 日第十二届全国人民代表大会常务委员会第二十六次会议第一次修正，2018 年 12 月 29 日第十三届全国人民代表大会常务委员会第七次会议第二次修正）第 13 条。

②《中华人民共和国企业所得税法实施条例》（国务院 2007 年 12 月 6 日颁布，国务院令〔2007〕第 512 号，自 2008 年 1 月 1 日起实施）第 69 条。

案例引入解析 4-12

知识锦囊 4-13

微课 4-14

4.2.5 任务实施

4.2.5.1 任务分组

表 1　学生分组表

班级		组号		授课教师	
组长		学号			
组员	姓名	学号	姓名	学号	

4.2.5.2 自主探学

任务工作单 1

组号：＿＿＿＿＿　姓名：＿＿＿＿＿　学号：＿＿＿＿＿　检索号：＿4252-1＿

引导问题：

（1）请简述固定资产加速折旧的税务优化思路。

＿＿＿＿＿＿＿＿＿＿＿＿＿＿＿＿＿＿＿＿＿＿＿＿＿＿＿＿＿＿＿＿＿＿＿＿＿

＿＿＿＿＿＿＿＿＿＿＿＿＿＿＿＿＿＿＿＿＿＿＿＿＿＿＿＿＿＿＿＿＿＿＿＿＿

（2）请简述固定资产修理的税务优化思路。

＿＿＿＿＿＿＿＿＿＿＿＿＿＿＿＿＿＿＿＿＿＿＿＿＿＿＿＿＿＿＿＿＿＿＿＿＿

＿＿＿＿＿＿＿＿＿＿＿＿＿＿＿＿＿＿＿＿＿＿＿＿＿＿＿＿＿＿＿＿＿＿＿＿＿

（3）请简述企业捐赠的税务优化思路。

＿＿＿＿＿＿＿＿＿＿＿＿＿＿＿＿＿＿＿＿＿＿＿＿＿＿＿＿＿＿＿＿＿＿＿＿＿

＿＿＿＿＿＿＿＿＿＿＿＿＿＿＿＿＿＿＿＿＿＿＿＿＿＿＿＿＿＿＿＿＿＿＿＿＿

任务工作单 2

组号：_____ 姓名：_____ 学号：_____ 检索号：4252-2

引导问题：

（1）202×年初，A 企业新购买一台价值为 400 000 元的机器设备，残值率为 3%，估计使用年限为 5 年。请比较各种不同折旧方法的异同，并对其进行税务优化。

_____

_____

_____

（2）A 公司 202×年度计划向灾区捐赠 1 000 万元，现有两个方案可供选择。方案一：是直接向受赠对象进行捐赠。方案二：通过公益性社会团体捐赠。已知该公司当年利润总额为 4 200 万元，请根据以上方案进行税务优化。

_____

_____

_____

（3）A 公司 202×年 10 月起对一条生产线进行大修，12 月完工，该生产线原价及计税基础均为 8 000 万元，发生修理费用 4 200 万元，其中，购买大修理用的零件等取得增值税专用发票上注明：货款 2 400 万元，更换一台设备价值 1 100 万元，发生人工费用等其他费用 700 万元。修理后该生产线延长 3 年使用寿命，已知当年实现利润 5 800 万元，不考虑其他纳税调整事项。请计算该公司应当如何进行摊销，并对其进行税务优化。

_____

_____

_____

4.2.5.3 合作研学

任务工作单 1

组号：_____ 姓名：_____ 学号：_____ 检索号：4253-1

引导问题：

小组交流讨论，教师参与，形成任务工作单 4252-1 正确的税务优化思路。

_____

_____

任务工作单 2

组号：_____ 姓名：_____ 学号：_____ 检索号：4253-2

引导问题：

小组交流讨论，教师参与，形成任务工作单 4252-2 正确的税务优化方案。

_____

_____

4.2.5.4 展示赏学

任务工作单 1

组号：_____ 姓名：_____ 学号：_____ 检索号：__4254-1__

引导问题：

（1）每组推荐一位小组长，汇报任务工作单 4252-2 方案。借鉴每组经验，进一步优化方案。

_____

_____

_____

（2）个人结合汇报情况，检讨自己的不足。

_____

_____

_____

4.2.5.5 评价反馈

任务工作单 1：自我测评

组号：_____ 姓名：_____ 学号：_____ 检索号：__4255-1__

个人自评表

班级		组名		日期	年 月 日
评价指标	评价内容			分数	分数评定
信息检索	能有效利用网络、图书资源查找有用的相关信息等；能将查到的信息有效地传递到学习中			10 分	
感知课堂	是否能在学习中获得满足感以及课堂生活的认同感			10 分	
参与态度	积极主动与教师、同学交流，相互尊重、理解、平等；与教师、同学之间是否能够保持多向、丰富、适宜的信息交流			15 分	
	能处理好合作学习和独立思考的关系，做到有效学习；能提出有意义的问题或能发表个人见解			15 分	
学习方法	学习方法得体，是否获得了进一步学习的能力			15 分	
思维态度	是否能发现问题、提出问题、分析问题、解决问题，并拓展思维，创新提升			10 分	
自评反馈	按时按质按任务、较好地掌握知识点；具有较强的信息分析能力和理解能力；具有较为全面严谨的思维能力，并能条理清晰地表达成文			25 分	
自评分数					
有益的经验和做法					
总结反馈建议					

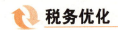

任务工作单2：小组内互评

组号：_____ 姓名：_____ 学号：_____ 检索号： 4255-2

小组内互评表

班级		组名		日期	年　月　日
评价指标	评价内容			分数	分数评定
信息检索	该同学能有效利用网络、图书资源查找有用的相关信息等；能将查到的信息有效地传递到学习中			10分	
感知课堂	该同学是否能在学习中获得满足感以及课堂生活的认同感			10分	
参与态度	该同学能否积极主动与教师、同学交流，相互尊重、理解、平等；与教师、同学之间是否能够保持多向、丰富、适宜的信息交流			15分	
	该同学能否处理好合作学习和独立思考的关系，做到有效学习；能提出有意义的问题或能发表个人见解			15分	
学习方法	该同学学习方法得体，是否获得了进一步学习的能力			15分	
思维态度	该同学是否能发现问题、提出问题、分析问题、解决问题，并拓展思维，创新提升			10分	
自评反馈	该同学是否能按时按质按任务、较好地掌握知识点；具有较强的信息分析能力和理解能力；具有较为全面严谨的思维能力，并能条理清晰地表达成文			25分	
评价分数					
该同学的不足之处					
有针对性的改进建议					

任务工作单3：小组间互评

被评组号：_____ 检索号： 4255-3

小组间互评表

班级		评价小组		日期	年　月　日
评价指标	评价内容			分数	分数评定
汇报表述	表述准确			15分	
	语言流畅			10分	
	准确反映该组完成情况			15分	

续表

评价指标	评价内容	分数	分数评定
内容正确度	内容正确	30分	
	阐述表达到位	30分	
互评分数			
简要评述			

任务工作单4：教师评价

组号：_____ 姓名：_____ 学号：_____ 检索号：__4255-4__

教师评价表

班级		组名		姓名	
出勤情况					
评价内容	评价要点	考察要点		分数	分数评定
1. 查阅文献情况	任务实施过程中文献查阅	（1）是否查阅信息资料		20分	
		（2）正确运用信息资料			
2. 互动交流情况	组内交流、教学互动	（1）积极参与交流		30分	
		（2）主动接受教师指导			
3. 任务完成情况	规定时间内的完成度	（1）在规定时间内完成任务		20分	
	任务完成的正确度	（2）任务完成的正确性		30分	
合计				100分	

自主探学解析 4-15　个人自评表 4-16　小组内互评表 4-17　小组间互评表 4-18　教师评价表 4-19

 知识拓展

税收优惠全力支持体育事业

为支持筹办杭州亚运会和亚残运会及其测试赛（以下统称杭州亚运会），出台了多项税收优惠政策：

105

（1）对杭州亚运会组委会（以下简称组委会）取得的电视转播权销售分成收入、赞助计划分成收入（货物和资金），免征增值税。

（2）对组委会市场开发计划取得的国内外赞助收入、转让无形资产（如标志）特许权收入、宣传推广费收入、销售门票收入及所发收费卡收入，免征增值税。

（3）对组委会取得的与中国集邮总公司合作发行纪念邮票收入、与中国人民银行合作发行纪念币收入，免征增值税。

（4）对组委会取得的来源于广播、因特网、电视等媒体收入，免征增值税。

（5）对组委会按亚洲奥林匹克理事会、亚洲残疾人奥林匹克委员会（以下统称亚奥委会）核定价格收取的运动员食宿费及提供有关服务取得的收入，免征增值税。

（6）对组委会赛后出让资产取得的收入，免征增值税和土地增值税。

（7）对组委会使用的营业账簿和签订的各类合同等应税凭证，免征组委会应缴纳的印花税。

（8）对财产所有人将财产（物品）捐赠给组委会所书立的产权转移书据，免征印花税。

（9）对企业、社会组织和团体赞助、捐赠杭州亚运会的资金、物资、服务支出，在计算企业应纳税所得额时予以全额扣除。

（10）对企业根据赞助协议向组委会免费提供的与杭州亚运会有关的服务，免征增值税。免税清单由组委会报财政部、税务总局确定。

（11）对组委会为举办运动会进口的亚奥委会或国际单项体育组织指定的，国内不能生产或性能不能满足需要的直接用于运动会比赛的消耗品，免征关税、进口环节增值税和消费税。享受免税政策的进口比赛用消耗品的范围、数量清单，由组委会汇总后报财政部会同税务总局、海关总署审核确定。

（12）对组委会进口的其他特需物资，包括：亚奥委会或国际单项体育组织指定的，国内不能生产或性能不能满足需要的体育竞赛器材、医疗检测设备、安全保障设备、交通通信设备、技术设备，在运动会期间按暂时进口货物规定办理，运动会结束后复运出境的予以核销；留在境内或做变卖处理的，按有关规定办理正式进口手续，并照章缴纳关税、进口环节增值税和消费税。

 思政之窗

财税部门联合发布系列公告，明确自2020年1月1日起实施一系列针对性强、含金量高的税收优惠政策，聚焦疫情防控关键领域和重点行业，有效缓解防疫特殊时期企业经营困难，助力打赢疫情防控阻击战。

疫情之下，企业界纷纷伸出援手，践行社会责任，不仅为疫情防控工作提供了有力支持，更为抗疫一线倾注了强大暖流。

病毒无情，人间有爱，大疫之际的爱心捐赠，彰显了新时代企业的社会担当和守望相助的崇高情怀，这一善举，不仅温暖着社区工作人员和防疫志愿者的心，也增添了社会各界并肩携手战胜疫情的坚定信念。

任务三 应纳所得税税额的税务优化

【案例引入】

A公司2015年度应纳税所得额为40万元，在此之前没有需要弥补的亏损，2016年度亏损40万元，2017年度亏损30万元，2018年度亏损20万元，2019年度应纳税所得额为10万元（尚未弥补以前年度亏损，下同），2020年度应纳税所得额为20万元，2021年度应纳税所得额为30万元。A公司适用的企业所得税税率为25%。请计算该公司2015—2021年度每年应当缴纳的企业所得税，并对其进行税务优化。

4.3.1 任务描述

有关应纳所得税税额进行正确的税务优化。

4.3.2 学习目标

1. 知识目标
掌握利用亏损结转进行税务优化的思路。

2. 能力目标
能正确利用亏损结转进行税务优化。

3. 素质目标
（1）培养学生养成依法纳税、诚实守信的职业道德精神；
（2）培养学生的团队精神、拼搏精神与创新精神；
（3）引导学生弘扬节约、节俭的中华民族传统美德，传承中国优秀传统文化。

4.3.3 重难点

1. 重点
利用亏损结转进行税务优化。

2. 难点
企业亏损弥补的税务处理。

难点 4-20

4.3.4 相关知识链接

利用亏损结转的税务优化

（1）税务优化思路。《中华人民共和国企业所得税法》第18条规定，企业纳税年度发生的亏损，准予向以后年度结转，用以后年度的所得弥补，但结转年限最长不得超过 5 年。弥补亏损期限，是指纳税人某一纳税年度发生亏损，准予用以后年度的应纳税所得弥补，一年弥补不足的，可以逐年连续弥补，弥补期最长不得超过 5 年，5 年内不论是盈利还是亏损，都作为实际弥补年限计算。这一规定为纳税人进行税务优化提供了空间，纳税人可以通过对本企业支出和收益的控制来充分利用亏损结转的规定，将能够弥补的亏损尽量弥补。

这里面有两种方法可以采用：如果某年度发生了亏损，企业应当尽量使邻近的纳税年度获得较多的收益，也就是尽可能早地将亏损予以弥补；如果企业已经没有需要弥补的亏损或者企业刚刚组建，而亏损在最近几年又是不可避免的，那么，应该尽量先安排企业亏损，然后再安排企业盈利。

需要注意的是，企业的年度亏损额是按照税法规定的方法计算出来的，不能利用多算成本和多列工资、招待费、其他支出等手段虚报亏损。企业必须正确地计算申报亏损，才能通过税务优化获得合法利益，否则，为了亏损结转而虚报亏损有可能导致触犯税法而受到法律的惩处。

关于技术开发费的加计扣除形成的亏损的处理：企业技术开发费加计扣除部分已形成企业年度亏损，可以用以后年度所得弥补，但结转年限最长不得超过 5 年。受疫情影响较大的困难行业企业 2020 年度发生的亏损，最长结转年限由 5 年延长至 8 年，该政策自 2020 年 1 月 1 日起实施，执行至 2021 年 3 月 31 日。自 2018 年 1 月 1 日起，当年具备高新技术企业或科技型中小企业资格（以下统称资格）的企业，其具备资格年度之前 5 个年度发生的尚未弥补完的亏损，准予结转以后年度弥补，最长结转年限由 5 年延长至 10 年。

（2）法律政策依据：

①《中华人民共和国企业所得税法》（2007 年 3 月 16 日第十届全国人民代表大会第五次会议通过，2017 年 2 月 24 日第十二届全国人民代表大会常务委员会第二十六次会议第一次修正，2018 年 12 月 29 日第十三届全国人民代表大会常务委员会第七次会议第二次修正）第 18 条。

②《中华人民共和国企业所得税法实施条例》（国务院 2007 年 12 月 6 日颁布，国务院令〔2007〕第 512 号，自 2008 年 1 月 1 日起实施）。

③《财政部 税务总局关于延长高新技术企业和科技型中小企业亏损结转年限的通知》（财税〔2018〕76 号）。

④《国家税务总局关于企业所得税若干税务事项衔接问题的通知》（国税函〔2009〕98 号）。

⑤《财政部 税务总局关于支持新型冠状病毒感染的肺炎疫情防控有关税收政策的公告》（财政部 税务总局公告 2020 年第 8 号）。

案例引入解析 4-21

知识锦囊 4-22

微课 4-23

4.3.5 任务实施

4.3.5.1 任务分组

表 1 学生分组表

班级		组号		授课教师	
组长		学号			
组员	姓名	学号	姓名	学号	

4.3.5.2 完成任务工单

任务工作单 1

组号：_____ 姓名：_____ 学号：_____ 检索号： 4352-1

引导问题：

（1）请问企业亏损弥补的税务处理如何进行？

_____

_____

（2）请简述利用亏损结转进行税务优化的思路。企业亏损弥补的税务处理。

_____

_____

任务工作单 2

组号：_____ 姓名：_____ 学号：_____ 检索号： 4352-2

引导问题：

（1）A公司2015年度亏损100万元，该公司适用的企业所得税税率为25%。假设该公司2015—2021年各纳税年度应纳税所得额如表4-1所示。

表 4-1 2015—2021年各纳税年度应纳税所得额   单位：万元

年份	2015	2016	2017	2018	2019	2020	2021
应纳税所得额	-100	10	10	20	30	10	600

请问该公司2021年应当缴纳多少企业所得税？对其进行税务优化。

_____

_____

_____

_____

（2）A 公司不属于小微企业，2016 年度亏损 200 万元，从 2016—2022 年各纳税年度应纳税所得额如表 4-2 所示。

表 4-2　2016—2022 年各纳税年度应纳税所得额　　　　　　　单位：万元

年份	2016	2017	2018	2019	2020	2021	2022
应纳税所得额	−200	20	20	40	60	20	110
调整后应纳税所得额	−200	20	20	40	60	60	70

请问 2022 年该公司应当缴纳多少企业所得税？对其进行税务优化。

_____

_____

4.3.5.3　合作研学

任务工作单 1

组号：_____　姓名：_____　学号：_____　检索号：　**4353-1**

引导问题：

小组交流讨论，教师参与，形成任务工作单 4352-1 正确的税务优化思路。

_____

_____

任务工作单 2

组号：_____　姓名：_____　学号：_____　检索号：　**4353-2**

引导问题：

小组交流讨论，教师参与，形成任务工作单 4352-2 正确的税务优化方案。

_____

_____

4.3.5.4　展示赏学

任务工作单 1

组号：_____　姓名：_____　学号：_____　检索号：　**4354-1**

引导问题：

（1）每组推荐一位小组长，汇报任务工作单 4352-2 方案。借鉴每组经验，进一步优化方案。

_____

_____

（2）个人结合汇报情况，检讨自己的不足。

_____

_____

4.3.5.5 评价反馈

任务工作单1：自我测评

组号：_____ 姓名：_____ 学号：_____ 检索号：__4355-1__

个人自评表

班级		组名		日期	年 月 日
评价指标	评价内容			分数	分数评定
信息检索	能有效利用网络、图书资源查找有用的相关信息等；能将查到的信息有效地传递到学习中			10 分	
感知课堂	是否能在学习中获得满足感以及课堂生活的认同感			10 分	
参与态度	积极主动与教师、同学交流，相互尊重、理解、平等；与教师、同学之间是否能够保持多向、丰富、适宜的信息交流			15 分	
	能处理好合作学习和独立思考的关系，做到有效学习；能提出有意义的问题或能发表个人见解			15 分	
学习方法	学习方法得体，是否获得了进一步学习的能力			15 分	
思维态度	是否能发现问题、提出问题、分析问题、解决问题，并拓展思维，创新提升			10 分	
自评反馈	按时按质按任务、较好地掌握知识点；具有较强的信息分析能力和理解能力；具有较为全面严谨的思维能力，并能条理清晰地表达成文			25 分	
自评分数					
有益的经验和做法					
总结反馈建议					

任务工作单2：小组内互评

组号：_____ 姓名：_____ 学号：_____ 检索号：__4355-2__

小组内互评表

班级		组名		日期	年 月 日
评价指标	评价内容			分数	分数评定
信息检索	该同学能有效利用网络、图书资源查找有用的相关信息等；能将查到的信息有效地传递到学习中			10 分	
感知课堂	该同学是否能在学习中获得满足感以及课堂生活的认同感			10 分	
参与态度	该同学能否积极主动与教师、同学交流，相互尊重、理解、平等；与教师、同学之间是否能够保持多向、丰富、适宜的信息交流			15 分	
	该同学能否处理好合作学习和独立思考的关系，做到有效学习；能提出有意义的问题或能发表个人见解			15 分	

续表

评价指标	评价内容	分数	分数评定
学习方法	该同学学习方法得体，是否获得了进一步学习的能力	15分	
思维态度	该同学是否能发现问题、提出问题、分析问题、解决问题，并拓展思维，创新提升	10分	
自评反馈	该同学是否能按时按质按任务、较好地掌握知识点；具有较强的信息分析能力和理解能力；具有较为全面严谨的思维能力，并能条理清晰地表达成文	25分	
评价分数			
该同学的不足之处			
有针对性的改进建议			

任务工作单 3：小组间互评

被评组号：＿＿＿＿＿＿＿＿＿　　**检索号：**　4355-3

小组间互评表

班级		评价小组		日期	年　月　日
评价指标	评价内容			分数	分数评定
汇报表述	表述准确			15分	
	语言流畅			10分	
	准确反映该组完成情况			15分	
内容正确度	内容正确			30分	
	阐述表达到位			30分	
互评分数					
简要评述					

任务工作单 4：教师评价

组号：＿＿＿＿＿＿　　**姓名：**＿＿＿＿＿＿＿　　**学号：**＿＿＿＿＿＿＿　　**检索号：**　4355-4

教师评价表

班级		组名		姓名	
出勤情况					
评价内容	评价要点	考察要点		分数	分数评定
1. 查阅文献情况	任务实施过程中文献查阅	（1）是否查阅信息资料		20分	
		（2）正确运用信息资料			

续表

评价内容	评价要点	考察要点	分数	分数评定
2. 互动交流情况	组内交流、教学互动	（1）积极参与交流	30分	
		（2）主动接受教师指导		
3. 任务完成情况	规定时间内的完成度	（1）在规定时间内完成任务	20分	
	任务完成的正确度	（2）任务完成的正确性	30分	
合计			100分	

自主探学解析 4-24　　个人自评表 4-25　　小组内互评表 4-26　　小组间互评表 4-27　　教师评价表 4-28

高新技术企业与科技型中小企业

高新技术企业须同时满足以下条件：

（1）企业申请认定时须注册成立一年以上。

（2）企业通过自主研发、受让、受赠、并购等方式，获得对其主要产品（服务）在技术上发挥核心支持作用的知识产权的所有权。

（3）对企业主要产品（服务）发挥核心支持作用的技术属于《国家重点支持的高新技术领域》规定的范围。

（4）企业从事研发和相关技术创新活动的科技人员占企业当年职工总数的比例不低于10%。

（5）企业近三个会计年度（实际经营期不满三年的按实际经营时间计算，下同）的研究开发费用总额占同期销售收入总额的比例符合如下要求：①最近一年销售收入小于5 000万元（含）的企业，比例不低于5%；②最近一年销售收入在5 000万元至2亿元（含）的企业，比例不低于4%；③最近一年销售收入在2亿元以上的企业，比例不低于3%。其中，企业在中国境内发生的研究开发费用总额占全部研究开发费用总额的比例不低于60%。

（6）近一年高新技术产品（服务）收入占企业同期总收入的比例不低于60%。

（7）企业创新能力评价应达到相应要求。

（8）企业申请认定前一年内未发生重大安全、重大质量事故或严重环境违法行为。

科技型中小企业须同时满足以下条件：

（1）在中国境内（不包括港、澳、台地区）注册的居民企业；

（2）职工总数不超过500人，年销售收入不超过2亿元，资产总额不超过2亿元；

（3）企业提供的产品和服务不属于国家规定的禁止、限制和淘汰类；

（4）企业在填报上一年及当年内未发生重大安全、重大质量事故和严重环境违法、科研严重失信行为，且企业未列入经营异常名录和严重违法失信企业名单；

（5）企业根据科技型中小企业评价指标进行综合评价所得分值不低于60分，且科技人员指标得分不得为0分。

运用大数据技术提升税收治理效能

习近平总书记指出："要运用大数据提升国家治理现代化水平。"大数据是信息化发展的新阶段，数据正在成为经济社会发展进程中最活跃的生产要素。税收作为国家治理体系的重要组成部分，如何在大数据技术赋能下，深挖细掘税收大数据这座"金山银库"，进一步盘活数据资源、挖掘数据价值、拓展数据应用，为税收服务经济社会发展注入强劲动力，是需要深入研究的重要课题。

从税收治理的不同绩效来看，技术的变迁与创新对税收发展至关重要。如果技术取得进步，就能获得较高的税收治理效能。当前，新一轮科技革命和产业变革加速演进，大数据技术已经成为驱动经济增长的新动能，为推动我国经济高质量发展提供了重要支撑。税收治理中，税收征管诸如税基、税源、税种、税率等涉及海量的税收大数据，这些涉税大数据是保障税法遵从度、降低税收成本、提升税收征管质效的宝贵资源。税务部门用好大数据技术，加强对税收大数据的挖掘分析和增值应用，就能实现涉税数据采集、分析和应用的"数据链条式"发展。总的来看，以大数据助力税收治理，不仅可以通过大数据技术提升税收服务和治理能力，助力产业升级，还能够发挥税收大数据覆盖面广、及时性强、精准度高等优势，分析经济运行动态，助力供需双方精准产销对接，最大限度地激发市场主体活力和发展动力。

近年来，税收工作正凭借大数据技术不断地走向精准化、智能化、科学化。将大数据融入税收工作中，不是一道选择题，而是一条没有止境的自我突破之路。大数据潮流已是不可逆之势。我们要依托大数据技术，通过创新税收大数据治理模式，建立健全税收大数据服务机制，加强税收大数据人才队伍建设等，从而推动税收治理方式从"信息化"向"智能化"转变，激活税收改革发展新动能。

（来源：《经济日报》；作者：沈建波）

任务四　利用税收优惠政策的税务优化

【案例引入】

A 企业资产总额为 2 800 万元，员工 95 人。A 企业预计 2021 年、2022 年实现的应纳税所得额分别为 160 万元、40 万元，其中 2021 年 12 月能够实现 60 万元的应纳税所得额。请计算该企业在 2021 年度与 2022 年度分别应当缴纳多少企业所得税并提出税务优化方案。

4.4.1 任务描述

正确利用税收优惠政策进行税务优化。

4.4.2 学习目标

1. 知识目标

（1）掌握恰当选择优惠政策的起始年度进行税务优化的思路；

（2）掌握利用国债利息免税政策进行税务优化的思路；

（3）掌握利用小型微利企业低税率优惠政策进行税务优化的思路。

2. 能力目标

（1）能恰当选择优惠政策的起始年度进行正确的税务优化；

（2）能利用国债利息免税政策进行正确的税务优化；

（3）能利用小型微利企业低税率优惠政策进行正确的税务优化。

3. 素质目标

（1）培养学生形成合理避税思维，提升职业判断能力；

（2）培养学生的团队精神、拼搏精神与创新精神；

（3）培养学生养成依法纳税、诚实守信的职业道德精神；

（4）引导学生树立社会主义核心价值观，培养学生的人文素养和家国情怀。

4.4.3 重难点

1. 重点

选择优惠政策起始年度的税务优化，小型微利企业低税率优惠政策的税务优化，国债利息免税政策的税务优化。

2. 难点

小型微利企业低税率优惠政策的税务优化。

难点 4-29

4.4.4 相关知识链接

1. 选择优惠政策起始年度的税务优化

（1）税务优化思路。根据现行的税收政策，企业所得税按纳税年度计算。纳税年度自公历1月1日起至12月31日止。企业在一个纳税年度中间开业，或者终止经营活动，使该纳税年度的实际经营期不足12个月的，应当以其实际经营期为一个纳税年度。

企业从事国家重点扶持的公共基础设施项目的投资经营的所得，自项目取得第一笔生产经营收入所属纳税年度起，第一年至第三年免征企业所得税，第四年至第六年减半征收企业所得税。企业从事符合条件的环境保护、节能节水项目的所得，自项目取得第一笔生产经营收入所属纳税年度起，第一年至第三年免征企业所得税，第四年至第六年减半征收企业所得税。

对经济特区和上海浦东新区内在2008年1月1日（含）之后完成登记注册的国家需要重点扶持的高新技术企业，在经济特区和上海浦东新区内取得的所得，自取得第一笔生产经营收入所属纳税年度起，第一年至第二年免征企业所得税，第三年至第五年按照25%的法定税率减半征收企业所得税。国家需要重点扶持的高新技术企业，是指拥有核心自主知识产权，同时符合《中华人民共和国企业所得税法实施条例》第93条规定的条件，并按照《高新技术企业认定管理办法》认定的高新技术企业。经济特区和上海浦东新区内新设高新技术企业同时在经济特区和上海浦东新区以外的地区从事生产经营的，应当单独计算其在经济特区和上海浦东新区内取得的所得，并合理分摊企业的期间费用；没有单独计算的，不得享受企业所得税优惠。经济特区和上海浦东新区内新设高新技术企业在按照本通知的规定享受过渡性税收优惠期间，由于复审或抽查不合格而不再具有高新技术企业资格的，从其不再具有高新技术企业资格年度起，停止享受过渡性税收优惠；以后再次被认定为高新技术企业的，不得继续享受或者重新享受过渡性税收优惠。

还有一些税收优惠是自获利年度开始计算的。例如，集成电路线宽小于0.8微米（含）的集成电路生产企业，经认定后，在2017年12月31日前自获利年度起计算优惠期，第一年至第二年免征企业所得税，第三年至第五年按照25%的法定税率减半征收企业所得税，并享受至期满为止。集成电路线宽小于0.25微米或投资额超过80亿元的集成电路生产企业，经认定后，减按15%的税率征收企业所得税，其中经营期在15年以上的，在2017年12月31日前自获利年度起计算优惠期，第一年至第五年免征企业所得税，第六年至第十年按照25%的法定税率减半征收企业所得税，并享受至期满为止。我国境内新办的集成电路设计企业和符合条件的软件企业，经认定后，在2017年12月31日前自获利年度起计算优惠期，第一年至第二年免征企业所得税，第三年至第五年按照25%的法定税率减半征收企业所得税，并享受至期满为止。对于该类税收优惠，应尽量推迟企业的获利年度。

对注册在海南自由贸易港并实质性运营的鼓励类产业企业，减按15%的税率征收企业所得税。鼓励类产业企业，是指以海南自由贸易港鼓励类产业目录中规定的产业项目为主营业务，且其主营业务收入占企业收入总额60%以上的企业。所称实质性运营，是指企业的实际管理机构设在海南自由贸易港，并对企业生产经营、人员、账务、财产等实施实质性全面管理和控制。对不符合实质性运营的企业，不得享受优惠。对总机构设在海南自由贸易港的符合条件的企业，仅就其设在海南自由贸易港的总机构和分支机构的所得，适用15%税率；对总机构设在海南自由贸易港以外的企业，仅就其设在海南自由贸易港内的符合条件的分支机构的所得，适用15%税率。

（2）法律政策依据：

①《中华人民共和国企业所得税法》（2007年3月16日第十届全国人民代表大会第五次会议通过，2017年2月24日第十二届全国人民代表大会常务委员会第二十六次会议第一次修正，2018年12月29日第十三届全国人民代表大会常务委员会第七次会议第二次修正）第53条。

②《中华人民共和国企业所得税法实施条例》（国务院2007年12月6日颁布，国务院令〔2007〕第512号，自2008年1月1日起实施）第87条、第88条。

③《国务院关于经济特区和上海浦东新区新设立高新技术企业实行过渡性税收优惠的通知》（国务院2007年12月26日发布，国发〔2007〕40号）。

④《财政部 国家税务总局关于进一步鼓励软件产业和集成电路产业发展企业所得税政策的通知》（财政部 国家税务总局2012年4月20日发布，财税〔2012〕27号）。

⑤《财政部 税务总局关于海南自由贸易港企业所得税优惠政策的通知》（财税〔2020〕31号）。

2. 利用国债利息免税政策的税务优化

（1）税务优化思路。根据现行的企业所得税政策，企业的下列收入为免税收入：

①国债利息收入。

②符合条件的居民企业之间的股息、红利等权益性投资收益。

③在中国境内设立机构、场所的非居民企业从居民企业取得与该机构、场所有实际联系的股息、红利等权益性投资收益。

④符合条件的非营利性组织的收入。

国债利息收入，是指企业持有国务院财政部门发行的国债取得的利息收入。

企业在条件许可的情况下应当尽可能多地获得免税收入。当然，获得免税收入都是需要一定条件的，企业只有满足税法所规定的条件才能享受免税待遇。例如，国债利息免税，当企业选择国债或者其他债券进行投资时，就应当将免税作为一个重要的因素予以考虑。再例如，直接投资的股息所得免税，与此相关的是，企业的股权转让所得要纳税。因此，当企业进行股权转让时尽量将该股权所代表的未分配股息分配以后再转让。

根据《中华人民共和国企业所得税法》及其实施条例的规定，企业国债投资业务企业所得税处理政策如下：

①国债利息收入时间确认。根据《中华人民共和国企业所得税法实施条例》第18条的规定，企业投资国债从国务院财政部门（简称发行者）取得的国债利息收入，应以国债发行时约定应付利息的日期，确认利息收入的实现。企业转让国债，应在国债转让收入确认时确认利息收入的实现。

②国债利息收入计算。企业到期前转让国债，或者从非发行者投资购买的国债，其持有期间尚未兑付的国债利息收入，按以下公式计算确定：

$$国债利息收入 = 国债金额 \times (适用年利率 \div 365) \times 持有天数$$

上述公式中的"国债金额"，按国债发行面值或发行价格确定；"适用年利率"按国债票面年利率或折合年收益率确定；如果企业不同时间多次购买同一品种国债，"持有天数"可按平均持有天数计算确定。

③国债利息收入免税问题。根据《中华人民共和国企业所得税法》第26条的规定，企业取得的国债利息收入，免征企业所得税。具体按以下规定执行：企业从发行者直接投资购买的国债持有至到期，其从发行者取得的国债利息收入，全额免征企业所得税。企业到期前转让国债，或者从非发行者投资购买的国债，其按上述计算的国债利息收入，免征企业所得税。

④国债转让收入时间确认。企业转让国债应在转让国债合同、协议生效的日期，或者国债移交时确认转让收入的实现。企业投资购买国债，到期兑付的，应在国债发行时约定的应付利息的日期，确认国债转让收入的实现。

⑤国债转让收益（损失）计算。企业转让或到期兑付国债取得的价款，减除其购买国债成本，并扣除其持有期间按照上述计算的国债利息收入以及交易过程中相关税费后的余额，为企业转让国债收益（损失）。

⑥国债转让收益（损失）征税问题。根据《中华人民共和国企业所得税法实施条例》第16条规定，企业转让国债，应作为转让财产，其取得的收益（损失）应作为企业应纳税所得额计算纳税。

⑦关于国债成本确定问题。通过支付现金方式取得的国债，以买入价和支付的相关税费为成本；通过支付现金以外的方式取得的国债，以该资产的公允价值和支付的相关税费为成本。

⑧关于国债成本计算方法问题。企业在不同时间购买同一品种国债的，其转让时的成本计算方法，可在先进先出法、加权平均法、个别计价法中选用一种。计价方法一经选用，不得随意改变。

（2）法律政策依据：

①《中华人民共和国企业所得税法》（2007年3月16日第十届全国人民代表大会第五次会议通过，2017年2月24日第十二届全国人民代表大会常务委员会第二十六次会议第一次修正，2018年12月29日第十三届全国人民代表大会常务委员会第七次会议第二次修正）第26条。

②《中华人民共和国企业所得税法实施条例》（国务院2007年12月6日颁布，国务院令〔2007〕第512号，自2008年1月1日起实施）第82条。

③《国家税务总局关于企业国债投资业务企业所得税处理问题的公告》（国家税务总局公告2011年第36号）。

3. 利用小型微利企业低税率政策的税务优化

（1）税务优化思路。根据我国现行的企业所得税政策，为进一步支持小型微利企业的发展，对小型微利企业年应纳税所得额不超过100万元的部分，自2021年1月1日至2022年12月31日，减按12.5%计入应纳税所得额，按20%的税率缴纳企业所得税。对小型微利企业年应纳税所得额超过100万元但不超过300万元的部分，自2019年1月1日至2021年12月31日，减按50%计入应纳税所得额，按20%的税率缴纳企业所得税；自2022年1月1日至2024年12月31日，减按25%计入应纳税所得额，按20%的税率缴纳企业所得税。小型微利企业无论按查账征收方式或核定征收方式缴纳企业所得税，均可享受上述优惠政策。所谓小型微利企业，是指从事国家非限制和禁止行业，且同时符合年度应纳税所得额不超过300万元、从业人数不超过300人、资产总额不超过5 000万元等三个条件的企业。年度中间开业或者终止经营活动的，以其实际经营期作为一个纳税年度确定上述相关指标。

为鼓励高新技术产业的发展，国家也针对性地出台了各种优惠政策：高新技术企业减按15%税率征收企业所得税；高新技术企业和科技型中小企业亏损结转年限延长至10年；技术先进型服务企业减按15%税率征收企业所得税；先进制造业纳税人增值税期末留抵退税。

利用小型微利企业以及高科技企业的低税率优惠是进行税务优化的重要方法。由于享受上述低税率优惠政策都有严格的条件限制，例如，小型微利企业的规模比较小，不是所有的企业都能够享受，高科技企业的条件限制也非常严格，大部分企业都很难将自身改造成高科技企业，通过税务优化可以在一定程度上解决上述难题。企业可以通过设立子公司或者将部分分支机构转变为子公司来享受小型微利企业的低税率优惠。如果企业自身难以改造成高科技企业，可以考虑重新设立一个属于高科技企业的子公司或者将某一分支机构改造成高科技企业。

（2）法律政策依据：

①《中华人民共和国企业所得税法》（2007年3月16日第十届全国人民代表大会第五次会议通过，2017年2月24日第十二届全国人民代表大会常务委员会第二十六次会议第一次修正，2018年12月29日第十三届全国人民代表大会常务委员会第七次会议第二次修正）第28条。

②《中华人民共和国企业所得税法实施条例》（国务院2007年12月6日颁布，国务院令〔2007〕第512号，自2008年1月1日起实施）第92条。《财政部 国家税务总局关于小型微利企业有关企业所得税政策的通知》（财政部 国家税务总局2009年12月2日发布，财税〔2009〕133号）。

③《国家税务总局关于小型微利企业所得税预缴问题的通知》（国税函〔2008〕251号）。《高新技术企业认定管理办法》（科技部 财政部 国家税务总局2016年1月29日发布，国科发火〔2016〕32号）。

④《财政部 国家税务总局关于执行企业所得税优惠政策若干问题的通知》（财税〔2009〕69号）。《财政部 国家税务总局关于继续实施小型微利企业所得税优惠政策的通知》（财税〔2011〕4号）。

⑤《财政部 国家税务总局关于小型微利企业所得税优惠政策有关问题的通知》（财税〔2011〕117号）。《国家税务总局关于小型微利企业预缴企业所得税有关问题的公告》（国家税务总局公告2012年第14号）。

⑥《财政部 国家税务总局关于小型微利企业所得税优惠政策有关问题的通知》（财税〔2014〕34号）。《财政部 国家税务总局关于小型微利企业所得税优惠政策的通知》（财税〔2015〕34号）。

⑦《财政部 国家税务总局关于进一步扩大小型微利企业所得税优惠政策范围的通知》（财税〔2015〕99号）。

⑧《国家税务总局关于贯彻落实进一步扩大小型微利企业减半征收企业所得税范围有关问题的公告》（国家税务总局公告2015年第61号）。

⑨《财政部 国家税务总局关于扩大小型微利企业所得税优惠政策范围的通知》（财税〔2017〕43号）。

⑩《财政部 税务总局关于实施小微企业普惠性税收减免政策的通知》（财税〔2019〕13号）。

⑪《财政部 税务总局关于进一步实施小微企业所得税优惠政策的公告》（财政部 税务总局公

告 2022 年第 13 号）。

⑫《国家税务总局关于落实支持小型微利企业和个体工商户发展所得税优惠政策有关事项的公告》（国家税务总局公告 2021 年第 8 号）。

案例引入解析 4-30   知识锦囊 4-31   微课 4-32

4.4.5 任务实施

4.4.5.1 任务分组

表 1　学生分组表

班级		组号		授课教师	
组长		学号			
组员	姓名	学号	姓名	学号

4.4.5.2 自主探学

任务工作单 1

组号：＿＿＿＿＿＿　姓名：＿＿＿＿＿＿　学号：＿＿＿＿＿＿　检索号：＿4452-1＿

引导问题：

（1）请简述选择优惠政策起始年度的税务优化思路。

＿＿＿＿＿＿＿＿＿＿＿＿＿＿＿＿＿＿＿＿＿＿＿＿＿＿＿＿＿＿＿＿＿＿＿＿＿

＿＿＿＿＿＿＿＿＿＿＿＿＿＿＿＿＿＿＿＿＿＿＿＿＿＿＿＿＿＿＿＿＿＿＿＿＿

（2）请简述国债利息免税政策的税务优化思路。

＿＿＿＿＿＿＿＿＿＿＿＿＿＿＿＿＿＿＿＿＿＿＿＿＿＿＿＿＿＿＿＿＿＿＿＿＿

＿＿＿＿＿＿＿＿＿＿＿＿＿＿＿＿＿＿＿＿＿＿＿＿＿＿＿＿＿＿＿＿＿＿＿＿＿

（3）请简述小型微利企业低税率优惠政策的税务优化思路。

＿＿＿＿＿＿＿＿＿＿＿＿＿＿＿＿＿＿＿＿＿＿＿＿＿＿＿＿＿＿＿＿＿＿＿＿＿

＿＿＿＿＿＿＿＿＿＿＿＿＿＿＿＿＿＿＿＿＿＿＿＿＿＿＿＿＿＿＿＿＿＿＿＿＿

任务工作单 2

组号：_____ 姓名：_____ 学号：_____ 检索号：4452-2

引导问题：

（1）根据税法规定，A公司可以享受自项目取得第一笔生产经营收入的纳税年度起，第一年至第三年免征企业所得税，第四年至第六年减半征收企业所得税的优惠政策。该公司原打算于2020年11月开始生产经营，当年预计会有亏损，从2021年度至2026年度，每年预计应纳税所得额分别为120万元、520万元、850万元、1 000万元、1 500万元和1 800万元。请问该公司从2020年度到2026年度应当缴纳多少企业所得税？应如何进行税务优化？

_____

_____

_____

（2）A公司拥有120万元闲置资金，计划用于获得利息。假设五年期国债年利率为4%，银行五年期定期存款年利率为4%，向其他企业贷款五年期年利率为6%。请问该公司如何进行税务优化？

_____

_____

_____

（3）A公司在外地设立一家分公司B，B公司第一年盈利15万元，第二年盈利25万元，第三年盈利30万元。假设，A公司三年全部盈利。B公司三年实际上缴纳了企业所得税：（15+25+30）×25%＝17.5（万元）。请问应如何进行税务优化？

_____

_____

_____

_____

4.4.5.3 合作研学

任务工作单 1

组号：_____ 姓名：_____ 学号：_____ 检索号：4453-1

引导问题：

小组交流讨论，教师参与，形成任务工作单4452-1正确的税务优化思路。

_____

_____

_____

任务工作单 2

组号：_____ 姓名：_____ 学号：_____ 检索号：4453-2

引导问题：

小组交流讨论，教师参与，形成任务工作单4452-2正确的税务优化方案。

_____

_____

4.4.5.4　展示赏学

任务工作单1

组号：＿＿＿＿＿＿　姓名：＿＿＿＿＿＿　学号：＿＿＿＿＿＿　检索号：＿**4454-1**

引导问题：

（1）每组推荐一位小组长，汇报任务工作单4452-2方案。借鉴每组经验，进一步优化方案。

＿＿

＿＿

＿＿

（2）个人结合汇报情况，检讨自己的不足。

＿＿

＿＿

＿＿

4.4.5.5　评价反馈

任务工作单1：自我测评

组号：＿＿＿＿＿＿　姓名：＿＿＿＿＿＿　学号：＿＿＿＿＿＿　检索号：＿**4455-1**

个人自评表

班级		组名		日期	年　月　日
评价指标	评价内容			分数	分数评定
信息检索	能有效利用网络、图书资源查找有用的相关信息等；能将查到的信息有效地传递到学习中			10分	
感知课堂	是否能在学习中获得满足感以及课堂生活的认同感			10分	
参与态度	积极主动与教师、同学交流，相互尊重、理解、平等；与教师、同学之间是否能够保持多向、丰富、适宜的信息交流			15分	
	能处理好合作学习和独立思考的关系，做到有效学习；能提出有意义的问题或能发表个人见解			15分	
学习方法	学习方法得体，是否获得了进一步学习的能力			15分	
思维态度	是否能发现问题、提出问题、分析问题、解决问题，并拓展思维，创新提升			10分	
自评反馈	按时按质按任务、较好地掌握知识点；具有较强的信息分析能力和理解能力；具有较为全面严谨的思维能力，并能条理清晰地表达成文			25分	
自评分数					
有益的经验和做法					
总结反馈建议					

任务工作单2：小组内互评

组号：_____ 姓名：_____ 学号：_____ 检索号：__4455-2__

小组内互评表

班级		组名		日期	年 月 日
评价指标	评价内容			分数	分数评定
信息检索	该同学能有效利用网络、图书资源查找有用的相关信息等；能将查到的信息有效地传递到学习中			10分	
感知课堂	该同学是否能在学习中获得满足感以及课堂生活的认同感			10分	
参与态度	该同学能否积极主动与教师、同学交流，相互尊重、理解、平等；与教师、同学之间是否能够保持多向、丰富、适宜的信息交流			15分	
	该同学能否处理好合作学习和独立思考的关系，做到有效学习；能提出有意义的问题或能发表个人见解			15分	
学习方法	该同学学习方法得体，是否获得了进一步学习的能力			15分	
思维态度	该同学是否能发现问题、提出问题、分析问题、解决问题，并拓展思维，创新提升			10分	
自评反馈	该同学是否能按时按质按任务、较好地掌握知识点；具有较强的信息分析能力和理解能力；具有较为全面严谨的思维能力，并能条理清晰地表达成文			25分	
评价分数					
该同学的不足之处					
有针对性的改进建议					

任务工作单3：小组间互评

被评组号：_____ 检索号：__4455-3__

小组间互评表

班级		评价小组		日期	年 月 日
评价指标	评价内容			分数	分数评定
汇报表述	表述准确			15分	
	语言流畅			10分	
	准确反映该组完成情况			15分	

右上角：续表

评价指标	评价内容	分数	分数评定
内容正确度	内容正确	30分	
	阐述表达到位	30分	
互评分数			
简要评述			

任务工作单 4：教师评价

组号：_____ 姓名：_____ 学号：_____ 检索号：4455-4

教师评价表

班级		组名		姓名	
出勤情况					
评价内容	评价要点	考察要点		分数	分数评定
1. 查阅文献情况	任务实施过程中文献查阅	（1）是否查阅信息资料		20分	
		（2）正确运用信息资料			
2. 互动交流情况	组内交流、教学互动	（1）积极参与交流		30分	
		（2）主动接受教师指导			
3. 任务完成情况	规定时间内的完成度	（1）在规定时间内完成任务		20分	
	任务完成的正确度	（2）任务完成的正确性		30分	
合计				100分	

自主探学解析 4-33

个人自评表 4-34

小组内互评表 4-35

小组间互评表 4-36

教师评价表 4-37

 知识拓展

　　为圆满兑现《北京 2022 年冬季奥林匹克运动会申办报告》和《北京 2022 年冬季奥林匹克运动会主办城市合同》作出的税收承诺，2017 年、2019 年，税务总局联合财政部、海关总署，分两批发布北京 2022 年冬奥会、冬残奥会税收政策，涉及增值税、消费税、企业所得税、个人

所得税、土地增值税、印花税、资源税等税种，全方位覆盖冬奥会、冬残奥会筹办和举办过程的各环节。在企业所得税方面的优惠政策包括：冬奥会免所得税包括免国际奥委会取得的与北京 2022 年冬奥会有关收入所计征的企业所得税、免国际残奥委会取得的与北京 2022 年冬残奥会有关收入所计征的企业所得税等项目。

近年来，面对错综复杂的国内外形势，党中央、国务院高瞻远瞩、统揽全局，全面贯彻新发展理念，创新宏观调控方式，把推进规模性减税降费作为先手棋，规模和力度空前。"十三五"以来，累计新增减税降费超过 8.6 万亿元，广大市场主体享受到了政策红利，实现了"放水养鱼""水深鱼归""水多鱼多"的良性循环。可以说，实施减税降费是顶住经济下行压力、促进经济平稳健康运行的关键之举，是助力企业应对疫情冲击、促进生产生活稳步复苏的有效保障，是应对困难挑战、复杂多变国际环境的重要抓手，发挥了非常重要的作用。

──── 项目小结 ────

项目四从收入、准予扣除项目、应纳所得税税额以及利用税收优惠政策这四个方面分别阐述了税务优化的思路、法律政策依据、税务优化图及相关案例等知识。其中，收入的税务优化包括利用利润转移，将利息变其他支出，企业股权投资，企业所得税的预缴以及利用汇率变动趋势的税务优化；准予扣除项目的税务优化包括企业捐赠、固定资产修理及固定资产加速折旧的税务优化；应纳所得税税额的税务优化包括利用亏损结转的税务优化；利用税收优惠政策的税务优化包括选择优惠政策起始年度、国债利息免税政策以及小型微利企业低税率优惠政策的税务优化。

教学过程中，引导学生养成良好的职业素养，培养学生的团队精神、劳模精神、拼搏精神和创新精神，具备诚实守信、热爱劳动的意识。

通过项目四的学习，学生能够完成对企业所得税的税务优化。

──── 创新研究与巩固训练 ────

一、单选题

1. 某国有企业 2013 年度发生亏损，根据《企业所得税法》的规定，该亏损额可以用以后纳税年度的所得逐年弥补，但延续弥补的期限最长不得超过的是（　　）。

　A. 2013 年　　　　　B. 2016 年　　　　　C. 2017 年　　　　　D. 2018 年

2. 甲企业 2021 年初在生产经营的过程中，向乙企业（非关联方）借入生产用资金 2 000 万元，并与乙企业签订了借款合同，借款期限 6 个月，年利率为 10%。已知，金融企业同期同类贷款年利率 5%。根据企业所得税法律制度的规定，甲企业在计算 2021 年企业所得税可以在税前扣除的利息支出的下列算式中，正确的是（　　）。

　A. 2 000×10%÷12×6 = 100（万元）　　　B. 2 000×10% = 200（万元）

　C. 2 000×5%÷12×6 = 50（万元）　　　　D. 2 000×5% = 100（万元）

3. 2021 年甲企业实现利润总额 600 万元，发生公益性捐赠支出 62 万元。上年度未在税前扣除完的符合条件的公益性捐赠支出 12 万元。已知公益性捐赠支出在年度利润总额 12% 以内的部分，准予扣除。计算甲企业 2021 年度企业所得税应纳税所得额时，准予扣除的公益性捐赠支出是（　　）万元。

    A. 74   B. 62   C. 72   D. 12

4. 企业应当自月份或者季度终了之日起（　　）日内，向税务机关报送预缴企业所得税纳税申报表，预缴税款。

    A. 10   B. 15   C. 30   D. 3

5. 甲公司是小型微利企业，2021 年应纳税所得额为 100 万元，计算该公司 2021 年度的应纳企业所得税税额，下列选项中正确的是（　　）。

    A. $100 \times 20\% = 20$（万元）   B. $100 \times 50\% \times 20\% = 10$（万元）

    C. $100 \times 25\% = 25$（万元）   D. $100 \times 12.5\% \times 20\% = 2.5$（万元）

6. 下列说法不正确的是（　　）。

A. 企业转让股权收入，应于转让协议生效且完成股权变更手续时，确认收入的实现

B. 转让股权收入扣除为取得该股权所发生的成本后，为股权转让所得

C. 企业在计算股权转让所得时，不得扣除为取得该股权所发生的成本

D. 企业在计算股权转让所得时，不得扣除被投资企业未分配利润等股东留存收益中按该项股权所可能分配的金额

7. 不属于享受"三免三减半"税收优惠的企业项目是（　　）。

A. 国家重点扶持的公共基础设施项目的投资经营的所得

B. 企业从事符合条件的环境保护项目的所得

C. 企业从事符合条件的节能节水项目的所得

D. 国家需要重点扶持的高新技术企业

8. 利用汇率变动趋势的税务优化，下列说法不正确的是（　　）。

A. 如果预计某月底人民币汇率中间价将提高，则该月的外汇所得应当尽量减少

B. 如果预计某月底人民币汇率中间价将降低，则该月的外汇所得应当尽量增加

C. 如果预计年底人民币汇率中间价将提高，则预缴税款数额与应纳税额的差额应当尽量减少

D. 如果预计年底人民币汇率中间价将提高，则预缴税款数额与应纳税额的差额应当尽量增加

9. 关于国债收入，下列说法不正确的是（　　）。

A. 企业取得的国债利息收入，免征企业所得税

B. 企业转让国债，应作为转让财产，其取得的收益（损失）应作为企业应纳税所得额计算纳税

C. 通过支付现金方式取得的国债，以买入价和支付的相关税费为成本；通过支付现金以外的方式取得的国债，以该资产的公允价值和支付的相关税费为成本

D. 企业在不同时间购买同一品种国债的，其转让时的成本计算方法，只能选用加权平均法

10. 下列不属于小型微利企业的条件的是（　　）。

A. 从事国家非限制和禁止行业

B. 年度应纳税所得额不超过 300 万元

C. 从业人数不超过 300 人

D. 资产总额不超过 3 000 万元

二、多选题

1. 下列各项中，属于企业所得税规定的免税收入的有（　　）。

A. 符合条件的非营利组织的收入

B. 符合条件的居民企业之间的股息、红利等权益性投资收益

  C. 财政拨款

  D. 国债利息收入

  2. 根据企业所得税法律制度的规定，下列各项中可以在计算应纳税所得额时扣除的有（   ）。

  A. 企业实际发生的合理会议费

  B. 企业支付的诉讼费用

  C. 企业转让各类固定资产发生的费用

  D. 非金融企业向金融企业借款的利息支出

  3. 根据企业所得税法律制度的规定，下列关于企业所得税税率的表述中，正确的有（   ）。

  A. 在中国境内未设立机构、场所的非居民企业，其从中国境内取得的所得减按 10% 的税率征收企业所得税

  B. 符合条件的小型微利企业，减按 20% 的税率征收企业所得税

  C. 国家需要重点扶持的高新技术企业，减按 15% 的税率征收企业所得税

  D. 对经认定的技术先进型服务企业（服务贸易类），减按 15% 的税率征收企业所得税

  4. 下列说法正确的有（   ）。

  A. 企业根据规定分月或者分季预缴企业所得税时，应当按照月度或者季度的实际利润额预缴

  B. 按照月度或者季度的实际利润额预缴有困难的，可以按照上一纳税年度应纳税所得额的月度或者季度平均额预缴

  C. 预缴方法一经确定，该纳税年度内不得随意变更

  D. 自 2021 年度起，纳税人在纳税年度内预缴企业所得税税款超过汇算清缴应纳税款的，纳税人可以留作下一年抵扣

  5. 固定资产的大修理支出的标准为（   ）。

  A. 修理支出达到取得固定资产时的计税基础 50% 以上

  B. 修理支出达到取得固定资产时的计税基础 60% 以上

  C. 修理后固定资产的使用年限延长 2 年以上

  D. 修理后固定资产的使用年限延长 1 年以上

三、判断题

  1. 企业在一个纳税年度中间开业或者终止营业活动，使该纳税年度的实际经营期不足 12 个月的，应当以实际经营期为 1 个纳税年度。（ ）

  2. 国家鼓励的集成电路设计、装备、材料、封装、测试企业和软件企业，自获利年度起，第 1 年至第 5 年免征企业所得税，第 6 年至第 10 年按照 25% 的法定税率减半征收企业所得税。（ ）

  3. 2021 年 1 月 1 日至 2022 年 12 月 31 日，对小型微利企业年应纳税所得额不超过 100 万元的部分，减按 12.5% 计入应纳税所得额，按 20% 的税率缴纳企业所得税。（ ）

  4. 企业在对外投资期间，投资资产的成本在计算应纳税所得额时可以扣除。（ ）

  5. 企业应当自年度终了之日起 5 个月内，向税务机关报送年度企业所得税纳税申报表，并汇算清缴，结清应缴应退税款。（ ）

四、典型案例分析

  1. 甲公司经营业务为汽车维修和零部件销售，2021 年的应纳税所得额为 800 万元。该企业员工为 600 人，资产总额为 9 000 万元，适用所得税税率 25%，假设甲公司在 2021 年年初就能预测结果，试从税率角度帮助甲公司进行税收优化，从而降低企业所得税税负。

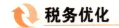

2. 法米集团决定通过县民政部门向贫困地区捐款人民币 500 万元。法米集团下属公司中，只有 A、B 公司具备捐赠该项赈灾款项的经济实力。A、B 两公司预计 2021 年实现税前利润 15 000 万元和 1 200 万元。如何进行捐赠，既能够实现捐赠 500 万元的目标，又能把集团费用降到最低。现有三种方案，请你计算一下各方案的纳税状况，并提出合理的建议：

方案 1：由 A 公司单独捐赠。

方案 2：由 B 公司单独捐赠。

方案 3：由 A、B 公司共同捐赠。

创新研究与巩固训练解析 4-38

个人所得税的税务优化

1. 知识目标

（1）掌握综合所得的税务优化思路；

（2）掌握经营所得的税务优化思路；

（3）掌握资本投资利得的税务优化思路；

（4）掌握财产处置所得的税务优化思路。

2. 能力目标

（1）能正确进行综合所得的税务优化；

（2）能正确进行经营所得的税务优化；

（3）能正确进行资本投资利得的税务优化；

（4）能正确进行财产处置所得的税务优化。

3. 素质目标

（1）培养爱国情怀和社会责任担当，坚定制度自信和道路自信；

（2）培养弘扬中华民族尊老爱幼的传统美德，增强民族认同感和责任感；

（3）培养诚信纳税的意识；

（4）培养"乐于学习、终身学习"的理念；

（5）培养创新创业的理念，树立先就业再择业的正确就业观；

（6）培养诚实守信和实事求是的职业道德素养；

（7）培养崇尚劳动光荣，养成热爱劳动的意识；

（8）培养风险意识，树立正确的财富观与价值观。

4. 知识结构导图

个人所得税的税务优化知识结构导图如图 5-1 所示。

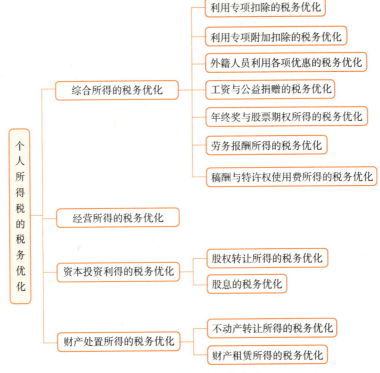

图 5-1　个人所得税的税务优化知识结构导图

任务一　综合所得的税务优化

【案例引入】

刘先生夫妇均年满 60 岁，其三个子女分别为刘一、刘二和刘三。2021 年度，刘一的应纳税所得额为 10 万元，刘二的应纳税所得额为 3 万元，刘三的应纳税所得额为 0，以上数额均未考虑赡养老人专项附加扣除。请提出税务优化方案。

5.1.1 任务描述

对于个人的综合所得涉税事项进行合理的税务优化。

5.1.2 学习目标

1. 知识目标

（1）掌握充分利用专项扣除的税务优化思路；

（2）掌握充分利用专项附加扣除的税务优化思路；

（3）掌握外籍人员充分利用各项优惠的税务优化思路；

（4）掌握工资与公益捐赠的税务优化思路；

（5）掌握年终奖与股票期权所得的税务优化思路；

（6）掌握劳务报酬所得的税务优化思路；

（7）掌握稿酬与特许权使用费所得的税务优化思路。

2. 能力目标

（1）能正确进行充分利用专项扣除的税务优化；

（2）能正确进行充分利用专项附加扣除的税务优化；

（3）能正确进行外籍人员充分利用各项优惠的税务优化；

（4）能正确进行工资与公益捐赠的税务优化；

（5）能正确进行年终奖与股票期权所得的税务优化；

（6）能正确进行劳务报酬所得的税务优化；

（7）能正确进行稿酬与特许权使用费所得的税务优化。

3. 素质目标

（1）培养爱国情怀，弘扬中华民族尊老爱幼的传统美德，增强民族认同感和责任感；

（2）培养诚信纳税的意识，树立"乐于学习、终身学习"的理念；

（3）树立正确的人生观和价值观，培养良好的职业道德素养，增强制度自信。

5.1.3 重难点

1. 重点

充分利用专项扣除和专项附加扣除的税务优化，工资与公益捐赠、劳动报酬所得、年终奖与股票期权所得以及稿酬与特许权使用费所得的税务优化。

2. 难点

利用专项附加扣除进行税务优化。

难点 5-1

5.1.4 相关知识链接

1. 利用专项扣除的税务优化

（1）税务优化思路。根据《中华人民共和国个人所得税法》（简称《个人所得税法》）第 3 条的规定，综合所得（包括工资薪金所得、劳务报酬所得、稿酬所得和特许权使用费所得），适用 3% 至 45% 的超额累进税率，具体税率表如表 5-1 所示。该表所称全年应纳税所得额，是指依照《个人所得税法》第 6 条的规定，居民个人取得综合所得以每一纳税年度收入额减除费用 6 万元以及专项扣除、专项附加扣除和依法确定的其他扣除后的余额。

表 5-1　综合所得个人所得税税率表

级数	全年应纳税所得额	税率/%	速算扣除数
1	不超过 36 000 元的	3	0
2	超过 36 000 元至 144 000 元的部分	10	2 520
3	超过 144 000 元至 300 000 元的部分	20	16 920
4	超过 300 000 元至 420 000 元的部分	25	31 920
5	超过 420 000 元至 660 000 元的部分	30	52 920

续表

级数	全年应纳税所得额	税率/%	速算扣除数
6	超过 660 000 元至 960 000 元的部分	35	85 920
7	超过 960 000 元的部分	45	181 920

企业和事业单位根据国家有关政策规定的办法和标准，为在本单位任职或受雇的全体职工缴付的企业年金或职业年金单位缴费部分，在计入个人账户时，个人暂不缴纳个人所得税。个人根据国家有关政策规定缴付的年金个人缴费部分，在不超过本人缴费工资计税基数的4%标准内的部分，暂从个人当期的应纳税所得额中扣除。由于目前事业单位强制设立职业年金，而企业年金的设立是自愿的，广大企业可以充分利用这一优惠，帮助员工减轻个人所得税负担。

自 2017 年 7 月 1 日起，对个人购买符合规定的商业健康保险产品的支出，允许在当年（月）计算应纳税所得额时予以税前扣除，扣除限额为 2 400 元每年（200 元每月）。单位统一为员工购买符合规定的商业健康保险产品的支出，应分别计入员工个人工资薪金，视同个人购买，按上述限额予以扣除。2 400 元每年（200 元每月）的限额扣除为个人所得税法规定减除费用标准之外的扣除。企业为员工统一购买商业健康保险既为员工提供了福利，也可以起到节税的作用。

自 2018 年 5 月 1 日起，在上海市、福建省（含厦门市）和苏州工业园区实施个人税收递延型商业养老保险试点。对试点地区个人通过个人商业养老资金账户购买符合规定的商业养老保险产品的支出，允许在一定标准内税前扣除；计入个人商业养老资金账户的投资收益，暂不征收个人所得税；个人领取商业养老金时再征收个人所得税。取得工资薪金、连续性劳务报酬所得的个人，其缴纳的保费准予在申报扣除当月计算应纳税所得额时予以限额据实扣除，扣除限额按照当月工资薪金、连续性劳务报酬收入的6%和 1 000 元孰低办法确定。位于试点地区的企业可以为员工统一购买税收递延型养老保险，在当期降低个人所得税负担。

（2）法律政策依据：

①《中华人民共和国个人所得税法》（1980 年 9 月 10 日第五届全国人民代表大会第三次会议通过，2018 年 8 月 31 日第十三届全国人民代表大会常务委员会第五次会议第七次修正）。

②《中华人民共和国个人所得税法实施条例》（1994 年 1 月 28 日中华人民共和国国务院令第142 号发布，2018 年 12 月 18 日中华人民共和国国务院令第 707 号第四次修订）。

③《财政部 人力资源社会保障部 国家税务总局关于企业年金、职业年金个人所得税有关问题的通知》（财税〔2013〕103 号）。

④《财政部 税务总局 保监会关于将商业健康保险个人所得税试点政策推广到全国范围实施的通知》（财税〔2017〕39 号）。

⑤《财政部 税务总局 人力资源社会保障部 中国银行保险监督管理委员会 证监会关于开展个人税收递延型商业养老保险试点的通知》（财税〔2018〕22 号）。

2. 利用专项附加扣除的税务优化

（1）税务优化思路。根据税法的规定，纳税人的子女接受全日制学历教育的相关支出及纳税人未满三周岁的子女在照护期间产生的相关支出，按照每个子女每月 1 000 元的标准定额扣除。父母可以选择由其中一方按扣除标准的 100% 扣除，也可以选择由双方分别按扣除标准的50% 扣除，具体扣除方式在一个纳税年度内不能变更。如果夫妻二人均需要缴纳个人所得税，子女教育扣除与子女照护费扣除应由税率高的一方全额申报，税率低的一方不申报。

根据税法的规定，纳税人在中国境内接受学历（学位）继续教育的支出，在学历（学位）教育期间按照每月 400 元定额扣除。同一学历（学位）继续教育的扣除期限不能超过 48 个月。

　　纳税人接受技能人员职业资格继续教育、专业技术人员职业资格继续教育的支出，在取得相关证书的当年，按照 3 600 元定额扣除。个人接受本科及以下学历（学位）继续教育，可以选择由其父母扣除，也可以选择由本人扣除。

　　根据税法的规定，纳税人本人或者配偶单独或者共同使用商业银行或者住房公积金个人住房贷款为本人或者其配偶购买中国境内住房，发生的首套住房贷款利息支出，在实际发生贷款利息的年度，按照每月 1 000 元的标准定额扣除，扣除期限最长不超过 240 个月。纳税人只能享受一次首套住房贷款的利息扣除。所称首套住房贷款是指购买住房享受首套住房贷款利率的住房贷款。经夫妻双方约定，可以选择由其中一方扣除，具体扣除方式在一个纳税年度内不能变更。夫妻双方婚前分别购买住房发生的首套住房贷款，其贷款利息支出，婚后可以选择其中一套购买的住房，由购买方按扣除标准的 100% 扣除，也可以由夫妻双方对各自购买的住房分别按扣除标准的 50% 扣除，具体扣除方式在一个纳税年度内不能变更。如果夫妻二人均需要缴纳个人所得税，住房贷款扣除应由税率高的一方全额申报，税率低的一方不申报。

　　根据税法的规定，纳税人在主要工作城市没有自有住房而发生的住房租金支出，可以按照以下标准定额扣除：直辖市、省会（首府）城市、计划单列市以及国务院确定的其他城市，扣除标准为每月 1 500 元；除第一项所列城市以外，市辖区户籍人口超过 100 万的城市，扣除标准为每月 1 100 元；市辖区户籍人口不超过 100 万的城市，扣除标准为每月 800 元。纳税人的配偶在纳税人的主要工作城市有自有住房的，视同纳税人在主要工作城市有自有住房。夫妻双方主要工作城市相同的，只能由一方扣除住房租金支出，住房租金支出由签订租赁住房合同的承租人扣除，纳税人及其配偶在一个纳税年度内不能同时分别享受住房贷款利息和住房租金专项附加扣除。如果夫妻二人均需要缴纳个人所得税，应由税率高的一方作为租赁合同的承租人。

　　根据税法规定，在一个纳税年度内，纳税人发生的与基本医保相关的医药费用支出，扣除医保报销后个人负担（医保目录范围内的自付部分）累计超过 15 000 元的部分，由纳税人在办理年度汇算清缴时，在 80 000 元限额内据实扣除。纳税人发生的医药费用支出可以选择由本人或其配偶扣除；未成年子女发生的医药费用支出可以选择由其父母一方扣除。纳税人及其配偶、未成年子女发生的医药费用支出，按上述规定分别计算扣除额。纳税人发生符合上述规定的医疗费时，应积极申报扣除。对纳税人未成年子女发生的符合上述规定的医疗费，应由税率最高的父母一方申报扣除。

　　根据税法规定，纳税人赡养一位及以上被赡养人的赡养支出，统一按照以下标准定额扣除：①纳税人为独生子女的，按照每月 2 000 元的标准定额扣除；②纳税人为非独生子女的，由其与兄弟姐妹分摊每月 2 000 元的扣除额度，每人分摊的额度不能超过每月 1 000 元。赡养支出可以由赡养人均摊或约定分摊，也可以由被赡养人指定分摊，约定或指定分摊的须签订书面分摊协议，指定分摊优先于约定分摊，具体分摊方式和额度在一个纳税年度内不能变更。被赡养人，是指年满 60 岁的父母，以及子女均已去世的年满 60 岁的祖父母、外祖父母。凡是有 60 岁以上被赡养人的纳税人均应积极申报赡养老人专项附加扣除。对多兄弟姐妹而言，应由税率最高的两位分别申报 1 000 元。

　　（2）法律政策依据：

　　①《中华人民共和国个人所得税法》（1980 年 9 月 10 日第五届全国人民代表大会第三次会议通过，2018 年 8 月 31 日第十三届全国人民代表大会常务委员会第五次会议第七次修正）。

　　②《中华人民共和国个人所得税法实施条例》（1994 年 1 月 28 日中华人民共和国国务院令第 142 号发布，2018 年 12 月 18 日中华人民共和国国务院令第 707 号第四次修订）。

　　③《个人所得税专项附加扣除暂行办法》（2018 年 12 月 13 日国务院印发，国发〔2018〕41 号）。

动画 5-2

④《国务院关于设立 3 岁以下婴幼儿照护个人所得税专项附加扣除的通知》(国发〔2022〕8 号)。

3. 外籍人员利用各项优惠的税务优化

(1) 税务优化思路。根据《个人所得税法》第 1 条的规定,在中国境内无住所又不居住,或者无住所而一个纳税年度内在中国境内居住累计不满 183 天的个人,为非居民个人。非居民个人从中国境内取得的所得,依照《个人所得税法》规定缴纳个人所得税。非居民个人的工资、薪金所得,以每月收入额减除费用五千元后的余额为应纳税所得额;劳务报酬所得、稿酬所得、特许权使用费所得,以每次收入额为应纳税所得额。劳务报酬所得、稿酬所得、特许权使用费所得以收入减除 20% 的费用后的余额为收入额。稿酬所得的收入额减按 70% 计算。根据非居民个人适用税率表(表 5-2)计算个人所得税应纳税额。

表 5-2 非居民个人所得税税率表

级数	应纳税所得额	税率/%	速算扣除数
1	不超过 3 000 元的	3	0
2	超过 3 000 元至 12 000 元的部分	10	210
3	超过 12 000 元至 25 000 元的部分	20	1 410
4	超过 25 000 元至 35 000 元的部分	25	2 660
5	超过 35 000 元至 55 000 元的部分	30	4 410
6	超过 55 000 元至 80 000 元的部分	35	7 160
7	超过 80 000 元的部分	45	15 160

根据《中华人民共和国个人所得税法实施条例》(简称《个人所得税法实施条例》)第 5 条的规定,在中国境内无住所的个人,在一个纳税年度内在中国境内居住累计不超过 90 天的,其来源于中国境内的所得,由境外雇主支付并且不由该雇主在中国境内的机构、场所负担的部分,免予缴纳个人所得税。如果境外个人在境外的税负比较轻,在条件允许时,可以将在中国境内累计居住天数控制在 90 天以内,从而享受部分所得免于在中国纳税的优惠。

根据《个人所得税法实施条例》第 4 条的规定,在中国境内无住所的个人,在中国境内居住累计满 183 天的年度连续不满六年的,经向主管税务机关备案,其来源于中国境外且由境外单位或者个人支付的所得,免予缴纳个人所得税;在中国境内居住累计满 183 天的任一年度中有一次离境超过 30 天的,其在中国境内居住累计满 183 天的年度的连续年限重新起算。对于短期来华人员,如果每年停留时间均超过 183 天,则应充分利用短期居民个人的税收优惠,在第六年一次离境达到 31 天即可永远保持短期居民个人的身份。

根据《财政部 税务总局关于延续实施外籍个人津补贴等有关个人所得税优惠政策的公告》(财政部 税务总局公告 2021 年第 43 号)的规定,2019 年 1 月 1 日至 2023 年 12 月 31 日期间,外籍个人符合居民个人条件的,可以选择享受个人所得税专项附加扣除,也可以选择享受住房补贴、语言训练费、子女教育费等津补贴免税优惠政策,但不得同时享受。外籍个人一经选择,在一个纳税年度内不得变更。

对于外籍个人而言,应综合考量专项附加扣除与各项免税补贴之间的关系,选择可以最大减轻税收负担的扣除方式。

根据《个人所得税法》第 2 条的规定,非居民个人取得工资、薪金所得,劳务报酬所得,稿酬所得,特许权使用费所得,按月或按次分项计算个人所得税。工资、薪金所得适用超额累进税率,如果某月的工资过高,则会适用较高的税率,从而增加税收负担,只有平均发放工资，才能实现最低的税负。

（2）法律政策依据：

①《中华人民共和国个人所得税法》（1980 年 9 月 10 日第五届全国人民代表大会第三次会议通过，2018 年 8 月 31 日第十三届全国人民代表大会常务委员会第五次会议第七次修正）。

②《中华人民共和国个人所得税法实施条例》（1994 年 1 月 28 日中华人民共和国国务院令第 142 号发布，2018 年 12 月 18 日中华人民共和国国务院令第 707 号第四次修订）。

③《财政部 国家税务总局关于个人所得税若干政策问题的通知》（财税〔1994〕020 号）。

④《财政部 税务总局关于个人所得税法修改后有关优惠政策衔接问题的通知》（财税〔2018〕164 号）。

⑤《财政部 税务总局关于延续实施外籍个人津补贴等有关个人所得税优惠政策的公告》（财政部 税务总局公告 2021 年第 43 号）。

4. 工资与公益捐赠的税务优化

（1）税务优化思路。工资与职工福利的使用范围存在一定程度的重合，如员工取得工资后需要支付的交通费、通信费、餐饮费、房租以及部分设备购置费等均可以由公司来提供，公司在为员工提供上述福利以后，可以相应减少其应发的工资，由此，不仅可以为员工节税，还可以为公司节省社保费的支出。

根据《个人所得税法》的规定，个人将其所得对教育、扶贫、济困等公益慈善事业进行捐赠，捐赠额未超过纳税人申报的应纳税所得额 30% 的部分，可以从其应纳税所得额中扣除；国务院规定对公益慈善事业捐赠实行全额税前扣除的，从其规定。根据《财政部 国家税务总局关于企业等社会力量向红十字事业捐赠有关所得税政策问题的通知》（财税〔2000〕30 号）的规定，个人通过非营利性的社会团体和国家机关（包括中国红十字会）向红十字事业的捐赠，在计算缴纳个人所得税时准予全额扣除。利用公益慈善事业捐赠进行税务优化应注意三个问题：第一，通过有资格接受捐赠的组织进行公益捐赠，不能直接向受赠者捐赠，否则，无法税前扣除；第二，一般公益捐赠的税前扣除具有限额，特殊公益捐赠的税前扣除没有限额，尽量选择可以全额税前扣除的项目；第三，在个人需要纳税的年度进行公益捐赠可以起到抵税的作用，如个人在某个年度不需要纳税，公益捐赠无法起到抵税的作用。

（2）法律政策依据：

①《中华人民共和国个人所得税法》（1980 年 9 月 10 日第五届全国人民代表大会第三次会议通过，2018 年 8 月 31 日第十三届全国人民代表大会常务委员会第五次会议第七次修正）。

②《中华人民共和国个人所得税法实施条例》（1994 年 1 月 28 日中华人民共和国国务院令第 142 号发布，2018 年 12 月 18 日中华人民共和国国务院令第 707 号第四次修订）。

③《财政部 国家税务总局关于企业等社会力量向红十字事业捐赠有关所得税政策问题的通知》（财税〔2000〕30 号）。

5. 年终奖与股票期权所得的税务优化

（1）税务优化思路。纳税人取得全年一次性奖金，单独作为一个月工资、薪金所得计算纳税，并按以下计税办法，由扣缴义务人发放时代扣代缴：

①先将雇员当月内取得的全年一次性奖金，除以 12 个月，按其商数确定适用税率和速算扣除数。如果在发放年终一次性奖金的当月，雇员当月工资薪金所得低于税法规定的费用扣除额，应将全年一次性奖金减除"雇员当月工资薪金所得与费用扣除额的差额"后的余额，按上述办法确定全年一次性奖金的适用税率和速算扣除数。

②将雇员个人当月内取得的全年一次性奖金，按 A 项确定的适用税率和速算扣除数计算征税，计算公式如下：

如果雇员当月工资薪金所得高于（或等于）税法规定的费用扣除额的，适用公式为

应纳税额＝雇员当月取得全年一次性奖金×适用税率−速算扣除数

如果雇员当月工资薪金所得低于税法规定的费用扣除额的，适用公式为

应纳税额＝(雇员当月取得全年一次性奖金−雇员当月工资薪金所得与费用扣除额的差额)× 适用税率−速算扣除数

在一个纳税年度内，对每个纳税人，该计税办法只允许采用一次。实行年薪制和绩效工资的单位，个人取得年终兑现的年薪和绩效工资按上述规定执行。

雇员取得除全年一次性奖金以外的其他各种名目奖金，如半年奖、季度奖、加班奖、先进奖、考勤奖等，一律与当月工资、薪金收入合并，按税法规定缴纳个人所得税。

为扎实做好"六保"工作，进一步减轻纳税人负担，全年一次性奖金在 2023 年 12 月 31 日前在汇算清缴时可以选择单独计算（应纳税额＝全年一次性奖金收入×适用税率−速算扣除数，税率见表5-3）或者选择并入当年综合所得计算纳税。

表5-3　按月换算后的综合所得税率表

级数	全月应纳税所得额	税率/%	速算扣除数
1	不超过 3 000 元的	3	0
2	超过 3 000 元至 12 000 元的部分	10	210
3	超过 12 000 元至 25 000 元的部分	20	1 410
4	超过 25 000 元至 35 000 元的部分	25	2 660
5	超过 35 000 元至 55 000 元的部分	30	4 410
6	过 55 000 元至 80 000 元的部分	35	7 160
7	超过 80 000 元的部分	45	15 160

年终奖单独计税相当于给纳税人额外提供了一次可以低税率纳税的方法，综合所得应纳税额超过 3.6 万元的纳税人应充分利用。利用年终奖单独计税进行税务优化应注意三个问题：第一，年终奖适用的税率不能超过综合所得适用的最高税率，否则，无法起到节税的效果；第二，年终奖的计算方法实际上是全额累进，因此，应特别注意在两个税率过渡阶段的税务优化，原则上，如果某笔年终奖的适用税率刚刚超过某个档次时，适当降低年终奖的数额，使其适用低一档次的税率可以起到节税的效果；第三，年终奖计税方法在一个纳税年度只能使用一次，因此单位在发放时可以选择集中发放或者选取额度较大的一次。

实施股票期权计划企业授予该企业员工的股票期权所得，应按《个人所得税法》及其实施条例有关规定征收个人所得税。

个人取得的上市公司股权激励所得，是个人任职受雇的一种报酬方式，属于工资薪金所得。在 2022 年 12 月 31 日前，个人取得上市公司股权激励所得，不并入当年综合所得，全额单独适用综合所得税率表，计算纳税。计算公式为

应纳税额＝股权激励收入×适用税率−速算扣除数

居民个人一个纳税年度内取得两次以上（含两次）股权激励的，应合并计算纳税。公式中的上述股权激励收入，为减除行权成本后的收入余额。

股票期权等股票激励所得单独计税为纳税人提供了将一年的综合所得分为两次纳税的机会，凡是综合所得应纳税所得额超过 3.6 万元的纳税人，在满足适用条件的前提下，均可以利用股票期权所得单独计税的政策进行税务优化。最佳的节税方案就是将综合所得应纳税所得额的一半分配至股票期权所得。

在条件允许的前提下，纳税人如能充分且合理利用多种税收优惠政策，如综合利用年终奖与股票期权所得单独计税的政策，可以最大限度地降低整体税收负担。优化的具体方法为，股权期权与综合所得适用相同的税率，年终奖适用的税率比综合所得适用的税率低一个档次。

（2）法律政策依据：

①《中华人民共和国个人所得税法》（1980 年 9 月 10 日第五届全国人民代表大会第三次会议通过，2018 年 8 月 31 日第十三届全国人民代表大会常务委员会第五次会议第七次修正）。

②《中华人民共和国个人所得税法实施条例》（1994 年 1 月 28 日中华人民共和国国务院令第 142 号发布，2018 年 12 月 18 日中华人民共和国国务院令第 707 号第四次修订）。

③《国家税务总局关于调整个人取得全年一次性奖金等计算征收个人所得税方法问题的通知》（国税发〔2005〕9 号）。

④《财政部 国家税务总局关于个人股票期权所得征收个人所得税问题的通知》（财税〔2005〕35 号）。

⑤《国家税务总局关于中央企业负责人年度绩效薪金延期兑现收入和任期奖励征收个人所得税问题的通知》（国税发〔2007〕118 号）。

⑥《财政部 税务总局关于个人所得税法修改后有关优惠政策衔接问题的通知》（财税〔2018〕164 号）。

⑦《财政部 税务总局关于个人所得税综合所得汇算清缴涉及有关政策问题的公告》（财政部 税务总局公告 2019 年第 94 号）。

⑧《财政部 税务总局关于延续实施全年一次性奖金等个人所得税优惠政策的公告》（财政部 税务总局公告 2021 年第 42 号）。

6. 劳务报酬所得的税务优化

（1）税务优化思路。劳务报酬所得虽然应并入综合所得综合计征个人所得税，但在实际征管中采取的是预缴与汇算清缴相结合的方法。扣缴义务人向居民个人支付劳务报酬所得时，应当按照以下方法按次或者按月预扣预缴税款：①劳务报酬所得以收入减除费用后的余额为收入额；②预扣预缴税款时，劳务报酬所得每次收入不超过 4 000 元的，减除费用按 800 元计算，每次收入 4 000 元以上的，减除费用按收入的 20%计算；③劳务报酬所得以每次收入额为预扣预缴应纳税所得额，计算应预扣预缴税额，劳务报酬所得适用个人所得税预扣率表（见表 5-4）；④居民个人办理年度综合所得汇算清缴时，应当依法计算劳务报酬所得的收入额，并入年度综合所得计算应纳税款，税款多退少补。根据这一预扣预缴方法，纳税人应尽量降低每次取得劳务报酬的数量，从而可以降低预扣预缴税款的数额。

表 5-4　居民个人劳务报酬所得个人所得税预扣率表

级数	预扣预缴应纳税所得额	预扣率/%	速算扣除数
1	不超过 20 000 元的	20	0
2	超过 20 000 元至 50 000 元的部分	30	2 000
3	超过 50 000 元的部分	40	7 000

在预扣预缴劳务报酬的税款时，劳务报酬所得每次收入不超过 4 000 元的，减除费用按 800 元计算；每次收入 4 000 元以上的，减除费用按收入的 20%计算。这种固定数额与固定比例的扣除模式导致花费成本较高的劳务报酬税负较高，为此，纳税人在取得劳务报酬时，原则上应将各类成本转移至被服务单位。由此可以降低劳务报酬的表面数额，从而降低劳务报酬的整体税收负担。对于频繁取得劳务报酬且数额较大的个人，可以考虑成立公司来提供相关劳务，从而

将个人劳务报酬所得转变为公司所得，由于小微企业可以享受较多税收优惠，这种转变可以大大减轻个人的税收负担。

劳务报酬所得按照每个纳税人取得的数额分别计征个人所得税，因此，在纳税人的劳务实际上是由若干人提供的情况下，可以通过将部分劳务报酬分散至他人的方式来减轻税收负担。

自2021年4月1日至2022年12月31日，小规模纳税人发生增值税应税销售行为，合计月销售额未超过15万元（以1个季度为1个纳税期的，季度销售额未超过45万元，下同）的，免征增值税。自2022年4月1日至2022年12月31日，增值税小规模纳税人适用3%征收率的应税销售收入，免征增值税；适用3%预征率的预缴增值税项目，暂停预缴增值税。对小型微利企业年应纳税所得额不超过100万元的部分，自2021年1月1日至2022年12月31日，减按12.5%计入应纳税所得额，按20%的税率缴纳企业所得税。对小型微利企业年应纳税所得额超过100万元但不超过300万元的部分，自2019年1月1日至2021年12月31日，减按50%计入应纳税所得额，按20%的税率缴纳企业所得税；自2022年1月1日至2024年12月31日，减按25%计入应纳税所得额，按20%的税率缴纳企业所得税。小型微利企业无论按查账征收方式或核定征收方式缴纳企业所得税，均可享受上述优惠政策。

（2）法律政策依据：

①《中华人民共和国个人所得税法》（1980年9月10日第五届全国人民代表大会第三次会议通过，2018年8月31日第十三届全国人民代表大会常务委员会第五次会议第七次修正）。

②《中华人民共和国个人所得税法实施条例》（1994年1月28日中华人民共和国国务院令第142号发布，2018年12月18日中华人民共和国国务院令第707号第四次修订）。

③《个人所得税扣缴申报管理办法（试行）》（国家税务总局公告2018年第61号）。

④《财政部 税务总局关于实施小微企业普惠性税收减免政策的通知》（财税〔2019〕13号）。

⑤《国家税务总局关于小规模纳税人免征增值税等征收管理事项的公告》（国家税务总局公告2022年第6号）。

⑥《国家税务总局关于落实支持小型微利企业和个体工商户发展所得税优惠政策有关事项的公告》（国家税务总局公告2021年第8号）。

7. 稿酬与特许权使用费所得的税务优化

（1）税务优化思路。扣缴义务人向居民个人支付稿酬所得时，应当按照以下方法按次或按月预扣预缴税款：①稿酬所得以收入减除费用后的余额为收入额，稿酬所得的收入额减按70%计算；②预扣预缴税款时，稿酬所得每次收入不超过4 000元的，减除费用按800元计算，每次收入4 000元以上的，减除费用按收入的20%计算；③稿酬所得以每次收入额为预扣预缴应纳税所得额，计算应预扣预缴税额，稿酬所得适用20%的比例预扣率；④居民个人办理年度综合所得汇算清缴时，应当依法计算稿酬所得的收入额，并入年度综合所得计算应纳税款，税款多退少补。稿酬所得的优化除采取工资薪金所得、劳务报酬所得的优化方法以外，最主要的方法就是多分次数，分给多个纳税人，降低预扣预缴税款的数额，如纳税人的年度综合所得数额有较大变化，可以在不同年度之间进行调节。

扣缴义务人向居民个人支付特许权使用费所得时，应当按照以下方法按次或按月预扣预缴税款：①特许权使用费所得以收入减除费用后的余额为收入额；②预扣预缴税款时，特许权使用费所得每次收入不超过4 000元的，减除费用按800元计算，每次收入4 000元以上的，减除费用按收入的20%计算；③特许权使用费所得，以每次收入额为预扣预缴应纳税所得额，计算应预扣预缴税额，特许权使用费所得适用20%的比例预扣率；④居民个人办理年度综合所得汇算清缴时，应当依法计算特许权使用费所得的收入额，并入年度综合所得计算应纳税款，税款多退少补。特许权使用费所得的税务优化，除灵活运用上述工资薪金所得、劳务报酬所得、稿酬所得的优化方法以外，最重要的就是尽量选择按年度支付特许权使用费，而不要按两年或多年支付特许权使用费。

（2）法律政策依据：

①《中华人民共和国个人所得税法》（1980 年 9 月 10 日第五届全国人民代表大会第三次会议通过，2018 年 8 月 31 日第十三届全国人民代表大会常务委员会第五次会议第七次修正）。

②《中华人民共和国个人所得税法实施条例》（1994 年 1 月 28 日中华人民共和国国务院令第 142 号发布，2018 年 12 月 18 日中华人民共和国国务院令第 707 号第四次修订）。

③《个人所得税扣缴申报管理办法（试行）》（国家税务总局公告 2018 年第 61 号）。

案例引入解析 5-3

知识锦囊 5-4

微课 5-5

5.1.5　任务实施

5.1.5.1　任务分组

表 1　学生分组表

班级		组号		授课教师	
组长		学号			
组员	姓名	学号	姓名	学号	

5.1.5.2　自主探学

任务工作单 1

组号：_____　姓名：_____　学号：_____　检索号：　**5152-1**

引导问题：

（1）简述充分利用专项扣除进行税务优化的思路。

_____

_____

（2）简述充分利用专项附加扣除进行税务优化的思路。

_____

_____

（3）简述外籍人员充分利用各项优惠进行税务优化的思路。

_____

_____

任务工作单 2

组号：_____ 姓名：_____ 学号：_____ 检索号：__5152-2__

引导问题：

（1）A 企业的员工有 1 万余人，人均年薪 20 万元，人均年个人所得税税前扣除标准为 12 万元，人均年应纳税所得额为 8 万元，人均年应纳个人所得税 = 80 000×10%−2 520 = 5 480（元）。请为 A 企业提出税务优化方案。

_____

_____

_____

（2）吴先生夫妇有一个 2 岁的儿子，但因儿子有先天性疾病，2021 年花费医疗费 100 万元，全部自付，吴先生和吴太太当年并未产生自付医疗费。2021 年度，吴先生的应纳税所得额为 10 万元（尚未考虑大病医疗专项附加扣除），吴太太的应纳税所得额为 3 万元（尚未考虑大病医疗专项附加扣除）。请提出税务优化方案。

_____

_____

_____

（3）韩国 A 公司职员王先生，为韩国居民。2019 年度，A 公司打算派王先生在深圳的代表处工作 180 天（6 个月）。2019 年度王先生每月工资为 2 万元，6 个月的工资总额为 12 万元，因为其在韩国可以享受比较多的各项扣除，税负接近零。请提出税务优化方案。

_____

_____

_____

任务工作单 3

组号：_____ 姓名：_____ 学号：_____ 检索号：__5152-3__

引导问题：

（1）简述工资与公益捐赠的税务优化思路。

_____

（2）简述年终奖与股票期权所得的税务优化思路。

_____

（3）简述劳务报酬所得的税务优化思路。

_____

(4) 简述稿酬与特许权使用费所得的税务优化思路。

_____

_____

任务工作单4

组号：_____　姓名：_____　学号：_____　检索号：**5152-4**

引导问题：

(1) A 公司现有 1 万余员工，目前没有给员工提供任何职工福利，该公司员工的年薪比同行业其他公司略高，平均为 20 万元。其中，税法允许的税前扣除额人均约 13 万元，人均应纳税所得额为 7 万元。人均应纳税额 = 70 000×10% - 2 520 = 4 480（元）。请提出税务优化方案。

_____

_____

_____

(2) 张女士 202× 年度综合所得应纳税所得额为 100 万元，全部来自工资薪金。公司提供五种方案供其选择。方案一：发放 42 万元年终奖，综合所得应纳税所得额为 58 万元。方案二：发放 3.6 万元年终奖，综合所得应纳税所得额为 96.4 万元。方案三：发放 14.4 万元年终奖，综合所得应纳税所得额为 85.6 万元。方案四：发放 43 万元年终奖，综合所得应纳税所得额为 57 万元。方案五：全部通过工资薪金发放，不发放年终奖。请提出税务优化方案。

_____

_____

_____

(3) 某大学教授刘先生，202× 年度为 A 公司担任税务顾问，该公司为其提供两种支付方案。方案一：A 公司在 202× 年分 12 次向刘先生支付全年顾问费，每次为 5 000 元。方案二：A 公司在 202× 年一次性向刘先生支付全年顾问费 6 万元。假设刘先生 202× 年度综合所得应纳税所得额为 10 万元（已经计算 6 万元顾问费），除该顾问费以外，尚未预缴税款。请提出税务优化方案。

_____

_____

_____

(4) A 出版社出版了王先生的一本小说，其稿酬总额为 10 万元。已知王先生 2020 年度综合所得应纳税所得额为 3.6 万元，2021 年度综合所得应纳税所得额为 0 元，同时还有 5 万元的费用允许税前扣除。该笔稿酬发放时间，A 出版社提供两种方案。方案一：2020 年底支付稿酬 10 万元。方案二：2021 年初支付稿酬 10 万元。请提出税务优化方案。

_____

_____

_____

_____

5.1.5.3　合作研学

任务工作单 1

组号：_____　　姓名：_____　　学号：_____　　检索号：　5153-1

引导问题：

小组交流讨论，教师参与，形成任务工作单 5152-1 正确的税务优化思路。

_____

_____

任务工作单 2

组号：_____　　姓名：_____　　学号：_____　　检索号：　5153-2

引导问题：

小组交流讨论，教师参与，形成任务工作单 5152-2 正确的税务优化方案。

_____

_____

任务工作单 3

组号：_____　　姓名：_____　　学号：_____　　检索号：　5153-3

引导问题：

小组交流讨论，教师参与，形成任务工作单 5152-3 正确的税务优化思路。

_____

_____

任务工作单 4

组号：_____　　姓名：_____　　学号：_____　　检索号：　5153-4

引导问题：

小组交流讨论，教师参与，形成任务工作单 5152-4 正确的税务优化方案。

_____

_____

5.1.5.4　展示赏学

任务工作单 1

组号：_____　　姓名：_____　　学号：_____　　检索号：　5154-1

引导问题：

（1）每组推荐一位小组长，汇报任务工作单 5152-2 方案。借鉴每组经验，进一步优化方案。

_____

_____

（2）个人结合汇报情况，检讨自己的不足。

_____

_____

任务工作单 2

组号：_____ 姓名：_____ 学号：_____ 检索号：__5154-2__

引导问题：

（1）每组推荐一位小组长，汇报任务工作单 5152-4 方案。借鉴每组经验，进一步优化方案。

_____

_____

_____

（2）个人结合汇报情况，检讨自己的不足。

_____

_____

5.1.5.5 评价反馈

任务工作单 1：自我测评

组号：_____ 姓名：_____ 学号：_____ 检索号：__5155-1__

个人自评表

班级		组名		日期	年 月 日
评价指标	评价内容			分数	分数评定
信息检索	能有效利用网络、图书资源查找有用的相关信息等；能将查到的信息有效地传递到学习中			10 分	
感知课堂	是否能在学习中获得满足感以及课堂生活的认同感			10 分	
参与态度	积极主动与教师、同学交流，相互尊重、理解、平等；与教师、同学之间是否能够保持多向、丰富、适宜的信息交流			15 分	
	能处理好合作学习和独立思考的关系，做到有效学习；能提出有意义的问题或能发表个人见解			15 分	
学习方法	学习方法得体，是否获得了进一步学习的能力			15 分	
思维态度	是否能发现问题、提出问题、分析问题、解决问题，并拓展思维，创新提升			10 分	
自评反馈	按时按质按任务、较好地掌握知识点；具有较强的信息分析能力和理解能力；具有较为全面严谨的思维能力，并能条理清晰地表达成文			25 分	
自评分数					
有益的经验和做法					
总结反馈建议					

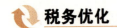

任务工作单2：小组内互评

组号：_____ 姓名：_____ 学号：_____ 检索号：__5155-2__

小组内互评表

班级		组名		日期	年 月 日
评价指标	评价内容			分数	分数评定
信息检索	该同学能有效利用网络、图书资源查找有用的相关信息等；能将查到的信息有效地传递到学习中			10分	
感知课堂	该同学是否能在学习中获得满足感以及课堂生活的认同感			10分	
参与态度	该同学能否积极主动与教师、同学交流，相互尊重、理解、平等；与教师、同学之间是否能够保持多向、丰富、适宜的信息交流			15分	
	该同学能否处理好合作学习和独立思考的关系，做到有效学习；能提出有意义的问题或能发表个人见解			15分	
学习方法	该同学学习方法得体，是否获得了进一步学习的能力			15分	
思维态度	该同学是否能发现问题、提出问题、分析问题、解决问题，并拓展思维，创新提升			10分	
自评反馈	该同学是否能按时按质按任务、较好地掌握知识点；具有较强的信息分析能力和理解能力；具有较为全面严谨的思维能力，并能条理清晰地表达成文			25分	
评价分数					
该同学的不足之处					
有针对性的改进建议					

任务工作单3：小组间互评

被评组号：_____ 检索号：__5155-3__

小组间互评表

班级		评价小组		日期	年 月 日
评价指标	评价内容			分数	分数评定
汇报表述	表述准确			15分	
	语言流畅			10分	
	准确反映该组完成情况			15分	

续表

评价指标	评价内容	分数	分数评定
内容正确度	内容正确	30分	
	阐述表达到位	30分	
互评分数			
简要评述			

任务工作单4：教师评价

组号：_____ 姓名：_____ 学号：_____ 检索号：__5155-4__

教师评价表

班级		组名		姓名		
出勤情况						
评价内容	评价要点	考察要点			分数	分数评定
1. 查阅文献情况	任务实施过程中文献查阅	（1）是否查阅信息资料			20分	
		（2）正确运用信息资料				
2. 互动交流情况	组内交流、教学互动	（1）积极参与交流			30分	
		（2）主动接受教师指导				
3. 任务完成情况	规定时间内的完成度	（1）在规定时间内完成任务			20分	
	任务完成的正确度	（2）任务完成的正确性			30分	
合计					100分	

自主探学解析 5-6

个人自评表 5-7

小组内互评表 5-8

小组间互评表 5-9

教师评价表 5-10

1799 年，一种以调节贫富为目的和功能征收的税种，个人所得税在英国诞生，之后个人所得税在英国时盛时衰，于 1874 年才真正稳定下来。当前，个人所得税无论在发达国家，还是发展中国家，都已经成为普遍开征的一个税种。在最近的几十年里，个人所得税在英美等发达国家发展迅速，几乎占了这些国家税收总额的半壁江山。

我国开征个税的时间相对比较晚，个人所得税法于1980年通过，从1981年开始拉开了个税开征的大幕。自1980年以来，我国已经经历了8次个税改革，个税起征点也随之提高，从免征标准800元发展到1 600元的税前扣除标准，从1 600元的免征额提高到3 500元的免征额。新个税政策实施，开始执行5 000元的个税起征点，与此同时还创新性地增加了专项附加扣除项目。个税税制改革后，个税起征点提高，增加了税后收入，促进了经济发展和居民消费。同时还考虑了纳税人不同情况的负担差异，免去保障基本生活水平的那一块收入的税收，减轻纳税人税收负担，提高了纳税主动性。通过税收政策的改革，改善了民生，起到减少贫富差距、调节收入分配的作用。

思政之窗

2018年12月27日至28日，全国财政工作会议举行，减税降费成为关键词。为着重降低制造业和小微企业的税负压力，激活实体经济的持续增长力，会议提出了实施普惠性税收减免和结构性税收减免相结合的政策方法。2019年以来，政府颁布了一系列减税降费政策。比如，个人所得税改革中将工资薪金、稿酬、劳务报酬等实行汇总纳税，并细化了专项附加扣除项目；企业所得税中将研发费用加计扣除范围扩大至全部企业。2019年1月1日起，国家开始实行个人所得税混合征收方法，对工资薪金所得、劳务报酬所得、特许权使用费所得、稿酬所得四项收入实行综合征收制，并提高了基本费用扣除标准；对经营所得、财产租赁所得、财产转让所得、利息股息红利所得、偶然所得实行分类征收制。专项附加扣除从子女教育到赡养老人、从继续教育到大病医疗、从房贷利息到住房租金，几乎涵盖了居民日常生活所有的必须开支。个税专项附加扣除遵循公平合理、简便易行、切实减负、改善民生的原则。新个人所得税相关政策实施后，2019年个人所得税征收幅度下降比例达到了25.1%。此次公布的暂行办法较好地兼顾了公平和效率：一方面相关支出得到了合理的扣除，减负力度明显；另一方面具体操作力求简便易行，方便纳税人缴税。总体上来看，个税制度更加公平合理，使纳税人在享受减税红利的同时，有利于刺激消费、扩大需求。

任务二　经营所得的税务优化

【案例引入】

唐先生响应乡村振兴号召返乡创业，开了一家小饭馆。每年可以取得经营所得应纳税所得额 100 万元。202×年度，唐先生有三种方案可以选择。方案一：该小饭馆继续保持个体工商户的性质。方案二：将小饭馆注册为一人有限责任公司，税后利润全部分配。方案三：将小饭馆注册为一人有限责任公司，税后利润保留在公司，不做分配。请提出税务优化方案。

5.2.1 任务描述

对于经营所得的涉税事项进行合理的税务优化。

5.2.2 学习目标

1. 知识目标
掌握经营所得的税务优化思路。

2. 能力目标
能正确进行经营所得的税务优化。

3. 素质目标
（1）培养爱国情怀和社会责任担当，坚定制度自信和道路自信；
（2）树立创新创业的理念和风险意识，养成先就业再择业的正确就业观；
（3）培养崇尚劳动光荣，养成热爱劳动的意识。

5.2.3 重难点

1. 重点
经营所得的税务优化。

2. 难点
经营所得的税务优化的方法。

难点 5-11

5.2.4 相关知识链接

（1）税务优化思路。根据《个人所得税法》第 2 条的规定，经营所得应当缴纳个人所得税。根据《个人所得税法实施条例》第 6 条的规定，经营所得，是指：①个体工商户从事生产、经营活动取得的所得，个人独资企业投资人、合伙企业的个人合伙人来源于境内注册的个人独资企业、合伙企业生产、经营的所得；②个人依法从事办学、医疗、咨询以及其他有偿服务活动取得的所得；③个人对企业、事业单位承包经营、承租经营以及转包、转租取得的所得；

④个人从事其他生产、经营活动取得的所得。

根据《个人所得税法实施条例》第 15 条的规定，成本、费用，是指生产、经营活动中发生的各项直接支出和分配计入成本的间接费用以及销售费用、管理费用、财务费用；损失，是指生产、经营活动中发生的固定资产和存货的盘亏、毁损、报废损失，转让财产损失，坏账损失，自然灾害等不可抗力因素造成的损失及其他损失。取得经营所得的个人，没有综合所得的，计算其每一纳税年度的应纳税所得额时，应当减除费用 6 万元、专项扣除、专项附加扣除以及依法确定的其他扣除。专项附加扣除在办理汇算清缴时减除。

根据《个人所得税法》第 3 条的规定，经营所得，适用 5% 至 35% 的超额累进税率，具体税率表如表 5-5 所示。该表所称全年应纳税所得额，是指依照《个人所得税法》第 6 条的规定，以每一纳税年度的收入总额减除成本、费用以及损失后的余额。

表 5-5　个人经营所得税率表

级数	全年应纳税所得额	税率/%	速算扣除数
1	不超过 30 000 元的	5	0
2	超过 30 000 元至 90 000 元的部分	10	1500
3	超过 90 000 元至 300 000 元的部分	20	10 500
4	超过 300 000 元至 500 000 元的部分	30	40 500
5	超过 500 000 元的部分	35	65 500

自 2021 年 1 月 1 日至 2022 年 12 月 31 日，对个体工商户年应纳税所得额不超过 100 万元的部分，在现行优惠政策基础上，减半征收个人所得税。

个体工商户经营所得按照收入总额减去税法允许扣除的各项费用后的余额计算，因此，个体工商户在计算经营所得的应纳税所得额时，应尽量充分利用税法规定的各项扣除，尽量减少应纳税所得额，从而降低税收负担。

随着我国对小微企业的所得实行更低的税率，小微企业的税负已经低于个体工商户。因此，个体工商户将其性质转变为一人有限责任公司可以降低税收负担。

合伙企业，是指依照中国法律、行政法规成立的合伙企业。合伙企业以每个合伙人为纳税义务人。合伙企业合伙人是自然人的，缴纳个人所得税；合伙人是法人和其他组织的，缴纳企业所得税。合伙企业生产经营所得和其他所得采取"先分后税"的原则。具体应纳税所得额的计算按照《关于个人独资企业和合伙企业投资者征收个人所得税的规定》(财税〔2000〕91 号)及《财政部 国家税务总局关于调整个体工商户个人独资企业和合伙企业个人所得税税前扣除标准有关问题的通知》(财税〔2008〕65 号)的有关规定执行。生产经营所得和其他所得，包括合伙企业分配给所有合伙人的所得和企业当年留存的所得（利润）。

合伙企业的合伙人是法人和其他组织的，合伙人在计算其缴纳企业所得税时，不得用合伙企业的亏损抵减其盈利。

合伙企业经营所得应纳税所得额的计算方法与个体工商户相同，略有区别的是，合伙企业的应纳税所得额会按照比例分配给每个合伙人，由合伙人计算缴纳个人所得税。由于增加一个合伙人就可以增加基本扣除 6 万元，合伙企业的合伙人越多，每个合伙人缴纳的个人所得税就越少。

合伙企业的合伙人按照下列原则确定应纳税所得额：①合伙企业的合伙人以合伙企业的生

产经营所得和其他所得，按照合伙协议约定的分配比例确定应纳税所得额；②合伙协议未约定或者约定不明确的，以全部生产经营所得和其他所得，按照合伙人协商决定的分配比例确定应纳税所得额；③协商不成的，以全部生产经营所得和其他所得，按照合伙人实缴出资比例确定应纳税所得额；④无法确定出资比例的，以全部生产经营所得和其他所得，按照合伙人数量平均计算每个合伙人的应纳税所得额。由于合伙人应纳税所得额适用的是超额累进税率，在全体合伙人平均分配合伙企业利润的情形下可以实现整体税负的最轻。

（2）法律政策依据：

①《中华人民共和国个人所得税法》（1980年9月10日第五届全国人民代表大会第三次会议通过，2018年8月31日第十三届全国人民代表大会常务委员会第五次会议第七次修正）。

②《中华人民共和国个人所得税法实施条例》（1994年1月28日中华人民共和国国务院令第142号发布，2018年12月18日中华人民共和国国务院令第707号第四次修订）。

③《财政部 国家税务总局关于合伙企业合伙人所得税问题的通知》（财税〔2008〕159号）。

④《个体工商户个人所得税计税办法》（2014年12月27日国家税务总局令第35号公布，根据2018年6月15日《国家税务总局关于修改部分税务部门规章的决定》修正）。

⑤《财政部 税务总局关于实施小微企业和个体工商户所得税优惠政策的公告》（财政部 税务总局公告2021年第12号）。

案例引入解析 5-12

知识锦囊 5-13

微课 5-14

5.2.5 任务实施

5.2.5.1 任务分组

表1 学生分组表

班级		组号		授课教师	
组长		学号			
组员	姓名	学号	姓名	学号	

5.2.5.2 自主探学

任务工作单 1

组号：_____ 姓名：_____ 学号：_____ 检索号： **5252-1**

引导问题：

(1) 个人所得税的经营所得的范围有哪些？

_____

_____

(2) 经营所得的税务优化思路是什么？

_____

_____

_____

任务工作单 2

组号：_____ 姓名：_____ 学号：_____ 检索号： **5252-2**

引导问题：

(1) 个体户张先生和妻子刘女士 2019 年度开了一家餐馆，每月有 10 万元的销售额，按税法规定允许扣除的各项费用为 2 万元。因是一家人，刘女士没有领取工资。2020 年度，有两种方案供张先生选择。方案一：餐馆的经营模式继续按 2019 年度的不变，刘女士继续在餐馆工作，但不领取工资。方案二：刘女士每月领取 5 000 元的工资。请提出税务优化方案。

_____

_____

_____

(2) 甲、乙两个人合伙经营一家合伙企业，该企业 202×年度的应纳税所得额为 100 万元，由两个合伙人平均分配。第二年度有两个方案可供该合伙企业选择。方案一：继续保持甲、乙两个合伙人。方案二：合伙人由 2 人增加为 4 人，即甲、乙两人均将自己配偶增加为合伙人，合伙企业的应纳税所得额则由 4 个合伙人平均分配。假如该 4 个合伙人均未取得除合伙企业利润以外的其他所得，每个合伙人的基本扣除标准均为 6 万元。请提出税务优化方案。

_____

_____

_____

_____

5.2.5.3 合作研学

任务工作单 1

组号：_____ 姓名：_____ 学号：_____ 检索号： **5253-1**

引导问题：

小组交流讨论，教师参与，形成任务工作单 5252-1 的正确答案。

_____

_____

任务工作单2

组号：_____ 姓名：_____ 学号：_____ 检索号： 5253-2

引导问题：

小组交流讨论，教师参与，形成任务工作单5252-2正确的税务优化方案。

_____

_____

5.2.5.4 展示赏学

任务工作单1

组号：_____ 姓名：_____ 学号：_____ 检索号： 5254-1

引导问题：

(1) 每组推荐一位小组长，汇报任务工作单5252-2方案。借鉴每组经验，进一步优化方案。

_____

_____

(2) 个人结合汇报情况，检讨自己的不足。

_____

_____

5.2.5.5 评价反馈

任务工作单1：自我测评

组号：_____ 姓名：_____ 学号：_____ 检索号： 5255-1

个人自评表

班级		组名		日期	年 月 日
评价指标	评价内容			分数	分数评定
信息检索	能有效利用网络、图书资源查找有用的相关信息等；能将查到的信息有效地传递到学习中			10分	
感知课堂	是否能在学习中获得满足感以及课堂生活的认同感			10分	
参与态度	积极主动与教师、同学交流，相互尊重、理解、平等；与教师、同学之间是否能够保持多向、丰富、适宜的信息交流			15分	
	能处理好合作学习和独立思考的关系，做到有效学习；能提出有意义的问题或能发表个人见解			15分	
学习方法	学习方法得体，是否获得了进一步学习的能力			15分	
思维态度	是否能发现问题、提出问题、分析问题、解决问题，并拓展思维，创新提升			10分	
自评反馈	按时按质按任务、较好地掌握知识点；具有较强的信息分析能力和理解能力；具有较为全面严谨的思维能力，并能条理清晰地表达成文			25分	
自评分数					
有益的经验和做法					
总结反馈建议					

 税务优化

任务工作单2：小组内互评

组号：_____ 姓名：_____ 学号：_____ 检索号：__5255-2__

小组内互评表

班级		组名		日期	年 月 日
评价指标		评价内容		分数	分数评定
信息检索	该同学能有效利用网络、图书资源查找有用的相关信息等；能将查到的信息有效地传递到学习中			10分	
感知课堂	该同学是否能在学习中获得满足感以及课堂生活的认同感			10分	
参与态度	该同学能否积极主动与教师、同学交流，相互尊重、理解、平等；与教师、同学之间是否能够保持多向、丰富、适宜的信息交流			15分	
	该同学能否处理好合作学习和独立思考的关系，做到有效学习；能提出有意义的问题或能发表个人见解			15分	
学习方法	该同学学习方法得体，是否获得了进一步学习的能力			15分	
思维态度	该同学是否能发现问题、提出问题、分析问题、解决问题，并拓展思维，创新提升			10分	
自评反馈	该同学是否能按时按质按任务、较好地掌握知识点；具有较强的信息分析能力和理解能力；具有较为全面严谨的思维能力，并能条理清晰地表达成文			25分	
评价分数					
该同学的不足之处					
有针对性的改进建议					

任务工作单3：小组间互评

被评组号：_____ 检索号：__5255-3__

小组间互评表

班级		评价小组		日期	年 月 日
评价指标		评价内容		分数	分数评定
汇报表述	表述准确			15分	
	语言流畅			10分	
	准确反映该组完成情况			15分	

续表

评价指标	评价内容	分数	分数评定
内容正确度	内容正确	30分	
	阐述表达到位	30分	
互评分数			
简要评述			

任务工作单4：教师评价

组号：_____ 姓名：_____ 学号：_____ 检索号：__5255-4__

教师评价表

班级		组名		姓名		
出勤情况						
评价内容	评价要点	考察要点			分数	分数评定
1. 查阅文献情况	任务实施过程中文献查阅	（1）是否查阅信息资料			20分	
		（2）正确运用信息资料				
2. 互动交流情况	组内交流、教学互动	（1）积极参与交流			30分	
		（2）主动接受教师指导				
3. 任务完成情况	规定时间内的完成度	（1）在规定时间内完成任务			20分	
	任务完成的正确度	（2）任务完成的正确性			30分	
合计					100分	

自主探学解析 5-15　　个人自评表 5-16　　小组内互评表 5-17　　小组间互评表 5-18　　教师评价表 5-19

知识拓展

个税改革前，工资薪金按月申报，采用超额累计税率，单位代扣代缴，整体税负比较重。改革后的个税采取综合所得申报，将工资薪金、劳务报酬、稿酬、特许使用权四大块，采用一致的超额累计税率综合计算，相比以前不同收入使用不同的税率，税率较为统一，优化了税率结构，体现税收公平。

新个税计算公式：本期应预扣预缴税额=（累计预扣预缴应纳税所得额乘以预扣率−速算扣除数）−累计减免税额−累计已预扣预缴税额，累计预扣预缴应纳税所得额=累计收入−累计免税收入−累计减除费用−累计专项扣除−累计专项附加扣除−累计依法确定的其他扣除。其中，专项扣除项目是指不超过国家规定标准限额内的基本医疗保险费、基本养老保险费、住房公积金等项目个人负担的部分，不包括新职工住房补贴。其他扣除项目是指职业年金个人承担的部分。另外，需要说明的是，从2021年开始，对上一年度全年累计收入不超过6万元的纳税人，累计减除费用自1月份起直接按照6万元扣除。同时对于一些特殊情况不需要汇算清缴，比如：年度汇算需补税但年度综合所得收入≤12万元的，未预扣预缴的情形除外；年度汇算需补税金额 ≤400元的，未预扣预缴的情形除外。

个税改革过程中，税务部门开通了多样化的办税方式，为纳税人提供灵活、便利的服务，以信息化为支撑的申报方式大大提高了汇算效率，尤其是个税 APP 申报和网页申报，通过智能化菜单，将复杂的政策规定和征管要求转化为便于纳税人理解的操作指引，同时自动计算出应补或应退税款，为纳税人带来办税便利。通过这一系列的便民措施，税务办理越来越高效，流程也越来越便捷，体现了我们国家科技的进步，以及党和政府全心全意为人民服务、执政为民的理念。

某明星通过签订金额一高一低的两份合同，高金额的合同对内，具有双方真实的意思；低金额的合同对外，不具有双方真实的意思，从而逃避税款。2018 年 10 月，税务部门公布对某明星偷税、漏税的处理结果：以拆分合同方式偷逃个人所得税、税金及附加，追缴税款和滞纳金0.6 亿元，处以 2.4 亿元行政处罚；利用工作室账户隐匿个人报酬，追缴税款和滞纳金0.797 亿元，处以行政处罚 2.39 亿元。某明星担任法定代表人的企业少计收入追缴税款和滞纳金 94.6万元，并处以 1 倍罚款，计 94.6 万元。某明星担任法定代表人的企业未履行扣缴义务，处以行政处罚 0.51 亿元。某明星担任法定代表人的企业非法提供便利协助少缴税款，罚款计 0.65亿元。

个税由个人如实填写专项扣除项目，体现了国家对个人诚信纳税的重视及信任，作为财务工作者，要以身作则，如实填报，不得弄虚作假。

任务三　资本投资利得的税务优化

【案例引入】

张女士 2016 年投资 100 万元购买了 A 公司 10% 的股权，现张女士打算以 200 万元的价格转让该公司 10% 的股权。请问：张女士需要缴纳多少个人所得税？如何进行税务优化？

5.3.1 任务描述

对于个人的资本投资利得涉税事项：股权转让所得和股息，进行合理的税务优化。

5.3.2 学习目标

1. 知识目标
（1）掌握股权转让所得的税务优化思路；
（2）掌握股息的税务优化思路。

2. 能力目标
（1）能正确进行股权转让所得的税务优化；
（2）能正确进行股息的税务优化。

3. 素质目标
（1）培养风险意识和良好的金融素养；
（2）养成正确的财富观与价值观。

5.3.3 重难点

1. 重点
股权转让所得的税务优化，股息的税务优化。

2. 难点
股权转让所得的税务优化。

难点 5-20

5.3.4 相关知识链接

1. 股权转让所得的税务优化

（1）税务优化思路。个人转让股权适用的税率是 20%，目前利润 100 万元以下的小微企业适用的所得税税率仅为 2.5%；100 万元至 300 万元的所得税税率为 5%。因此，如果能在最初投资时即设立双层公司，由上层小微企业作为转让股权的主体，利用小微企业的低税率优惠就可以最大限度地降低股权转让所得的税收负担。

根据《个人所得税法》的规定，个人取得股息需要缴纳 20% 的个人所得税。根据《中华人民共和国企业所得税法》的规定，公司从公司取得股息属于免税所得，不缴纳企业所得税。很多被转让股权的企业中都有较大数额的未分配利润，如果能利用双层公司的结构，在股权转让之前将未分配利润分配至上一层公司，就可以降低股权转让的价格，从而降低股权转让的所得税。

个人转让股权需要缴纳个人所得税，个人转让股权的收益权不需要缴纳个人所得税。纳税人可以通过股权代持的方式实现股权转让，待时机合适时再实际转让股权。

（2）法律政策依据：

①《中华人民共和国个人所得税法》（1980年9月10日第五届全国人民代表大会第三次会议通过，2018年8月31日第十三届全国人民代表大会常务委员会第五次会议第七次修正）。

②《中华人民共和国个人所得税法实施条例》（1994年1月28日中华人民共和国国务院令第142号发布，2018年12月18日中华人民共和国国务院令第707号第四次修订）。

③《中华人民共和国企业所得税法》（2007年3月16日第十届全国人民代表大会第五次会议通过，2017年2月24日第十二届全国人民代表大会常务委员会第二十六次会议修改）第30条。

④《财政部 税务总局关于实施小微企业普惠性税收减免政策的通知》（财税〔2019〕13号）。

2. 股息的税务优化

（1）税务优化思路。根据《财政部 国家税务总局关于规范个人投资者个人所得税征收管理的通知》（财税〔2003〕158号）的规定，纳税年度内个人投资者从其投资企业（个人独资企业、合伙企业除外）借款，在该纳税年度终了后既不归还，又未用于企业生产经营的，其未归还的借款可视为企业对个人投资者的红利分配，依照"利息、股息、红利所得"项目计征个人所得税。纳税人可以利用上述政策将利润留在投资公司，通过借款的方式取得公司未分配利润。

自2015年9月8日起，个人从公开发行和转让市场取得的上市公司股票，持股期限超过1年的，股息红利所得暂免征收个人所得税。个人从公开发行和转让市场取得的上市公司股票，持股期限在1个月以内（含1个月）的，其股息红利所得全额计入应纳税所得额；持股期限在1个月以上至1年（含1年）的，暂减按50%计入应纳税所得额；上述所得统一适用20%的税率计征个人所得税。纳税人在取得股息以后，应尽量延长持有股票的时间，以减轻上市公司股息的税收负担。

（2）法律政策依据：

①《中华人民共和国个人所得税法》（1980年9月10日第五届全国人民代表大会第三次会议通过，2018年8月31日第十三届全国人民代表大会常务委员会第五次会议第七次修正）。

②《中华人民共和国个人所得税法实施条例》（1994年1月28日中华人民共和国国务院令第142号发布，2018年12月18日中华人民共和国国务院令第707号第四次修订）。

③《财政部 国家税务总局关于规范个人投资者个人所得税征收管理的通知》（财税〔2003〕158号）。

④《财政部 国家税务总局 证监会关于上市公司股息红利差别化个人所得税政策有关问题的通知》（财税〔2015〕101号）。

⑤《财政部 税务总局关于实施小微企业普惠性税收减免政策的通知》（财税〔2019〕13号）。

案例引入解析 5-21   知识锦囊 5-22   微课 5-23

5.3.5 任务实施

5.3.5.1 任务分组

表 1 学生分组表

班级		组号		授课教师	
组长		学号			
组员	姓名	学号	姓名	学号	

5.3.5.2 自主探学

任务工作单 1

组号：_____ 姓名：_____ 学号：_____ 检索号： **5352-1**

引导问题：

（1）股权转让所得的税务优化思路是什么？

_____

_____

（2）股息的税务优化思路是什么？

_____

_____

任务工作单 2

组号：_____ 姓名：_____ 学号：_____ 检索号： **5352-2**

引导问题：

（1）10 年前 A 公司由张先生投资 100 万元创办。该公司 10 年的利润目前已经累计达到 1 000 万元，均未分配，其目的是为了减轻税收负担。现张先生准备将该公司的股权转让给刘女士，转让价为 1 200 万元。张先生应当缴纳个人所得税 = （1 200-100）×20% = 220（万元）。请提出税务优化方案。

_____

_____

（2）2020 年 12 月 10 日，杨女士购买了 A 上市公司股票。2020 年 12 月 30 日，杨女士获得 A 上市公司的股息 10 万元。有三种持股方案可供杨女士选择。方案一：在 2021 年 1 月 10 日之前杨女士转让 A 公司股票。方案二：在 2021 年 1 月 11 日之后、2021 年 12 月 10 日之前杨女士转让 A 公司股票。方案三：在 2021 年 12 月 11 日之后杨女士转让 A 公司股票。仅考虑该 10 万元股息的个人所得税，不考虑其他税费。请提出税务优化方案。

_____

_____

_____

_____

5.3.5.3　合作研学

任务工作单1

组号：_____　姓名：_____　学号：_____　检索号：　**5353-1**

引导问题：

小组交流讨论，教师参与，形成任务工作单5352-1正确的税务优化思路。

_____

_____

任务工作单2

组号：_____　姓名：_____　学号：_____　检索号：　**5353-2**

引导问题：

小组交流讨论，教师参与，形成任务工作单5352-2正确的税务优化方案。

_____

_____

5.3.5.4　展示赏学

任务工作单1

组号：_____　姓名：_____　学号：_____　检索号：　**5354-1**

引导问题：

（1）每组推荐一位小组长，汇报任务工作单5352-2方案。借鉴每组经验，进一步优化方案。

_____

（2）个人结合汇报情况，检讨自己的不足。

_____

5.3.5.5　评价反馈

任务工作单1：自我测评

组号：_____　姓名：_____　学号：_____　检索号：　**5355-1**

个人自评表

班级		组名		日期	年　月　日
评价指标	评价内容			分数	分数评定
信息检索	能有效利用网络、图书资源查找有用的相关信息等；能将查到的信息有效地传递到学习中			10分	
感知课堂	是否能在学习中获得满足感以及课堂生活的认同感			10分	

评价指标	评价内容	分数	分数评定
参与态度	积极主动与教师、同学交流，相互尊重、理解、平等；与教师、同学之间是否能够保持多向、丰富、适宜的信息交流	15分	
	能处理好合作学习和独立思考的关系，做到有效学习；能提出有意义的问题或能发表个人见解	15分	
学习方法	学习方法得体，是否获得了进一步学习的能力	15分	
思维态度	是否能发现问题、提出问题、分析问题、解决问题，并拓展思维，创新提升	10分	
自评反馈	按时按质按任务、较好地掌握知识点；具有较强的信息分析能力和理解能力；具有较为全面严谨的思维能力，并能条理清晰地表达成文	25分	
自评分数			
有益的经验和做法			
总结反馈建议			

任务工作单2：小组内互评

组号：_____ 姓名：_____ 学号：_____ 检索号：__5355-2__

小组内互评表

班级		组名		日期	年 月 日
评价指标	评价内容			分数	分数评定
信息检索	该同学能有效利用网络、图书资源查找有用的相关信息等；能将查到的信息有效地传递到学习中			10分	
感知课堂	该同学是否能在学习中获得满足感以及课堂生活的认同感			10分	
参与态度	该同学能否积极主动与教师、同学交流，相互尊重、理解、平等；与教师、同学之间是否能够保持多向、丰富、适宜的信息交流			15分	
	该同学能否处理好合作学习和独立思考的关系，做到有效学习；能提出有意义的问题或能发表个人见解			15分	
学习方法	该同学学习方法得体，是否获得了进一步学习的能力			15分	
思维态度	该同学是否能发现问题、提出问题、分析问题、解决问题，并拓展思维，创新提升			10分	
自评反馈	该同学是否能按时按质按任务、较好地掌握知识点；具有较强的信息分析能力和理解能力；具有较为全面严谨的思维能力，并能条理清晰地表达成文			25分	

评价指标	评价内容	分数	分数评定
评价分数			
该同学的不足之处			
有针对性的改进建议			

任务工作单3：小组间互评

被评组号：_____ 检索号： 5355-3

小组间互评表

班级		评价小组		日期		年 月 日
评价指标		评价内容		分数	分数评定	
汇报表述		表述准确		15分		
		语言流畅		10分		
		准确反映该组完成情况		15分		
内容正确度		内容正确		30分		
		阐述表达到位		30分		
互评分数						
简要评述						

任务工作单4：教师评价

组号：_____ 姓名：_____ 学号：_____ 检索号： 5355-4

教师评价表

班级		组名		姓名	
出勤情况					
评价内容	评价要点	考察要点		分数	分数评定
1. 查阅文献情况	任务实施过程中文献查阅	（1）是否查阅信息资料		20分	
		（2）正确运用信息资料			
2. 互动交流情况	组内交流、教学互动	（1）积极参与交流		30分	
		（2）主动接受教师指导			
3. 任务完成情况	规定时间内的完成度	（1）在规定时间内完成任务		20分	
	任务完成的正确度	（2）任务完成的正确性		30分	
合计				100分	

自主探学解析 5-24　　个人自评表 5-25　　小组内互评表 5-26　　小组间互评表 5-27　　教师评价表 5-28

 知识拓展

　　2016 年以来，网络直播快速发展，网络主播收入不断增加，偷税问题也愈加严重。2021 年 12 月 20 日，网络主播××偷逃税被追缴并处罚金共计 13.14 亿元。目前，网络主播偷逃税款数额之大、范围之广已到骇人听闻的程度。据了解，网络主播偷逃税常用的方法为：通过设立工作室等多家独资合伙企业，将收入性质转换为经营所得，然后利用地方上核定征收的优惠政策，实现超低实际税负。如果按照劳务报酬税率缴纳个人所得税，最高可达 45%，但是转化为经营所得最高税率为 35%。同时，企业经营所得可以采用核定征收的方式，核定征收就是按照规定的应税所得率征收税款，通常可以把实际税负降低到 10% 以下，因此成为个人股权转让的常用避税工具。为了堵上漏洞，2021 年最后一天，财政部、税务总局发布《关于权益性投资经营所得个人所得税征收管理的公告》，自 2022 年 1 月 1 日起，持有股权、股票、合伙企业财产份额等权益性投资的个人独资企业、合伙企业，一律适用查账征收方式计征个人所得税。

　　新业态的出现给税制征管带来一定的挑战，但税收整体原则不变，就是保证税收公平、调节收入分配、实现共同富裕。

 思政之窗

　　按照"大众创业、万众创新"的战略要求，我国先后制定了一系列的税收优惠政策，目前，个人所得税支持创新创业的优惠政策主要包括投资抵扣税收优惠政策、股权激励和技术入股税收优惠政策、非货币性资产投资税收优惠政策、转增股本税收优惠政策等 4 项。

任务四　财产处置所得的税务优化

【案例引入】

　　2016年1月张先生以300万元购买了家庭第一套住房且当月缴纳了契税。2021年2月，张先生打算出售第一套住房，购买家庭第二套住房。有关换购家庭住房，有两套方案可供张先生选择。方案一：先把第一套住房以500万元转让，临时租房居住，再购买第二套住房。方案二：先购买第二套住房，待搬家入住，再把第一套住房以500万元转让。仅考虑个人所得税，不考虑其他税费。请提出税务优化方案。

5.4.1　任务描述

　　对于个人的财产处置所得涉税事项：不动产转让所得、财产租赁所得，进行合理的税务优化。

5.4.2　学习目标

1. 知识目标
（1）掌握不动产转让所得的税务优化思路；
（2）掌握财产租赁所得的税务优化思路。

2. 能力目标
（1）能正确进行不动产转让所得的税务优化；
（2）能正确进行财产租赁所得的税务优化。

3. 素质目标
（1）培养政治认同，增强中国特色社会主义道路自信；
（2）培养遵守法律法规的意识和高度的社会责任感；
（3）培养诚实守信和实事求是的职业道德素养。

5.4.3　重难点

1. 重点
不动产转让所得的税务优化，财产租赁所得的税务优化。

2. 难点
不动产转让所得的税务优化。

难点 5-29

5.4.4　相关知识链接

1. 不动产转让所得的税务优化
　　（1）税务优化思路。根据《财政部 国家税务总局关于个人所得税若干政策问题的通知》（财税〔1994〕020号）的规定，个人转让自用达五年以上，并且是唯一的家庭生活用房取得的所得，暂免征收个人所得税。根据《财政部 国家税务总局 建设部关于个人出售住房所得征收个人所得税有关问题的通知》(财税〔1999〕278号)的规定，对个人转让自用5年以上，并且是家庭唯一生活用房取得的所得，继续免征个人所得税。如果纳税人满足上述税收优惠政策的条件，应尽量享受该税收优惠政策。需要注意的是，上述"五年"的起算点是取得房产证或缴纳契税之日，因此，纳税人购买房产以后应尽快缴纳契税。

根据《财政部 国家税务总局关于个人无偿受赠房屋有关个人所得税问题的通知》(财税〔2009〕78号)的规定，以下情形的房屋产权无偿赠予，对当事双方不征收个人所得税：①房屋产权所有人将房屋产权无偿赠予配偶、父母、子女、祖父母、外祖父母、孙子女、外孙子女、兄弟姐妹；②房屋产权所有人将房屋产权无偿赠予对其承担直接抚养或者赡养义务的抚养人或者赡养人；③房屋产权所有人死亡，依法取得房屋产权的法定继承人、遗嘱继承人或者受遗赠人。除上述情形以外，房屋产权所有人将房屋产权无偿赠予他人的，受赠人因无偿受赠房屋取得的受赠所得，按照20%的税率缴纳个人所得税。对受赠人无偿受赠房屋计征个人所得税时，其应纳税所得额为房地产赠予合同上标明的赠予房屋价值减除赠予过程中受赠人支付的相关税费后的余额。受赠人转让受赠房屋的，以其转让受赠房屋的收入减除原捐赠人取得该房屋的实际购置成本以及赠予和转让过程中受赠人支付的相关税费后的余额，为受赠人的应纳税所得额，依法计征个人所得税。纳税人可以充分利用上述直系亲属房产赠予免税的优惠政策进行税务优化。

对住房转让所得征收个人所得税时，以实际成交价格为转让收入。纳税人申报的住房成交价格明显低于市场价格且无正当理由的，征收机关依法有权根据有关信息核定其转让收入，但必须保证各税种计税价格一致。纳税人未提供完整、准确的房屋原值凭证，不能正确计算房屋原值和应纳税额的，税务机关可根据《中华人民共和国税收征收管理法》的规定，对其实行核定征税，即按纳税人住房转让收入的一定比例核定应纳个人所得税额。具体比例由省级地方税务局或者省级地方税务局授权的地市级地方税务局根据纳税人出售住房的所处区域、地理位置、建造时间、房屋类型、住房平均价格水平等因素，在住房转让收入1%~3%的幅度内确定。如果纳税人转让房产的购置年代较久、增值较高，税务机关不掌握该房产的购置成本信息，纳税人可以申请税务机关核定征收个人所得税。

个人以非货币性资产投资，属于个人转让非货币性资产和投资同时发生。对个人转让非货币性资产的所得，应按照"财产转让所得"项目，依法计算缴纳个人所得税。个人以非货币性资产投资，应按评估后的公允价值确认非货币性资产转让收入。非货币性资产转让收入减除该资产原值及合理税费后的余额为应纳税所得额。个人应在发生上述应税行为的次月15日内向主管税务机关申报纳税。纳税人一次性缴税有困难的，可合理确定分期缴纳计划并报主管税务机关备案后，自发生上述应税行为之日起不超过5个公历年度内分期缴纳个人所得税。纳税人在使用自有不动产投资创办公司时，可以充分利用上述分期缴纳个人所得税的优惠政策。

(2) 法律政策依据：

①《中华人民共和国个人所得税法》(1980年9月10日第五届全国人民代表大会第三次会议通过，2018年8月31日第十三届全国人民代表大会常务委员会第五次会议第七次修正)。

②《中华人民共和国个人所得税法实施条例》(1994年1月28日中华人民共和国国务院令第142号发布，2018年12月18日中华人民共和国国务院令第707号第四次修订)。

③《财政部 国家税务总局关于个人所得税若干政策问题的通知》(财税〔1994〕020号)。

④《国家税务总局关于个人住房转让所得征收个人所得税有关问题的通知》(国税发〔2006〕108号)。

⑤《财政部 国家税务总局关于个人无偿受赠房屋有关个人所得税问题的通知》(财税〔2009〕78号)。

⑥《财政部 国家税务总局 建设部关于个人出售住房所得征收个人所得税有关问题的通知》（财税〔1999〕278 号）。

⑦《财政部 国家税务总局关于个人非货币性资产投资有关个人所得税政策的通知》（财税〔2015〕41 号）。

2. 财产租赁所得的税务优化

（1）税务优化思路。根据《个人所得税法》的规定，财产租赁所得，每次收入不超过 4 000 元的，减除费用 800 元；4 000 元以上的，减除 20% 的费用，其余额为应纳税所得额。财产租赁所得适用 20% 的比例税率。根据《个人所得税法实施条例》的规定，财产租赁所得，以一个月内取得的收入为一次。财产租赁所得的费用扣除实行定额与定率相结合的方法，如能将财产租赁所得多分几次，使得每次财产租赁所得均低于 4 000 元，可以起到节税的效果。

财产租赁所得适用 20% 的税率。由于小微企业的所得税税率已经降低至 2.5%，对于长期经营的财产租赁而言，由公司作为经营主体更能起到节税的效果。

（2）法律政策依据：

①《中华人民共和国个人所得税法》（1980 年 9 月 10 日第五届全国人民代表大会第三次会议通过，2018 年 8 月 31 日第十三届全国人民代表大会常务委员会第五次会议第七次修正）。

②《中华人民共和国个人所得税法实施条例》（1994 年 1 月 28 日中华人民共和国国务院令第 142 号发布，2018 年 12 月 18 日中华人民共和国国务院令第 707 号第四次修订）。

③《财政部 国家税务总局关于规范个人投资者个人所得税征收管理的通知》（财税〔2003〕158 号）。

④《财政部 税务总局关于实施小微企业普惠性税收减免政策的通知》（财税〔2019〕13 号）。

案例引入解析 5-30　　　　知识锦囊 5-31　　　　微课 5-32

5.4.5 任务实施

5.4.5.1　任务分组

表 1　学生分组表

班级		组号		授课教师	
组长		学号			
组员	姓名	学号	姓名	学号	

5.4.5.2　自主探学

组号：＿＿＿＿＿　姓名：＿＿＿＿＿　学号：＿＿＿＿＿　检索号：　5452-1

引导问题：

（1）不动产转让所得的税务优化思路是什么？

_____

_____

（2）财产租赁所得的税务优化思路是什么？

_____

_____

_____

任务工作单 2

组号：＿＿＿＿＿　姓名：＿＿＿＿＿　学号：＿＿＿＿＿　检索号：　5452-2

引导问题：

（1）10年前吴大爷购买了一套住房，购买价格为100万元，目前该套房市场价格为500万元。吴大爷老伴现已去世，名下仅有该套住房。吴大爷打算把该套住房转给其独生女，未来由其独生女再将该套住房转让。有两个转移方案可以选择。方案一：吴大爷将该套住房赠予其独生女，三年后，其独生女再将该套住房以600万元出售。方案二：吴大爷将该套住房以500万元的价格卖给其独生女，三年后，其独生女再将该套住房以600万元出售。仅考虑个人所得税，不考虑其他税费。请提出税务优化方案。

_____

_____

_____

_____

（2）杨先生准备出资1 000万元购置一处门面房，每年以100万元租金出租给A公司。有两种方案可供杨先生选择。方案一：杨先生先成立B公司，由B公司购置该处门面房并出租给A公司。方案二：杨先生先购置该处门面房，然后出租给A公司。仅考虑个人所得税，不考虑其他税费。B公司每年提取50万元门面房折旧费。请提出税务优化方案。

_____

_____

_____

_____

_____

5.4.5.3　合作研学

任务工作单1

组号：＿＿＿＿＿＿　姓名：＿＿＿＿＿＿　学号：＿＿＿＿＿＿　检索号：　5453-1

引导问题：

小组交流讨论，教师参与，形成任务工作单5452-1正确的税务优化思路。

＿＿＿＿＿＿＿＿＿＿＿＿＿＿＿＿＿＿＿＿＿＿＿＿＿＿＿＿＿＿＿＿＿＿

＿＿＿＿＿＿＿＿＿＿＿＿＿＿＿＿＿＿＿＿＿＿＿＿＿＿＿＿＿＿＿＿＿＿

任务工作单2

组号：＿＿＿＿＿＿　姓名：＿＿＿＿＿＿　学号：＿＿＿＿＿＿　检索号：　5453-2

引导问题：

小组交流讨论，教师参与，形成任务工作单5452-2正确的税务优化方案。

＿＿＿＿＿＿＿＿＿＿＿＿＿＿＿＿＿＿＿＿＿＿＿＿＿＿＿＿＿＿＿＿＿＿

5.4.5.4　展示赏学

任务工作单1

组号：＿＿＿＿＿＿　姓名：＿＿＿＿＿＿　学号：＿＿＿＿＿＿　检索号：　5454-1

引导问题：

(1) 每组推荐一位小组长，汇报任务工作单5452-2方案。借鉴每组经验，进一步优化方案。

＿＿＿＿＿＿＿＿＿＿＿＿＿＿＿＿＿＿＿＿＿＿＿＿＿＿＿＿＿＿＿＿＿＿

＿＿＿＿＿＿＿＿＿＿＿＿＿＿＿＿＿＿＿＿＿＿＿＿＿＿＿＿＿＿＿＿＿＿

(2) 个人结合汇报情况，检讨自己的不足。

＿＿＿＿＿＿＿＿＿＿＿＿＿＿＿＿＿＿＿＿＿＿＿＿＿＿＿＿＿＿＿＿＿＿

＿＿＿＿＿＿＿＿＿＿＿＿＿＿＿＿＿＿＿＿＿＿＿＿＿＿＿＿＿＿＿＿＿＿

5.4.5.5　评价反馈

任务工作单1：自我测评

组号：＿＿＿＿＿＿　姓名：＿＿＿＿＿＿　学号：＿＿＿＿＿＿　检索号：　5455-1

个人自评表

班级		组名		日期	年　月　日
评价指标	评价内容			分数	分数评定
信息检索	能有效利用网络、图书资源查找有用的相关信息等；能将查到的信息有效地传递到学习中			10分	
感知课堂	是否能在学习中获得满足感以及课堂生活的认同感			10分	
参与态度	积极主动与教师、同学交流，相互尊重、理解、平等；与教师、同学之间是否能够保持多向、丰富、适宜的信息交流			15分	
	能处理好合作学习和独立思考的关系，做到有效学习；能提出有意义的问题或能发表个人见解			15分	

续表

评价指标	评价内容	分数	分数评定
学习方法	学习方法得体，是否获得了进一步学习的能力	15分	
思维态度	是否能发现问题、提出问题、分析问题、解决问题，并拓展思维，创新提升	10分	
自评反馈	按时按质按任务、较好地掌握知识点；具有较强的信息分析能力和理解能力；具有较为全面严谨的思维能力，并能条理清晰地表达成文	25分	
自评分数			
有益的经验和做法			
总结反馈建议			

任务工作单2：小组内互评

组号：_____　姓名：_____　学号：_____　检索号：　5455-2

小组内互评表

班级		组名		日期	年 月 日
评价指标	评价内容			分数	分数评定
信息检索	该同学能有效利用网络、图书资源查找有用的相关信息等；能将查到的信息有效地传递到学习中			10分	
感知课堂	该同学是否能在学习中获得满足感以及课堂生活的认同感			10分	
参与态度	该同学能否积极主动与教师、同学交流，相互尊重、理解、平等；与教师、同学之间是否能够保持多向、丰富、适宜的信息交流			15分	
	该同学能否处理好合作学习和独立思考的关系，做到有效学习；能提出有意义的问题或能发表个人见解			15分	
学习方法	该同学学习方法得体，是否获得了进一步学习的能力			15分	
思维态度	该同学是否能发现问题、提出问题、分析问题、解决问题，并拓展思维，创新提升			10分	
自评反馈	该同学是否能按时按质按任务、较好地掌握知识点；具有较强的信息分析能力和理解能力；具有较为全面严谨的思维能力，并能条理清晰地表达成文			25分	
评价分数					
该同学的不足之处					
有针对性的改进建议					

任务工作单3：小组间互评

被评组号：_____　检索号：__5455-3__

小组间互评表

班级		评价小组		日期		年 月 日
评价指标	评价内容			分数	分数评定	
汇报表述	表述准确			15分		
	语言流畅			10分		
	准确反映该组完成情况			15分		
内容正确度	内容正确			30分		
	阐述表达到位			30分		
互评分数						
简要评述						

任务工作单4：教师评价

组号：_____　姓名：_____　学号：_____　检索号：__5455-4__

教师评价表

班级		组名		姓名	
出勤情况					
评价内容	评价要点	考察要点		分数	分数评定
1. 查阅文献情况	任务实施过程中文献查阅	（1）是否查阅信息资料		20分	
		（2）正确运用信息资料			
2. 互动交流情况	组内交流、教学互动	（1）积极参与交流		30分	
		（2）主动接受教师指导			
3. 任务完成情况	规定时间内的完成度	（1）在规定时间内完成任务		20分	
	任务完成的正确度	（2）任务完成的正确性		30分	
合计				100分	

自主探学解析 5-33　　个人自评表 5-34　　小组内互评表 5-35　　小组间互评表 5-36　　教师评价表 5-37

知识拓展

　　"十四五"规划中提出，要合理调节过高收入，对此就需要完善个人所得税制度，扩大个人所得税的规模，加强其对收入公平分配的调节作用。第一，要提高对资本所得的实际税负水平。股息红利等资本所得的名义税率为20%，已经远远低于劳动所得的最高边际税率45%。目前我国税制规定，个人从公开发行和转让市场得到的上市公司股票，持有股票的期限在1个月以上的股息红利全额可以享受50%～100%的税收优惠政策。随着我国资本市场的不断成熟和发展，这一优惠政策可以适时停止。第二，应规范并加强对综合所得的征收管理。针对一些文献提出的，要将经营所得并入综合所得进行统一征税的说法，笔者并不认同。个人所得税设计之初就将个人劳动所得与经营所得进行了明确区分，原因在于个人所得和经营所得的性质、计算方式存在差别。这一差异化税制待遇有利于促进以个体工商户与个人独资企业为代表的中小企业的经济活力。经营所得的征税方式引起了社会舆论的广泛关注，是由于部分影视明星工作室存在严重的逃避缴纳税款的现象，并非制度本身所造成的。因此应加强个人所得税的征收规范性。还需要注意到，一些地方政府为了招商引资允许个人独资企业采用核定征收方式。税收征管法对适用核定征收方式的具体情形进行了详细规定，在实际征管中核定征收方式应适用于纳税人自身管理核算能力不强等客观因素或者纳税人逃避缴纳税款等主观因素造成的会计核算不健全、纳税资料不完整或者计税依据明显偏低的情况，而不应成为税收优惠的手段。因此，应适时将这些不符合税收规定的企业税收征收方式改为查账征收方式。第三，征收管理要紧随经济新业态的发展，对于一些新兴行业，比如网络主播、电竞游戏、直播带货、中介机构、美容等，及时出台相应的税收政策，并规范征管，防止出现新形式的收入分配不公现象。第四，加强信息管税的力度。由于直接税的征管具有一定难度，因此要优化个人所得税征管机制，税务部门可以借助大数据技术提高对涉税信息的收集、分析与分享能力，不断提高服务水平，严格税收执法，做到个人所得税应收尽收，从征管角度不断扩大收入规模。

思政之窗

　　2021年，全国税收收入172 731亿元，同比增长11.9%。其中国内增值税63 519亿元，同比增长11.8%，企业所得税42 041亿元，同比增长15.4%，个人所得税13 993亿元，同比增长21%，国内消费税13 881亿元，同比增长15.4%。2019年是个税减税元年，当年个税收入大幅下滑，没想到两年之后，个税增长强势归来，一举跃升成为我们国家的第三大税种。个人所得税不仅是重要税源之一，而且税源广泛，征收个人所得税能够保证稳定的财政收入。调节收入分配，有助于实现社会公平。随着经济发展，社会贫富差距加大等问题将会逐步显现，有可能成为影响社会稳定的负面因素。对个人所得征收采用超额累进税率，可减少社会分配不公的程度，缓和社会矛盾，具有自动稳定器的功能。同时由于个人所得税一般采用累进税率，在经济繁荣时期，税收增加的速度超过个人所得增加的速度，可以自动遏制通货膨胀趋势；反之，在经济萧条时期，税收减少的速度比个人收入降低的速度还要快，可阻止通货紧缩的趋势。个人所得税作为直接税，有助于培养和增强公民的纳税意识。征收的个税收入，可用于教育、医疗、卫生、社保、环保、大学生创新创业、养老服务、扶贫、残疾人事业等项目。个税收入在社会经济发展中起到了积极的作用。

项目小结

项目五从综合所得、经营所得、资本投资利得以及财产处置所得四个方面分别阐述了税务优化的思路、法律政策依据、税务优化图及相关案例等知识。其中，综合所得的税务优化包括充分利用专项扣除的税务优化，充分利用专项附加扣除的税务优化，工资与公益捐赠的税务优化，年终奖与股票期权所得的税务优化，劳动报酬所得的税务优化，稿酬与特许权使用费所得的税务优化以及外籍人员充分利用各项优惠的税务优化；资本投资利得的税务优化包括股权转让所得的税务优化与股息的税务优化；财产处置所得的税务优化包括不动产转让所得的税务优化与财产租赁所得的税务优化。

教学过程中，引导学生养成良好的职业素养，培养学生的团队精神、劳模精神、拼搏精神和创新精神，具备诚实守信、热爱劳动的意识。

通过项目五的学习，学生能够完成对个人所得税的税务优化。

创新研究与巩固训练

一、单选题

1. 根据个人所得税法律制度的有关规定，个人将其所得通过中国境内非营利的社会团体向农村义务教育捐赠的，可以从其应纳税所得额中扣除一定数额后计算其应纳税额，该扣除的数额是（　　）。

A. 捐赠额不超过应纳税所得额的 30% 的部分

B. 捐赠额不超过应纳税所得额的 50% 的部分

C. 捐赠额不超过应纳税所得额的 60% 的部分

D. 可以全额扣除

2. 根据个人所得税法律制度的规定，综合所得采用的税率形式是（　　）。

A. 超额累进税率　　　　　　　　B. 全额累进税率

C. 超率累进税率　　　　　　　　D. 超倍累进税率

3. 根据个人所得税法律制度的规定，在中国境内有住所，或者无住所而一个纳税年度内在中国境内居住累计满（　　）天的个人，为居民个人。

A. 90　　　　　B. 183　　　　　C. 210　　　　　D. 365

4. 2021 年 4 月中国公民李某从公开发行和转让市场取得了上市公司股票，根据个人所得税法律制度的规定，下列说法中，不正确的是（　　）。

A. 李某持股期限在 1 个月以内（含 1 个月）的，其股息红利所得全额计入应纳税所得额计算纳税

B. 李某持股期限在 1 个月以上至 1 年（含 1 年）的，其股息红利所得暂减按 50% 计入应纳税所得额计算纳税

C. 李某持股期限超过 1 年的，其股息、红利所得暂免征收个人所得税

D. 李某持股期限超过 1 年的，其股息、红利所得暂减按 25% 计入应纳税所得额计算纳税

5. 甲某 2021 年综合所得应纳税额为 5 万元，其中包含全年一次性奖金 2 万元，从节税角度，甲某在汇缴时应选择（　　）。

A. 单独计算

B. 并入当年综合所得计算纳税

C. 单独计算或者并入当年综合所得计算纳税

D. 无法判定

6. 2022年3月，李某取得稿酬收入5 000元，甲出版社为李某的扣缴义务人，甲出版社应预扣预缴的个人所得税为（　　）元。

A. 800　　　　　　　B. 1000　　　　　　　C. 560　　　　　　　D. 588

7. 根据个人所得税法律制度的规定，下列各项中，属于个人所得税纳税人的是（　　）。

A. 个人独资企业投资人　　　　　B. 有限责任公司

C. 事业单位　　　　　　　　　　D. 合伙企业法人合伙人

8. 个人转让不动产不正确的是（　　）。

A. 个人转让自用达五年以上，并且是唯一的家庭生活用房取得的所得，暂免征收个人所得税

B. 房屋产权所有人将房屋产权无偿赠予配偶、父母、子女、祖父母、外祖父母、孙子女、外孙子女、兄弟姐妹，不征收个人所得税

C. 房屋产权所有人死亡，依法取得房屋产权的法定继承人、遗嘱继承人或者受遗赠人不征收个人所得税

D. 对住房转让所得征收个人所得税时，以市场公允价格为转让收入

9. 丁华2020年全年取得工资收入100 000元，其缴纳社会保险费核定的工资基数为7 000元。社会保险和住房公积金个人缴存比例为：基本养老保险8%，基本医疗保险2%，失业保险0.5%，住房公积金12%。已知全年应纳税所得额不超过36 000元的，适用3%税率。则丁华2020年应缴纳的个人所得税是（　　）。

A. （100 000−60 000）×3%＝1200（元）

B. ［100 000−60 000−7 000×（8%+2%）×12］×3%＝948（元）

C. ［100 000−60 000−7 000×（8%+2%+0.5%+12%）×12］×3%＝633（元）

D. ［100 000−60 000−7 000×（8%+2%+12%）×12］×3%＝645.6（元）

10. 居民个人取得综合所得，需要办理汇算清缴的，应当在取得所得的（　　）内办理汇算清缴。

A. 次年3月1日至6月30日　　　　B. 次年3月1日至5月31日

C. 次年1月1日至3月31日　　　　D. 次年1月1日至6月30日

二、多选题

1. 根据个人所得税法律制度的规定，下列各项中，属于专项附加扣除的有（　　）。

A. 继续教育　　　　　　　　　　B. 子女抚养

C. 基本养老保险　　　　　　　　D. 子女教育

2. 根据个人所得税法律制度的规定，下列各项所得中，属于综合所得的有（　　）。

A. 工资、薪金所得　　　　　　　B. 偶然所得

C. 财产租赁所得　　　　　　　　D. 劳务报酬所得

3. 下列说法正确的是（　　）。

A. 纳税人在中国境内接受学历（学位）继续教育的支出，在学历（学位）教育期间按照每月400元定额扣除

B. 同一学历（学位）继续教育的扣除期限不能超过36个月

C. 纳税人接受技能人员职业资格继续教育、专业技术人员职业资格继续教育的支出，在取得相关证书的当年，按照3 600元定额扣除

D. 个人接受本科及以下学历（学位）继续教育，可以选择由其父母扣除，也可以选择由本人扣除

4. 下列所得，暂免征收个人所得税的是（　　　　）。

A. 外籍个人以非现金形式或实报实销形式取得的住房补贴、伙食补贴、搬迁费、洗衣费

B. 外籍个人按合理标准取得的境内、外出差补贴

C. 外籍个人取得的探亲费、语言训练费、子女教育费等，经当地税务机关审核批准为合理的部分

D. 外籍个人从外商投资企业取得的股息、红利所得

5. 关于劳务报酬所得说法正确的是（　　　　）。

A. 劳务报酬所得以收入减除费用后的余额为收入额

B. 预扣预缴税款时，劳务报酬所得每次收入不超过 4 000 元的，减除费用按 800 元计算；每次收入 4 000 元以上的，减除费用按收入的 20% 计算

C. 劳务报酬所得以每次收入额为预扣预缴应纳税所得额，计算应预扣预缴税额

D. 居民个人办理年度综合所得汇算清缴时，应当依法计算劳务报酬所得的收入额，并入年度综合所得计算应纳税款，税款多退少补

三、判断题

1. 个人取得稿酬收入，收入额减按 30% 计算。　　　　　　　　　　　　　　（　　　）

2. 为在本单位任职或受雇的全体职工缴付的企业年金或职业年金单位缴费部分，在计入个人账户时，个人需要缴纳个人所得税。　　　　　　　　　　　　　　　　　　（　　　）

3. 个人购买符合规定的商业健康保险产品的支出，允许在当年（月）计算应纳税所得额时予以税前扣除，扣除限额为 2 400 元每年（200 元每月）。　　　　　　　　（　　　）

4. 纳税人未满三周岁的子女在照护期间产生的相关支出，只能由父母一方扣除。（　　　）

5. 纳税人一个纳税年度内可以同时扣除住房贷款利息和租房租金。　　　　　（　　　）

四、典型案例分析

1. 江先生是一位知名撰稿人，年收入预计在 60 万元左右。在与报社合作方式上有以下三种方式可供选择：调入报社；兼职专栏作家；自由撰稿人。请提出税务优化方案。

2. 杨劳拉是一名自由职业者，长期在 A、B 两个公司工作，每个月能从 A 公司取得收入 15 000 元，能从 B 公司取得收入 8 000 元，她应该怎样进行合理的税收优化，才可以使税负达到最轻？

创新研究与巩固训练解析 5-38

项目六

其他税种的税务优化

1. 知识目标

（1）掌握房产税的税务优化思路；

（2）掌握其他小税种的税务优化思路。

2. 能力目标

（1）能正确进行房产税的税务优化；

（2）能正确进行其他小税种的税务优化。

3. 素质目标

（1）培养学生勤于思考、分析问题的意识；

（2）培养学生的法律意识、责任意识与大局意识；

（3）培养学生的团队精神、拼搏精神与创新精神；

（4）培养学生严谨的工作作风，树立诚实守信、热爱劳动的意识；

（5）引导学生树立社会主义核心价值观，培养学生的人文素养和家国情怀；

（6）培养学生追求真理、实事求是、勇于探究与实践的科学精神。

4. 知识结构导图

其他税种的税务优化知识结构导图如图 6-1 所示。

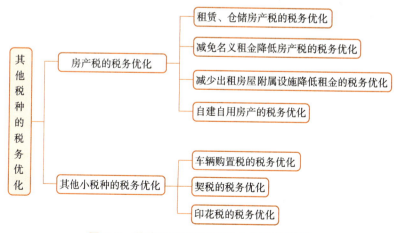

图 6-1　其他税种的税务优化知识结构导图

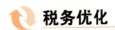

任务一　房产税的税务优化

【案例引入】

2021 年，A 公司有 3 栋库房出租，其房产原值为 2 000 万元，年不含增值税租金收入为 300 万元。暂不考虑房产税以外的其他税费，则该公司应纳多少房产税？如何通过税务优化减轻税收负担呢？

6.1.1 任务描述

对房产税涉税事项进行合理的税务优化。

6.1.2 学习目标

1. 知识目标
（1）掌握租赁、仓储房产税的税务优化思路；
（2）掌握减免名义租金降低房产税的税务优化思路；
（3）掌握减少出租房屋的附属设施降低租金的税务优化思路；
（4）掌握自建自用房产的税务优化思路。

2. 能力目标
（1）能正确进行租赁、仓储房产税的税务优化；
（2）能正确进行减免名义租金降低房产税的税务优化；
（3）能正确进行减少出租房屋的附属设施降低租金的税务优化；
（4）能正确进行自建自用房产的税务优化。

3. 素质目标
（1）培养学生勤于思考、分析问题的意识；
（2）培养学生的团队精神、拼搏精神与创新精神；
（3）引导学生树立社会主义核心价值观，培养学生的人文素养和家国情怀；
（4）培养学生追求真理、实事求是、勇于探究与实践的科学精神。

6.1.3 重难点

1. 重点
租赁、仓储房产税的税务优化；减免名义租金降低房产税的税务优化；减少出租房屋的附属设施降低租金的税务优化；自建自用房产的税务优化。

2. 难点
租赁、仓储房产税的税务优化。

难点 6-1

6.1.4 相关知识链接

1. 租赁、仓储房产税的税务优化

（1）税务优化思路。根据《中华人民共和国房产税暂行条例》及有关政策规定，租赁业房产税与仓储业房产税的计税方法不同。房产自用的，其房产税依照房产余值的 1.2% 计算缴纳，即

$$应纳税额 = 房产原值 \times (1 - 扣除比例) \times 1.2\%$$

房产原值的扣除比例各省、直辖市、自治区可能略有不同，从 10% 到 30% 不等。

房产用于租赁的，其房产税依照租金收入的 12% 计算缴纳，即

$$应纳税额 = 租金收入金额 \times 12\%$$

由于房产税计税公式的不同，必然导致应纳税额的差异，这就为税务优化提供了空间。根据《中华人民共和国税法》规定，房产用于出租的，必须按租金计算缴纳房产税。因此，为了能够按照房产余值计算缴纳房产税，需要将出租转化为其他形式。租赁业与仓储业在营改增之后缴纳增值税的税率也不相同，由于增值税具有转嫁性，大多数情况下，其税负可以转嫁出去，这里暂不考虑其增值税负担的比较。

（2）法律政策依据：

①《中华人民共和国增值税暂行条例》（1993 年 12 月 13 日国务院令第 134 号公布，2008 年 11 月 5 日国务院第 34 次常务会议修订通过，根据 2016 年 2 月 6 日《国务院关于修改部分行政法规的决定》第一次修订，根据 2017 年 11 月 19 日《国务院关于废止〈中华人民共和国营业税暂行条例〉和修改〈中华人民共和国增值税暂行条例〉的决定》第二次修订）。

②《中华人民共和国房产税暂行条例》（国务院 1986 年 9 月 15 日颁布，国发〔1986〕90 号，根据 2011 年 1 月 8 日国务院令第 588 号《国务院关于废止和修改部分行政法规的决定》修订）。

2. 减免名义租金降低房产税的税务优化

（1）税务优化思路。房产税由产权所有人缴纳。个人出租房屋，应按租金收入计算缴纳房产税，租金收入不含增值税。根据《中华人民共和国房产税暂行条例》（国发〔1986〕9 号）第五条规定，个人所有非营业用的房产免纳房产税。根据《财政部 国家税务总局关于廉租住房、经济适用住房和住房租赁有关税收政策的通知》（财税〔2008〕24 号）规定，对个人出租住房，不区分用途，按 4% 的税率征收房产税。免征城镇土地使用税。上海市、重庆市为个人住房房产税试点地区，个人住房房产税优惠政策由地方政府制定。

个人出租住房收取的租金应当缴纳 4% 的房产税，由于税率是不能改变的，因此，只能从租金数额上找税务优化的空间。如果出租人和承租人有可以互相交换的物品、劳务，出租人可以一方面降低租金，另一方面通过获得承租人的物品或者劳务来获得一定的补偿，这样，出租人获得的实际利益是相同的，但是降低了租金，减轻了房产税负担。

（2）法律政策依据：

①《财政部 国家税务总局关于调整住房租赁市场税收政策的通知》（财政部 国家税务总局 2000 年 12 月 7 日发布，财税〔2000〕125 号）。

②《中华人民共和国房产税暂行条例》（国务院 1986 年 9 月 15 日颁布，国发〔1986〕90 号，根据 2011 年 1 月 8 日国务院令第 588 号《国务院关于废止和修改部分行政法规的决定》修订）。

③《财政部 国家税务总局关于廉租住房 经济适用住房和住房租赁有关税收政策的通知》（财政部 国家税务总局 2008 年 3 月 3 日发布，财税〔2008〕24 号）。

④《财政部 国家税务总局关于全面推开营业税改征增值税试点的通知》（财税〔2016〕36 号）。

⑤《财政部 国家税务总局关于营改增后契税 房产税 土地增值税 个人所得税计税依据问题的通知》（财税〔2016〕43号）。

3. 减少出租房屋附属设施降低租金的税务优化

（1）税务优化思路。很多出租的房屋都附带很多家具和家电，租金相对比较高，而缴纳房产税时是按照收取的租金的全额来征收的，而实际上，租金中的很大一部分是家具和家电的租金，而出租家具是不需要缴纳房产税的，这样，纳税人无形之中就增加了自己的房产税税收负担。因此，出租人可以通过减少出租房屋的附属设施来降低租金。如果出租房屋内的家具和家电无法处理或者承租人就希望有丰富的家具和家电，此时，可以通过两种方法来解决。第一种方法是与承租人签订一个买卖协议，即先将家具和家电出售给承租人，出租人收取的仅仅是房屋的租金，租赁期满以后，出租人再将这些家具和家电以比较低的价格购买回来，这样，通过买卖差价，出租人就收回了出租这些家具和家电的租金，而这些租金是不需要缴纳房产税的，这样就降低了出租人的房产税税收负担。第二种方法是与承租人签订两份租赁协议，一份是房屋租赁协议，另一份是家具和家电的租赁协议。其中，房屋租赁需要缴纳房产税和增值税，家具和家电租赁仅需要缴纳增值税。一般情况下，出租房屋的租金收入都达不到起征点，因此，实际生活中是不需要缴纳增值税的。

（2）法律政策依据：

①《财政部 国家税务总局关于调整住房租赁市场税收政策的通知》（财政部 国家税务总局2000年12月7日发布，财税〔2000〕125号）。

②《中华人民共和国增值税暂行条例》（1993年12月13日国务院令第134号公布，2008年11月5日国务院第34次常务会议修订通过，根据2016年2月6日《国务院关于修改部分行政法规的决定》第一次修订，根据2017年11月19日《国务院关于废止〈中华人民共和国营业税暂行条例〉和修改〈中华人民共和国增值税暂行条例〉的决定》第二次修订）。

③《中华人民共和国房产税暂行条例》（国务院1986年9月15日颁布，国发〔1986〕90号，根据2011年1月8日国务院令第588号《国务院关于废止和修改部分行政法规的决定》修订）。

④《财政部 国家税务总局关于廉租住房 经济适用住房和住房租赁有关税收政策的通知》（财政部 国家税务总局2008年3月3日发布，财税〔2008〕24号）。

4. 自建自用房产的税务优化

（1）税务优化思路。根据税法的规定，企业购入或者以支付土地出让金的方式取得的土地使用权，在尚未开发或者建造自用房产之前，作为无形资产核算，并按税法规定的期限分期摊销。在建造房产以后，企业应将土地使用权的账面价值全部转入在建工程成本，在结转时，企业应当对房产占用的土地面积按比例结转，对于非房产占用的土地，应当予以摊销，这样可以减少房产的价值，从而减轻房产税的负担。

（2）法律政策依据：

①《企业会计制度》（财政部2000年12月29日发布，财会〔2000〕25号）第47条。

②《中华人民共和国房产税暂行条例》（国务院1986年9月15日颁布，国发〔1986〕90号，根据2011年1月8日国务院令第588号《国务院关于废止和修改部分行政法规的决定》修订）。

案例引入解析 6-2　　　知识锦囊 6-3　　　微课 6-4

6.1.5 任务实施

6.1.5.1　任务分组

表 1　学生分组表

班级		组号		授课教师	
组长		学号			
组员	姓名	学号	姓名	学号	

6.1.5.2　自主探学

任务工作单 1

组号：_____　姓名：_____　学号：_____　检索号：__6152-1__

引导问题：

（1）简述租赁、仓储房产税的税务优化思路。

_____

_____

（2）简述减免名义租金降低房产税的税务优化思路。

_____

_____

（3）简述减少出租房屋的附属设施降低租金的税务优化思路。

_____

_____

（4）简述自建自用房产的税务优化思路。

_____

_____

任务工作单 2

组号：_____ 姓名：_____ 学号：_____ 检索号：__6152-2__

引导问题：

（1）A公司有闲置库房5栋，房产原值为2 000万元。现有两种方案供该公司选择。方案一：出租闲置库房收取租赁费，年不含增值税租金收入为400万元。方案二：年底合同到期，公司与客户友好协商，继续利用库房为客户存放商品，但将租赁合同改为仓储保管合同，增加服务内容，配备保管人员，为客户提供24小时服务，该公司每年提供仓储服务的不含增值税收入为400万元，但需每年支付给保管人员2万元。当地房产原值的扣除比例为30%。仅考虑房产税，不考虑其他税费。请提出税务优化方案。

（2）刘女士出租一套房屋给三位大学生，租金每月3 000元。刘女士同时还为自己的儿子聘请数学家教，家教费每月2 000元。请计算刘女士应当缴纳的税款，并提出税务优化方案。

（3）刘女士有一套房屋出租，每年租金40 000元。出租房中有彩电、冰箱、洗衣机、煤气灶、油烟机、跑步机各一台，写字台一个，空调两台，双人床一张等家具。现刘女士将这套房屋出租给唐先生，双方签约一年，并一次付清租金。请计算刘女士每年应当缴纳的房产税和个人所得税，并提出税务优化方案。

（4）2021年年初，A公司新建一栋写字楼，工程建设成本为8 000万元，本次建设土地账面价值为2 000万元（该写字楼占据该土地的一半），全部工程完成后写字楼的成本为10 000万元。该写字楼的计划使用期限为50年。请计算该写字楼50年应当缴纳的房产税，并提出税务优化方案。

6.1.5.3　合作研学

任务工作单 1

组号：_____ 姓名：_____ 学号：_____ 检索号：__6153-1__

引导问题：

小组交流讨论，教师参与，形成任务工作单6152-1正确的税务优化思路。

任务工作单 2

组号：＿＿＿＿＿＿　姓名：＿＿＿＿＿＿　学号：＿＿＿＿＿＿　检索号：6153-2

引导问题：

小组交流讨论，教师参与，形成任务工作单 6152-2 正确的税务优化方案。

＿＿＿＿＿＿＿＿＿＿＿＿＿＿＿＿＿＿＿＿＿＿＿＿＿＿＿＿＿＿＿＿＿＿＿＿

＿＿＿＿＿＿＿＿＿＿＿＿＿＿＿＿＿＿＿＿＿＿＿＿＿＿＿＿＿＿＿＿＿＿＿＿

6.1.5.4　展示赏学

任务工作单 1

组号：＿＿＿＿＿＿　姓名：＿＿＿＿＿＿　学号：＿＿＿＿＿＿　检索号：6154-1

引导问题：

（1）每组推荐一位小组长，汇报任务工作单 6152-2 方案。借鉴每组经验，进一步优化方案。

＿＿＿＿＿＿＿＿＿＿＿＿＿＿＿＿＿＿＿＿＿＿＿＿＿＿＿＿＿＿＿＿＿＿＿＿

＿＿＿＿＿＿＿＿＿＿＿＿＿＿＿＿＿＿＿＿＿＿＿＿＿＿＿＿＿＿＿＿＿＿＿＿

（2）个人结合汇报情况，检讨自己的不足。

＿＿＿＿＿＿＿＿＿＿＿＿＿＿＿＿＿＿＿＿＿＿＿＿＿＿＿＿＿＿＿＿＿＿＿＿

＿＿＿＿＿＿＿＿＿＿＿＿＿＿＿＿＿＿＿＿＿＿＿＿＿＿＿＿＿＿＿＿＿＿＿＿

6.1.5.5　评价反馈

任务工作单 1：自我测评

组号：＿＿＿＿＿＿　姓名：＿＿＿＿＿＿　学号：＿＿＿＿＿＿　检索号：6155-1

个人自评表

班级		组名		日期	年　月　日
评价指标	评价内容			分数	分数评定
信息检索	能有效利用网络、图书资源查找有用的相关信息等；能将查到的信息有效地传递到学习中			10 分	
感知课堂	是否能在学习中获得满足感以及课堂生活的认同感			10 分	
参与态度	积极主动与教师、同学交流，相互尊重、理解、平等；与教师、同学之间是否能够保持多向、丰富、适宜的信息交流			15 分	
	能处理好合作学习和独立思考的关系，做到有效学习；能提出有意义的问题或能发表个人见解			15 分	
学习方法	学习方法得体，是否获得了进一步学习的能力			15 分	
思维态度	是否能发现问题、提出问题、分析问题、解决问题，并拓展思维，创新提升			10 分	
自评反馈	按时按质按任务、较好地掌握知识点；具有较强的信息分析能力和理解能力；具有较为全面严谨的思维能力，并能条理清晰地表达成文			25 分	
自评分数					
有益的经验和做法					
总结反馈建议					

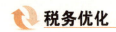

任务工作单2：小组内互评

组号：_____ 姓名：_____ 学号：_____ 检索号：__6155-2__

小组内互评表

班级		组名		日期		年　月　日
评价指标	评价内容			分数		分数评定
信息检索	该同学能有效利用网络、图书资源查找有用的相关信息等；能将查到的信息有效地传递到学习中			10分		
感知课堂	该同学是否能在学习中获得满足感以及课堂生活的认同感			10分		
参与态度	该同学能否积极主动与教师、同学交流，相互尊重、理解、平等；与教师、同学之间是否能够保持多向、丰富、适宜的信息交流			15分		
	该同学能否处理好合作学习和独立思考的关系，做到有效学习；能提出有意义的问题或能发表个人见解			15分		
学习方法	该同学学习方法得体，是否获得了进一步学习的能力			15分		
思维态度	该同学是否能发现问题、提出问题、分析问题、解决问题，并拓展思维，创新提升			10分		
自评反馈	该同学是否能按时按质按任务、较好地掌握知识点；具有较强的信息分析能力和理解能力；具有较为全面严谨的思维能力，并能条理清晰地表达成文			25分		
评价分数						
该同学的不足之处						
有针对性的改进建议						

任务工作单3：小组间互评

被评组号：_____ 检索号：__6155-3__

小组间互评表

班级		评价小组		日期		年　月　日
评价指标	评价内容			分数		分数评定
汇报表述	表述准确			15分		
	语言流畅			10分		
	准确反映该组完成情况			15分		

续表

评价指标	评价内容	分数	分数评定
内容正确度	内容正确	30分	
	阐述表达到位	30分	
互评分数			
简要评述			

任务工作单4：教师评价

组号：_____ 姓名：_____ 学号：_____ 检索号：__6155-4__

教师评价表

班级		组名		姓名	
出勤情况					
评价内容	评价要点	考察要点		分数	分数评定
1. 查阅文献情况	任务实施过程中文献查阅	（1）是否查阅信息资料		20分	
		（2）正确运用信息资料			
2. 互动交流情况	组内交流、教学互动	（1）积极参与交流		30分	
		（2）主动接受教师指导			
3. 任务完成情况	规定时间内的完成度	（1）在规定时间内完成任务		20分	
	任务完成的正确度	（2）任务完成的正确性		30分	
合计				100分	

自主探学解析 6-5

个人自评表 6-6

小组内互评表 6-7

小组间互评表 6-8

教师评价表 6-9

知识拓展

　　为保障城镇化进程中进城务工人员、新就业大学生等新市民、青年人基本住房需求，会议确定：一是落实城市政府主体责任，鼓励市场力量参与，加强金融支持，增加租金低于市场水平的小户型保障性租赁住房供给。二是人口净流入的大城市等，可利用集体经营性建设用地、企事业单位自有土地建设保障性租赁住房，允许将闲置和低效利用的商业办公用房、厂房等改建为保障性租赁住房。三是从 2021 年 10 月 1 日起，住房租赁企业向个人出租住房适用简易计税

方法，按照 5%征收率减按 1.5%缴纳增值税；对企事业单位等向个人、专业化规模化住房租赁企业出租住房，减按 4%税率征收房产税。

思政之窗 >>>>>

全国人民代表大会常务委员会关于授权国务院在部分地区开展房地产税改革试点工作的决定
（2021 年 10 月 23 日第十三届全国人民代表大会常务委员会第三十一次会议通过）

为积极稳妥推进房地产税立法与改革，引导住房合理消费和土地资源节约集约利用，促进房地产市场平稳健康发展，第十三届全国人民代表大会常务委员会第三十一次会议决定：授权国务院在部分地区开展房地产税改革试点工作。

一、试点地区的房地产税征税对象为居住用和非居住用等各类房地产，不包括依法拥有的农村宅基地及其上住宅。土地使用权人、房屋所有权人为房地产税的纳税人。非居住用房地产继续按照《中华人民共和国房产税暂行条例》《中华人民共和国城镇土地使用税暂行条例》执行。

二、国务院制定房地产税试点具体办法，试点地区人民政府制定具体实施细则。国务院及其有关部门、试点地区人民政府应当构建科学可行的征收管理模式和程序。

三、国务院按照积极稳妥的原则，统筹考虑深化试点与统一立法、促进房地产市场平稳健康发展等情况确定试点地区，报全国人民代表大会常务委员会备案。

本决定授权的试点期限为五年，自国务院试点办法印发之日起算。试点过程中，国务院应当及时总结试点经验，在授权期限届满的六个月以前，向全国人民代表大会常务委员会报告试点情况，需要继续授权的，可以提出相关意见，由全国人民代表大会常务委员会决定。条件成熟时，及时制定法律。

任务二 其他小税种的税务优化

【案例引入】

刘女士从某汽车公司（增值税一般纳税人）购买了一辆轿车自用，支付车款 250 000 元。该型号的轿车其最低计税价格为 200 000 元，请计算刘女士应当缴纳的车辆购置税，并进行税务优化。

6.2.1 任务描述

对车辆购置税、契税及印花税涉税事项进行合理的税务优化。

6.2.2 学习目标

1. 知识目标
（1）掌握车辆购置税的税务优化思路；
（2）掌握契税的税务优化思路；
（3）掌握印花税的税务优化思路。

2. 能力目标
（1）能正确进行车辆购置税的税务优化；
（2）能正确进行契税的税务优化；
（3）能正确进行印花税的税务优化。

3. 素质目标
（1）培养学生的法律意识、责任意识与大局意识；
（2）培养学生的团队精神、拼搏精神与创新精神；
（3）培养学生严谨的工作作风，树立诚实守信、热爱劳动的意识；
（4）引导学生树立社会主义核心价值观，培养学生的人文素养和家国情怀。

6.2.3 重难点

1. 重点
车辆购置税的税务优化，契税的税务优化，印花税的税务优化。

2. 难点
车辆购置税的税务优化。

难点 6-10

6.2.4 相关知识链接

1. 车辆购置税的税务优化

（1）税务优化思路。根据《中华人民共和国车辆购置税法》的规定，在中华人民共和国境内购置汽车、有轨电车、汽车挂车、排气量超过一百五十毫升的摩托车（统称应税车辆）的单位和个人，为车辆购置税的纳税人。车辆购置税实行一次性征收。购置已征车辆购置税的车辆，不再征收车辆购置税。

车辆购置税的税率为10%。车辆购置税的应纳税额按照应税车辆的计税价格乘以税率计算。

应税车辆的计税价格，按照下列规定确定：①纳税人购买自用应税车辆的计税价格，为纳税人实际支付给销售者的全部价款，不包括增值税税款；②纳税人进口自用应税车辆的计税价格，为关税完税价格加上关税和消费税；③纳税人自产自用应税车辆的计税价格，按照纳税人生产的同类应税车辆的销售价格确定，不包括增值税税款；④纳税人以受赠、获奖或者其他方式取得自用应税车辆的计税价格，按照购置应税车辆时相关凭证载明的价格确定，不包括增值税税款。

纳税人申报的应税车辆计税价格明显偏低，又无正当理由的，由税务机关依照《中华人民共和国税收征收管理法》的规定核定其应纳税额。

纳税人购买车辆时，其价格一般均高于最低计税价格，而只要不低于最低计税价格，在税务局看来都属于合理价格的范围之内，因此，纳税人可以按照最低计税价格纳税，这样可以最大限度地减轻自己的税收负担。

（2）法律政策依据：

《中华人民共和国车辆购置税法》（2018年12月29日第十三届全国人民代表大会常务委员会第七次会议通过）。

2. 契税的税务优化

（1）税务优化思路。根据《中华人民共和国契税法》的规定，在中华人民共和国境内转移土地、房屋权属，承受的单位和个人为契税的纳税人，应当缴纳契税。契税税率为3%~5%。契税的适用税率，由省、自治区、直辖市人民政府在前款规定的幅度内按照本地区的实际情况确定，并报财政部和国家税务总局备案。目前大部分地区实行的是3%的税率，如北京、上海等，个别地区实行4%的税率，如河北、辽宁、江苏、安徽、河南、湖北、湖南，只有吉林和黑龙江两省实行5%的税率。契税的计税依据是：

①国有土地使用权出让、土地使用权出售、房屋买卖，为成交价格。

②土地使用权赠予、房屋赠予，由征收机关参照土地使用权出售、房屋买卖的市场价格核定。

③土地使用权交换、房屋交换，为所交换的土地使用权、房屋的价格的差额。

成交价格明显低于市场价格且无正当理由的，或者所交换土地使用权、房屋的价格的差额明显不合理且无正当理由的，由征收机关参照市场价格核定。

由于契税的税率是确定的，因此税务优化只能从交易金额上下功夫。交易双方可以适当降低交易的价款，以减少契税的税收负担，但不能过于明显，否则会被税务机关认定为"明显低于市场价"，此时就无法达到减轻税收负担的目的了。

根据《财政部 国家税务总局关于调整房地产交易环节税收政策的通知》（财税〔2008〕137号）的规定，自2008年11月1日起，对个人首次购买90平方米及以下普通住房的，契税税率暂统一下调到1%。对个人销售或购买住房暂免征收印花税。对个人销售住房暂免征收土地增值税。自2016年2月22日起，除北京市、上海市、广州市、深圳市以外，对个人购买家庭唯一住房（家庭成员范围包括购房人、配偶以及未成年子女，下同），面积为90平方米及以下的，减按1%的税率征收契税；面积为90平方米以上的，减按1.5%的税率征收契税。对个人购买家庭第二套改善性住房，面积为90平方米及以下的，减按1%的税率征收契税；面积为90平方米以上的，减按2%的税率征收契税。家庭第二套改善性住房是指已拥有一套住房的家庭，购买的家庭第二套住房。纳税人也可以充分利用这一税收优惠政策来减轻契税负担。

（2）法律政策依据：

①《财政部 国家税务总局关于调整房地产交易环节税收政策的通知》（财政部 国家税务总局2008年10月22日发布，财税〔2008〕137号）。

②《财政部 国家税务总局 住房城乡建设部关于调整房地产交易环节契税 营业税优惠政策的通知》（财政部 国家税务总局 住房城乡建设部2016年2月17日发布，财税〔2016〕23号）。

③《中华人民共和国契税法》（中华人民共和国主席令第五十二号）。

3. 印花税的税务优化

（1）税务优化思路。根据《中华人民共和国印花税法》的规定，订立、领受在中华人民共和国境内具有法律效力的应税凭证，或者在中华人民共和国境内进行证券交易的单位和个人，为印花税的纳税人，应当依照本法规定缴纳印花税。纳税人根据应纳税凭证的性质，按比例税率计算应纳税额。具体税率、税额的确定，依照该条例所附《印花税税目税率表》(表6-1)执行。根据《中华人民共和国印花税法》第九条的规定，同一凭证，因载有两个或者两个以上经济事项而适用不同税目税率，如分别记载金额的，应分别计算应纳税额，相加后按合计税额贴花；如未分别记载金额的，按税率高的计税贴花。当纳税人的一份合同涉及若干经济业务时，应当分别记载金额，这样可以减轻税收负担。

表6-1 印花税税目税率表

税目		税率	备注
合同（指书面合同）	借款合同	借款金额的万分之零点五	指银行业金融机构、经国务院银行业监督管理机构批准设立的其他金融机构与借款不包括同业拆借
	融资租赁合同	租金的万分之零点五	
	买卖合同	价款的万分之三	指动产买卖合同（不包括个人书立的动产买卖合同）
	承揽合同	报酬的万分之三	
	建设工程合同	价款的万分之三	
	运输合同	运输费用的万分之三	指货运合同和多式联运合同（不包括管道运输合同）
	技术合同	价款、报酬或者使用费的万分之三	不包括专利权专有技术使用权转让书据
	租赁合同	租金的千分之一	
	保管合同	保管费的千分之一	
	仓储合同	仓储费的千分之一	
	财产保险合同	保险费的千分之一	不包括再保险合同
产权转移数据	土地使用权出让书据	价款的万分之五	转让包括买卖（出售）继承、赠与、互换、分割
	土地使用权、房屋等建筑物和构筑物所有权转让书据（不包括土地承包经营权和土地经营权转移）	价款的万分之五	
	股权转让书据（不包括应缴纳证券交易印花税的）	价款的万分之五	
	商标专用权、著作权、专利权、专有技术使用权转让书据	价款的万分之三	

续表

税目	税率	备注
营业账簿	实收资本（股本）、资本公积合计金额的万分之二点五	
证券交易	成交金额的千分之一	

（2）法律政策依据：

①《中华人民共和国印花税法》（中华人民共和国主席令第八十九号）。

②《中华人民共和国印花税暂行条例施行细则》（财政部 1988 年 9 月 29 日发布，财税〔1988〕255 号）第 17 条。

③《国家税务局关于改变保险合同印花税计税办法的通知》（国家税务局 1990 年 5 月 3 日发布，国税函发〔1990〕428 号）。

案例引入解析 6-11　　　　知识锦囊 6-12　　　　微课 6-13

6.2.5 任务实施

6.2.5.1 任务分组

表 1　学生分组表

班级		组号		授课教师	
组长		学号			
组员	姓名	学号	姓名	学号	

6.2.5.2 自主探学

任务工作单 1

组号：_____　姓名：_____　学号：_____　检索号：　6252-1

引导问题：

（1）车辆购置税的税务优化思路是什么？

_____

_____

（2）契税的税务优化思路是什么？

_____

_____

（3）印花税的税务优化思路是什么？

_____

_____

_____

任务工作单 2

组号：_____ 姓名：_____ 学号：_____ 检索号：__6252-2__

引导问题：

（1）吴先生从大众 4S 店（增值税一般纳税人）购买一辆轿车自用，支付车款 150 000 元（含增值税），同时随车购买 5 000 元的车辆工具，15 000 元的车辆装饰。大众 4S 店为吴先生开具了机动车销售统一发票，合计金额 170 000 元。吴先生应如何进行税务优化？

_____

_____

_____

（2）杨先生与张女士签订了房屋销售合同，将一套房屋以 100 万元（不含增值税）的价格销售给张女士。本地适用的契税税率为 3%。杨先生应如何进行税务优化？

_____

_____

_____

（3）A、B 两家公司是长年业务合作单位，2021 年 2 月，A 公司和 B 公司签署了一份保管合同，其中约定了以下保管和购买包装箱的事项，但未分别记载相应金额，仅规定 A 公司向 B 公司支付款项 220 万元。B 公司将仓库出租给 A 公司存放一批货物，约定 120 万元的仓储保管费，保管时间为一年；另约定 B 公司销售包装箱 1 000 个给 A 公司，每个 0.1 万元，合计 100 万元。A 公司和 B 公司应如何进行税务优化？

_____

_____

_____

6.2.5.3 合作研学

任务工作单 1

组号：_____ 姓名：_____ 学号：_____ 检索号：__6253-1__

引导问题：

小组交流讨论，教师参与，形成任务工作单 6252-1 正确的税务优化思路。

_____

_____

任务工作单 2

组号：_____　姓名：_____　学号：_____　检索号： **6253-2**

引导问题：

小组交流讨论，教师参与，形成任务工作单 6252-2 正确的税务优化方案。

_____

_____

6.2.5.4　展示赏学

任务工作单 1

组号：_____　姓名：_____　学号：_____　检索号： **6254-1**

引导问题：

（1）每组推荐一位小组长，汇报任务工作单 6252-2 方案。借鉴每组经验，进一步优化方案。

_____

_____

（2）个人结合汇报情况，检讨自己的不足。

_____

_____

6.2.5.5　评价反馈

任务工作单 1：自我测评

组号：_____　姓名：_____　学号：_____　检索号： **6255-1**

个人自评表

班级		组名		日期	年　月　日
评价指标	评价内容			分数	分数评定
信息检索	能有效利用网络、图书资源查找有用的相关信息等；能将查到的信息有效地传递到学习中			10分	
感知课堂	是否能在学习中获得满足感以及课堂生活的认同感			10分	
参与态度	积极主动与教师、同学交流，相互尊重、理解、平等；与教师、同学之间是否能够保持多向、丰富、适宜的信息交流			15分	
	能处理好合作学习和独立思考的关系，做到有效学习；能提出有意义的问题或能发表个人见解			15分	
学习方法	学习方法得体，是否获得了进一步学习的能力			15分	
思维态度	是否能发现问题、提出问题、分析问题、解决问题，并拓展思维，创新提升			10分	
自评反馈	按时按质按任务、较好地掌握知识点；具有较强的信息分析能力和理解能力；具有较为全面严谨的思维能力，并能条理清晰地表达成文			25分	
自评分数					
有益的经验和做法					
总结反馈建议					

任务工作单2：小组内互评

组号： _____ **姓名：** _____ **学号：** _____ **检索号：** 6255-2

小组内互评表

班级		组名		日期	年 月 日
评价指标	评价内容			分数	分数评定
信息检索	该同学能有效利用网络、图书资源查找有用的相关信息等；能将查到的信息有效地传递到学习中			10分	
感知课堂	该同学是否能在学习中获得满足感以及课堂生活的认同感			10分	
参与态度	该同学能否积极主动与教师、同学交流，相互尊重、理解、平等；与教师、同学之间是否能够保持多向、丰富、适宜的信息交流			15分	
	该同学能否处理好合作学习和独立思考的关系，做到有效学习；能提出有意义的问题或能发表个人见解			15分	
学习方法	该同学学习方法得体，是否获得了进一步学习的能力			15分	
思维态度	该同学是否能发现问题、提出问题、分析问题、解决问题，并拓展思维，创新提升			10分	
自评反馈	该同学是否能按时按质按任务、较好地掌握知识点；具有较强的信息分析能力和理解能力；具有较为全面严谨的思维能力，并能条理清晰地表达成文			25分	
评价分数					
该同学的不足之处					
有针对性的改进建议					

任务工作单3：小组间互评

被评组号： _____ **检索号：** 6255-3

小组间互评表

班级		评价小组		日期	年 月 日
评价指标	评价内容			分数	分数评定
汇报表述	表述准确			15分	
	语言流畅			10分	
	准确反映该组完成情况			15分	

续表

评价指标	评价内容	分数	分数评定
内容正确度	内容正确	30分	
	阐述表达到位	30分	
互评分数			
简要评述			

任务工作单4：教师评价

组号：_____ 姓名：_____ 学号：_____ 检索号：<u>6255-4</u>

教师评价表

班级		组名		姓名	
出勤情况					
评价内容	评价要点	考察要点		分数	分数评定
1. 查阅文献情况	任务实施过程中文献查阅	（1）是否查阅信息资料		20分	
		（2）正确运用信息资料			
2. 互动交流情况	组内交流、教学互动	（1）积极参与交流		30分	
		（2）主动接受教师指导			
3. 任务完成情况	规定时间内的完成度	（1）在规定时间内完成任务		20分	
	任务完成的正确度	（2）任务完成的正确性		30分	
合计				100分	

自主探学解析 6-14　　个人自评表 6-15　　小组内互评表 6-16　　小组间互评表 6-17　　教师评价表 6-18

 知识拓展 ▶▶▶▶▶

　　2021年10月23日，第十三届全国人民代表大会常务委员会第三十一次会议决定：授权国务院在部分地区开展房地产税改革试点工作。开展试点工作，标志着我国在积极稳妥推进房地产税立法与改革过程中又迈出关键一步，将为最终房地产税立法奠定坚实的实践基础。过去多

年来，房价的快速上涨让商品住房的市值不断攀升，部分家庭通过买房实现了财富的积累和增值，房产成为居民财富差距的重要原因。央行 2020 年发布的数据显示，我国居民住房资产占家庭总资产的比重为 59.1%。房地产税改革的方向之一在于增加持有环节税收，从而调节收入分配，将有利于加强对高收入的规范和调节。

2021 年 9 月，一线城市二手住宅销售价格环比上月上涨 0.2% 转为下降 0.4%。其中，北京、上海和广州环比分别由上月上涨 0.4%、0.2% 和 0.5%，转为下降 0.2%、0.6% 和 0.4%；深圳下降 0.5%，降幅比上月扩大 0.1%。

"十四五"期间仍要坚持"房住不炒"，而且稳地价、稳房价和稳预期的"三稳"目标更加明确。

思政之窗

中央财经委员会第十次会议指出，"共同富裕是社会主义的本质要求，是中国式现代化的重要特征，要坚持以人民为中心的发展思想，在高质量发展中促进共同富裕。"

房地产行业因其体量大、产业链长，在我国经济发展中的作用举足轻重。住房问题是重要的民生问题和发展问题。扎实推动共同富裕，需提高发展的平衡性、协调性、包容性。要强化行业发展的协调性，加快垄断行业改革，推动金融、房地产同实体经济协调发展。

扎实推动共同富裕，将着力扩大中等收入群体规模。应充分满足城乡居民的刚需和改善性等基本购房需求，实现住有所居的同时，也能有力增加其财产性收入。同时促进基本公共服务均等化。要完善住房供应和保障体系，坚持"房子是用来住的、不是用来炒的"定位，租购并举，因城施策，完善长租房政策，扩大保障性租赁住房供给，重点解决好新市民住房问题。

努力实现全体人民住有所居，是推动共同富裕的应有之义。解决好新市民青年人住房问题的保障性租赁住房将作为发展重点。随着住房保障体系的完善，房地产市场的平稳健康发展，广大城乡居民获得感也将大大增强。

房地产政策将重点在防风险、保刚需、重保障、调分配等方面持续发力。房地产拥有较大行业规模，尽管告别过快增速，仍将在推动经济发展方面发挥重要作用，且在住房租赁、城市更新、老旧小区改造等方面仍有广阔结构性发展空间。

——项目小结——

项目六从房产税及其他小税种两个方面分别阐述了税务优化的思路、法律政策依据、税务优化图及相关案例等知识。其中，房产税的税务优化包括租赁、仓储房产税的税务优化，减免名义租金降低房产税的税务优化，减少出租房屋的附属设施降低租金的税务优化以及自建自用房产的税务优化；其他小税种的税务优化包括车辆购置税的税务优化、契税的税务优化以及印花税的税务优化。

教学过程中，引导学生养成良好的职业素养，培养学生的团队精神、劳模精神、拼搏精神和创新精神，具备诚实守信、热爱劳动的意识。

通过项目六的学习，学生能够完成对其他税种的税务优化。

——创新研究与巩固训练——

一、单选题

1. 某个人独资企业 2020 年拥有一栋价值 1 500 万元的 2 层别墅，同年花费 200 万元将其扩建为 3 层别墅，并另行支付 30 万元安装中央空调，已于年底完工。已知当地省政府规定计算房产余值的减除比例为 30%，从价计征的房产税税率为 1.2%，则该企业 2021 年应缴纳房产税的下列计算中，正确的是（　　）。

A. 1 500×（1-30%）×1.2%=12.6（万元）

B. （1 500+200+30）×（1-30%）×1.2%=14.532（万元）

C. （1 500+200）×（1-30%）×1.2%=14.28（万元）

D. （1 500+30）×（1-30%）×1.2%=12.852（万元）

2. 张某拥有一处原值为 600 000 元的商铺，2021 年 8 月 31 日出租该商铺，租期 1 年，收取当年不含税租金 10 000 元。已知房产税从租计征的税率为 12%，从价计征的税率为 1.2%，当地省政府规定计算房产余值的减除比例为 30%。张某 2021 年就该商铺应缴纳房产税的列式中，正确的是（　　）。

A. 600 000×（1-30%）×1.2%×8/12+10 000×12%

B. 600 000×（1-30%）×12%×8/12+10 000×1.2%

C. 600 000×（1-30%）×1.2%+10 000×12%

D. 600 000×（1-30%）×1.2%×8/12

3. 根据车辆购置税法律制度的规定，下列说法中，不正确的是（　　）。

A. 境内购置汽车、有轨电车、汽车挂车、排气量超过一百五十毫升的摩托车（统称应税车辆）的单位和个人，为车辆购置税的纳税人

B. 车辆购置税实行一次性征收

C. 购置已征车辆购置税的车辆，不再征收车辆购置税

D. 车辆购置税按年计算，分期缴纳

4. 根据契税法律制度的规定，下列各项中，不征收契税的是（　　）。

A. 高某受赠房屋

B. 张某与李某互换房屋并向李某补偿差价款 10 万元

C. 王某抵押一栋房屋

D. 戚某购置房屋

5. 陈某将其一套价值 60 万元的住房与李某的一套价值 90 万元的住房互换，陈某以现金方式补偿给李某差价，已知当地契税适用税率为 3%，则陈某应纳契税的计算中，正确的是（　　）。（上述金额均不含增值税）

A. 0.9 万元　　　　B. 1.8 万元　　　　C. 2.7 万元　　　　D. 0

6. 下列各项中，不属于印花税的征税范围的是（　　）。

A. 融资租赁合同　　　　　　　　B. 订阅单位和个人之间订立的音像征订凭证

C. 租赁合同　　　　　　　　　　D. 技术培训合同

7. 根据印花税法律制度的规定，下列各项计税依据表述错误的是（　　）。

A. 借款合同以借款金额为计税依据，不包括增值税税款

B. 证券交易的计税依据为成交金额

C. 产权转移数据的计税依据为所列的金额包括增值税税款

D. 记载资金的账簿，以营业账簿记载的"实收资本"和"资本公积"两项的合计金额为计税依据

8. 自 2022 年 7 月 1 日起，印花税按（　　）计算应纳税额。

A. 件　　　　　　　　　　　　　B. 比例税率

C. 比例税率或者按件　　　　　　D. 自由定量

9. 2021 年 12 月，甲公司与乙公司签订一份承揽合同，合同载明由甲公司提供原材料 200

万元,支付乙公司加工费报酬 30 万元;又与丙公司签订了一份财产保险合同,保险金额 1 000 万元,支付保险费 1 万元。已知承揽合同印花税税率为 0.3‰,财产保险合同印花税税率为 1‰,则甲公司应缴纳的印花税为 (   ) 元。

    A. 11 000   B. 11 050   C. 1 010   D. 100

    10. 丁某 2021 年 8 月 1 日购入一辆小汽车自用,合同价格 10 万元,税务机关核定其计税价格为 12 万元,丁某需申报并缴纳车辆购置税 (   ) 万元。

    A. 0   B. 1   C. 1.2   D. 0.2

二、多选题

1. 下列关于房产税说法正确的有 (   )。

A. 对按政府规定价格出租的公有住房和廉租住房,暂免征收房产税

B. 对个人出租住房,不区分用途,按 4% 的税率征收房产税

C. 个人出租住房,应按照 5% 的征收率减按 1.5% 计算增值税应纳税额

D. 计征房产税的租金收入包含增值税

2. 2021 年 5 月甲企业将厂房赠与有业务往来的乙企业,甲企业购买厂房时的购置价款是 80 万元(不含税,下同),税务机关参照房屋买卖的市场价格依法核定的契税计税价格为 100 万元。已知当地契税税率为 3%,针对赠与厂房的行为,下列说法中正确的有 (   )。

A. 甲企业不缴纳契税   B. 乙企业不缴纳契税

C. 乙企业应缴纳契税 2.4 万元   D. 乙企业应缴纳契税 3 万元

3. 车辆购置税应税车辆的计税价格,下列说法中,正确的是 (   )。

A. 纳税人购买自用应税车辆的计税价格,为纳税人实际支付给销售者的全部价款,不包括增值税税款

B. 税人进口自用应税车辆的计税价格,为关税完税价格加上关税和消费税

C. 纳税人自产自用应税车辆的计税价格,按照纳税人生产的同类应税车辆的销售价格确定,不包括增值税税款

D. 纳税人以受赠、获奖或者其他方式取得自用应税车辆的计税价格,按照购置应税车辆时相关凭证载明的价格确定,不包括增值税税款

4. 契税的计税依据为 (   )。

A. 国有土地使用权出让、土地使用权出售、房屋买卖,为成交价格

B. 土地使用权赠予、房屋赠予,由征收机关参照土地使用权出售、房屋买卖的市场价格核定

C. 土地使用权交换、房屋交换,为所交换的土地使用权、房屋的价格的差额

D. 成交价格明显低于市场价格且无正当理由的,或者所交换土地使用权、房屋的价格的差额明显不合理且无正当理由的,由征收机关参照市场价格核定

5. 根据印花税法律制度的规定,适用千分之一比例税率的有 (   )。

A. 租赁合同   B. 财产保险合同   C. 证券交易   D. 运输合同

三、判断题

1. 企业购入或者以支付土地出让金的方式取得的土地使用权,在尚未开发或者建造自用房产之前,作为无形资产核算,并按税法规定的期限分期摊销。   (   )

2. 为同一凭证,因载有两个或者两个以上经济事项而适用不同税目税率,如分别记载金额的,应分别计算应纳税额,相加后按合计税额贴花;如未分别记载金额的,按平均税率计税贴花。   (   )

3. 婚姻关系存续期间夫妻之间变更土地、房屋权属,免征契税。   (   )

4. 专有技术使用权转让书据按照技术合同计征印花税。 （　　）

5. 车辆购置税只是单位缴，个人不缴。 （　　）

四、典型案例分析

1. 吉佳房地产公司将一项 5 000 万元的工程承包给甲房地产公司，甲公司又将其中 2 000 万元的工程分包给乙公司，600 万元的工程分包给 A 公司，印花税率 0.03%，要求计算各个公司应缴纳的印花税，并分析：如何签订合同可以节税？

2. 阿达公司拥有一幢原值为 2 000 万元的库房。目前有两种方案对这幢房产进行经营：一是将其出租，每年可获得租金收入 220 万元；二是为客户提供仓储保管服务，每年收取服务费 220 万元。房产税计税扣除率 30%，城市维护建设税税率 7%，教育附加费率 3%。

计算并分析：哪个方案对企业更为有利？

创新研究与巩固训练解析 6-19

 项目七

企业运行过程中的税务优化

1. 知识目标

（1）掌握企业投资活动涉税事项的税务优化思路；

（2）掌握企业融资活动涉税事项的税务优化思路；

（3）掌握企业经营活动涉税事项的税务优化思路；

（4）掌握企业产权重组涉税事项的税务优化思路。

2. 能力目标

（1）能正确进行企业投资活动涉税事项的税务优化；

（2）能正确进行企业融资活动涉税事项的税务优化；

（3）能正确进行企业经营活动涉税事项的税务优化；

（4）能正确进行企业产权重组涉税事项的税务优化。

3. 素质目标

（1）疫情期间实施减税惠企税收优惠政策对企业"复工复产"的巨大扶持作用和国家红利积极意义，培养学生的家国情怀和社会责任感；

（2）培养学生的团队精神、拼搏精神与创新精神，养成依法纳税的意识；

（3）结合行业背景和国家鼓励创新、推动领先行业发展的政策趋势，使学生形成合理节税思维，提升职业判断能力；

（4）培养学生严谨的工作作风，树立诚实守信、热爱劳动的意识；

（5）培养学生追求真理、实事求是、勇于探究与实践的科学精神。

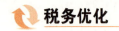

4. 知识结构导图

企业运行过程中的税务优化知识结构导图如图 7-1 所示。

图 7-1　企业运营过程税务优化知识结构导图

任务一　企业投资的税务优化

【案例引入】

202×年，A公司计划投资用于种植花卉或者种植蔬菜。假设种植花卉或者种植蔬菜年利润总额预计均为380万元，且无税收调整事项。从税务优化的角度出发，该公司应当选择哪个项目？

7.1.1　任务描述

完成企业投资活动中涉税事项的税务优化。

7.1.2　学习目标

1. 知识目标
（1）掌握投资区域、投资产业、投资项目及投资回收方式的税务优化思路；
（2）掌握企业组织形式、设立分支机构及招聘国家鼓励人员的税务优化思路。

2. 能力目标
（1）能正确进行投资区域、投资产业、投资项目及投资回收方式的税务优化；
（2）能正确进行企业组织形式、设立分支机构及招聘国家鼓励人员的税务优化。

3. 素质目标
（1）了解国内外经济形势、国家经济政策、法律环境、金融政策、行业前景，培养大局意识和国际视野；
（2）深刻理解导致风险的因素，树立风险意识；
（3）培养学生的团队合作精神、竞争意识，杠杆效应是双刃剑，培养辩证思维方式。

7.1.3　重难点

1. 重点
投资区域、投资产业、投资项目及投资回收方式的税务优化，企业组织形式、设立分支机构及招聘国家鼓励人员的税务优化。

2. 难点
企业组织形式的税务优化。

难点 7-1

7.1.4　相关知识链接

1. 投资产业的税务优化
（1）税务优化思路。投资是企业增加财富的关键。企业在对外投资过程中，除了要面对由于投资不慎而造成的投资风险以外，更为重要的是要有效地解决因投资带来的收益所增加的纳税成本问题。作为投资成本的一部分，

投资产业的
纳税优化

197

纳税成本对投资决策有着重要的作用。由于税收差别政策的存在，在一国范围内，投资于不同行业、不同地区、不同项目等，税负轻重不同，有时甚至差别很大。若企业在开展对外投资时，能够有效地制订出适合于本次投资业务及本企业自身经营特点的投资方案，不仅能够有效地节约纳税成本，还能够最大限度地规避各类纳税风险，从而使得企业经营价值能够很好地体现。

企业或者个人进行投资，首先需要选择的就是投资的产业。投资产业的选择需要考虑众多因素，仅就税收因素而言，国家对于不同产业的政策扶持力度不同。有些产业是国家重点扶持的，而有些产业则是国家限制甚至禁止发展的。国家对产业进行扶持或限制的主要手段之一就是税收政策。在税收政策中，最重要的是所得税政策，因为所得税是直接税，一般不能转嫁，国家减免所得税，其利益就直接进入了企业或个人的腰包。流转税由于是间接税，税负可以转嫁，国家一般不采取间接税的优惠措施，但由于流转税影响产品的成本，减免流转税同样可以刺激相关产业的发展，因此，也有个别间接税优惠措施。

目前，国家通过减免所得税的方式来扶持的产业主要有高新技术企业，农、林、牧、渔业，公共基础建设产业，软件生产企业和集成电路生产企业，动漫产业，以及其他鼓励类产业为支持养老、托育、家政等社区家庭服务业。国家通过间接税优惠政策来鼓励产业发展，主要包括增值税优惠、消费税优惠、关税优惠和出口退税优惠措施。如《当前国家重点鼓励发展的产业、产品和技术目录（2000 年修订）》对符合该目录的国内投资项目，在投资总额内进口的自用设备，除《国内投资项目不予免税的进口商品目录（2000 年修订）》所列商品外，免征关税和进口环节增值税。消费税税率的高低也在某种程度上体现了国家对生产这种消费品产业的鼓励抑或限制的态度。企业在进入这些领域时，应当将消费税税率的高低作为一项重要的因素予以考虑。出口退税应当遵循"征多少、退多少"的原则，不同货物、劳务及应税行为，其适用退税率不同，应当分开报关、分别核算，并分别申报退（免）税；否则从低适用退税率。因此，企业在生产出口产品时也应当将国家的出口退税政策作为一项重要因素予以考虑。

（2）法律政策依据：

①《中华人民共和国企业所得税法》（2007 年 3 月 16 日第十届全国人民代表大会第五次会议通过，2017 年 2 月 24 日第十二届全国人民代表大会常务委员会第二十六次会议第一次修正，2018 年 12 月 29 日第十三届全国人民代表大会常务委员会第七次会议第二次修正）第 27 条、第 28 条。

②《中华人民共和国企业所得税法实施条例》（2007 年 12 月 6 日中华人民共和国国务院令第 512 号公布，根据 2019 年 4 月 23 日《国务院关于修改部分行政法规的决定》修订）第 86 条、第 87 条、第 93 条。

③《财政部 国家税务总局关于扶持动漫产业发展有关税收政策问题的通知》（财税〔2009〕65 号）、《财政部 国家税务总局关于延续动漫产业增值税政策的通知》（财税〔2018〕38 号）[政策延期]。

④《国务院关于印发新时期促进集成电路产业和软件产业高质量发展若干政策的通知》（国发〔2020〕8 号）。

2. 投资区域的税务优化

（1）税务优化思路。投资的区域也是投资决策中需要考虑的一个重要因素，不同地区设立企业所享受的税收政策以及其他方面的政策是不同的。税收政策的不同也就相当于设立企业的税收成本是不同的，在进行投资决策的过程中应当将税收成本作为重要因素予以考虑。目前地区性的税收优惠政策主要包括经济特区、西部地区等。根据现行企业所得税政策，法律设置的发展对外经济合作和技术交流的特定地区内，以及国务院已规定执行上述地区特殊政策的地区内新设立的国家需要重点扶持的高新技术企业，可以享受过渡性税收优惠。法律设置的发展对外经济合作和技术交流的特定地区，是指深圳、珠海、汕头、厦门和海南经济特区；国务院已规定执行上述地区特殊政策的地区，是指上海浦东新区。国家也发布了《西部地区鼓励类产业目录》等政策，推进西部产业发展。

（2）法律政策依据：

①《中华人民共和国企业所得税法》（2007年3月16日第十届全国人民代表大会第五次会议通过，2017年2月24日第十二届全国人民代表大会常务委员会第二十六次会议第一次修正，2018年12月29日第十三届全国人民代表大会常务委员会第七次会议第二次修正）第57条。

②《中华人民共和国企业所得税法实施条例》（2007年12月6日中华人民共和国国务院令第512号公布，根据2019年4月23日《国务院关于修改部分行政法规的决定》修订）。

③《国务院关于经济特区和上海浦东新区新设立高新技术企业实行过渡性税收优惠的通知》（国务院2007年12月26日发布，国发〔2007〕40号）。

④《西部地区鼓励类产业目录》（中华人民共和国国家发展和改革委令第15号）。

⑤《财政部 税务总局 国家发展改革委关于延续西部大开发企业所得税政策的公告》（2020年第23号）。

⑥《新疆维吾尔自治区促进股权投资类企业发展暂行办法》（新政办发〔2010〕187号）。

⑦《新疆金融工作办公室、经济和信息化委员会、工商行政管理局、国家税务局、地方税务局关于鼓励股权投资类企业迁入我区的通知》（新金函〔2010〕87号）。

⑧《财政部 税务总局关于新疆困难地区及喀什、霍尔果斯两个特殊经济开发区新办企业所得税优惠政策的通知》（财税〔2021〕27号）。

⑨中共中央 国务院印发《海南自由贸易港建设总体方案》（2020）。

⑩《海南自由贸易港鼓励类产业目录（2020年本）》（发改地区规〔2021〕120号）。

⑪《海南自由贸易港旅游业、现代服务业、高新技术产业企业所得税优惠目录》（财税〔2021〕14号）。

3. 投资项目的税务优化

（1）税务优化思路。在投资之前，投资者首先要考察项目是否与国家有关部门一定时期的方针、税收优惠政策相符，以此为切入点，来进行投资项目的选择。根据现行企业所得税政策，企业开发新技术、新产品、新工艺发生的研究开发费用可以在计算应纳税所得额时加计扣除。为进一步激励中小企业加大研发投入，支持科技创新，科技型中小企业研究开发费用（简称研发费用）可在税前加计扣除。企业从事符合条件的环境保护、节能节水项目的所得可以免征、减征企业所得税。企业购置用于环境保护、节能节水、安全生产等专用设备的投资额，可以按一定比例实行税额抵免。企业综合利用资源，生产符合国家产业政策规定的产品所取得的收入，可以在计算应纳税所得额时减计收入。

（2）法律政策依据：

①《中华人民共和国企业所得税法》（2007年3月16日第十届全国人民代表大会第五次会议通过，2017年2月24日第十二届全国人民代表大会常务委员会第二十六次会议第一次修正，2018年12月29日第十三届全国人民代表大会常务委员会第七次会议第二次修正）。

②《中华人民共和国企业所得税法实施条例》（2007年12月6日中华人民共和国国务院令第512号公布，根据2019年4月23日《国务院关于修改部分行政法规的决定》修订）。

③《国务院关于印发新时期促进集成电路产业和软件产业高质量发展若干政策的通知》（国发〔2020〕8号）。

④《财政部 税务总局 科技部关于提高科技型中小企业研究开发费用税前加计扣除比例的通知》（财税〔2017〕34号）。

⑤《财政部 税务总局 科技部关于进一步提高科技型中小企业研发费用税前加计扣除比例的公告》（2022年第16号）。

⑥《财政部 税务总局关于进一步实施小微企业"六税两费"减免政策的公告》（2022 年第 10 号）。

4. 企业组织形式的税务优化

（1）税务优化思路。根据现行的个人所得税和企业所得税政策，国家对个人独资企业和合伙企业不征收企业所得税，仅对投资者个人征收个人所得税。2019 年后，经营所得个人所得税适用的税率如表 7-1 所示。公司需要缴纳 25% 的企业所得税，投资者个人从公司获得股息时还需要缴纳 20% 的个人所得税。由于个人投资公司需要缴纳两次所得税，因此，对于个人投资者准备设立不享受税收优惠的企业而言，最好设立个人独资企业或者合伙企业，设立公司的税收负担比较重。需要注意的是，由于小型微利企业可以享受诸多税收优惠，对于规模较小的企业而言，设立公司的税负可能更轻。

表 7-1　经营所得个人所得税税率表

级数	全年应纳税所得额	税率/%	速算扣除数
1	不超过 30 000 元的	5	0
2	超过 30 000 元至 90 000 元的部分	10	1 500
3	超过 90 000 元至 300 000 元的部分	20	10 500
4	超过 300 000 元至 500 000 元的部分	30	40 500
5	超过 500 000 元的部分	35	65 500

（2）法律政策依据：

①《中华人民共和国企业所得税法》（2007 年 3 月 16 日第十届全国人民代表大会第五次会议通过，2017 年 2 月 24 日第十二届全国人民代表大会常务委员会第二十六次会议第一次修正，2018 年 12 月 29 日第十三届全国人民代表大会常务委员会第七次会议第二次修正）。

②《中华人民共和国企业所得税法实施条例》（2007 年 12 月 6 日中华人民共和国国务院令第 512 号公布，根据 2019 年 4 月 23 日《国务院关于修改部分行政法规的决定》修订）。

③《中华人民共和国个人所得税法》（根据 2018 年 8 月 31 日第十三届全国人民代表大会常务委员会第五次会议《关于修改〈中华人民共和国个人所得税法〉的决定》第七次修正）。

④《中华人民共和国个人所得税法实施条例》（1994 年 1 月 28 日中华人民共和国国务院令第 142 号发布，2018 年 12 月 18 日中华人民共和国国务院令第 707 号第四次修订）。

5. 设立分支机构的税务优化

（1）税务优化思路。企业设立分支机构主要有两种组织形式：一是分公司；二是子公司（严格来讲，子公司不属于分支机构，我们这里采用日常用语，把全资子公司视为分支机构）。两种不同的组织形式在所得税处理方式上不同。分公司不具有独立法人资格，不能独立承担民事责任在法律上与总公司视为同一主体，纳税也不例外，要并入总公司一同核算。而子公司具有独立法人资格，可以独立承担民事责任，在法律上与总公司视为两个主体。因此，在纳税方面，子公司作为一个独立的纳税主体承担纳税义务，其成本、损失和所得全部独立核算，独立缴纳企业所得税和其他各项税收。

两种组织形式在法律地位上的不同导致了两种分支机构在税收方面各有利弊，分公司由于可以和总公司合并纳税，分支机构的损失可以抵消总公司的所得，从而降低公司整体的应纳税所得额，子公司则不享有这种优势。但子公司可以享受法律以及当地政府所规定的各种税收优惠政策，如减免企业所得税。因此，企业如何选择分支机构的形式需要综合考虑分支机构的盈利能力，尽量在分支机构亏损期间采取分公司形式，而在分支机构盈利期间采取子公司的形式。

　　分支机构在设立初期需要大量投资，一般处于亏损状态，而经过一定时间的发展后则通常处于盈利状态，因此，在设立分支机构初期采取分公司形式，而在分支机构盈利以后转而采取子公司的形式，此方案可节税。特殊情况下，本企业所适用的税率高于分支机构所适用的税率，则选择子公司形式比较有利。

　　（2）法律政策依据：

　　①《中华人民共和国企业所得税法》(2007年3月16日第十届全国人民代表大会第五次会议通过，2017年2月24日第十二届全国人民代表大会常务委员会第二十六次会议第一次修正，2018年12月29日第十三届全国人民代表大会常务委员会第七次会议第二次修正) 第50条、第52条。

　　②《中华人民共和国企业所得税法实施条例》(2007年12月6日中华人民共和国国务院令第512号公布，根据2019年4月23日《国务院关于修改部分行政法规的决定》修订) 第125条。

6. 投资回收方式的税务优化

　　（1）税务优化思路。根据现行个人所得税政策，个人从投资公司获得的股息要缴纳20%的个人所得税。根据现行企业所得税政策，企业从其投资的公司中获得的股息不需要纳税。如果个人投资者从公司取得的股息仍然用于投资，则可以考虑以成立公司的方式来减轻税收负担。成立公司以后可以将各类股息汇总到该公司，由于此时公司并不需要缴纳企业所得税，该公司就可以将免税所得用于各项投资。而如果由个人取得该股息，则应当首先缴纳20%的个人所得税，税后利润才能用于投资，这样就大大增加了投资的税收成本。

　　（2）法律政策依据：

　　①《中华人民共和国企业所得税法》(2007年3月16日第十届全国人民代表大会第五次会议通过，2017年2月24日第十二届全国人民代表大会常务委员会第二十六次会议第一次修正，2018年12月29日第十三届全国人民代表大会常务委员会第七次会议第二次修正)。

　　②《中华人民共和国企业所得税法实施条例》(2007年12月6日中华人民共和国国务院令第512号公布，根据2019年4月23日《国务院关于修改部分行政法规的决定》修订)。

　　③《中华人民共和国个人所得税法》(根据2018年8月31日第十三届全国人民代表大会常务委员会第五次会议《关于修改〈中华人民共和国个人所得税法〉的决定》第七次修正)。

　　④《中华人民共和国个人所得税法实施条例》(1994年1月28日中华人民共和国国务院令第142号发布，2018年12月18日中华人民共和国国务院令第707号第四次修订)。

7. 招聘国家鼓励人员的税务优化

　　（1）税务优化思路。根据现行企业所得税政策，国家对安置适用于《中华人民共和国残疾人保障法》有关规定的残疾人就业的用人单位，可以在计算应纳税所得额时，给予享受工资支出加计扣除100%的优惠政策。安置残疾人员（盲、聋、哑、残）超过25%（含25%），且残疾职工人数不少于10人的，在向税务机关申请减免税前，应当先向当地县级以上地方人民政府民政部门提出福利企业的认定申请。一经认定为福利企业，除税法规定不能免税的以外，对其取得的销售收入和营业收入，减免增值税等，同时对其取得的所得减免所得税。因此，如果企业的部分生产经营活动可以通过残疾人员来完成，则可以通过雇用残疾人员来进行税务优化。

　　（2）法律政策依据：

　　①《中华人民共和国企业所得税法》(2007年3月16日第十届全国人民代表大会第五次会议通过，2017年2月24日第十二届全国人民代表大会常务委员会第二十六次会议第一次修正，2018年12月29日第十三届全国人民代表大会常务委员会第七次会议第二次修正) 第30条。

　　②《中华人民共和国企业所得税法实施条例》(2007年12月6日中华人民共和国国务院令第512号公布，根据2019年4月23日《国务院关于修改部分行政法规的决定》修订) 第96条。

　　③《中华人民共和国残疾人保障法》(1990年12月28日第七届全国人民代表大会常务委员

会第十七次会议通过，2008年4月24日第十一届全国人民代表大会常务委员会第二次会议修订，根据2018年10月26日第十三届全国人民代表大会常务委员会第六次会议《关于修改〈中华人民共和国野生动物保护法〉等十五部法律的决定》修正）第2条。

④《国家税务总局 民政部 中国残疾人联合会关于促进残疾人就业税收优惠政策征管办法的通知》（国税发〔2007〕67号）。

案例引入解析 7-2

知识锦囊 7-3

微课 7-4

7.1.5 任务实施

7.1.5.1 任务分组

表1 学生分组表

班级		组号		授课教师	
组长		学号			
组员	姓名	学号	姓名	学号	

7.1.5.2 自主探学

任务工作单1

组号：_____ 姓名：_____ 学号：_____ 检索号： 7152-1

引导问题：

（1）请阐述投资产业的税务优化思路。

_____

_____

_____

（2）请阐述投资区域的税务优化思路。

_____

_____

_____

（3）请阐述投资项目的税务优化思路。

_____

_____

_____

（4）请阐述企业组织形式的税收优化思路。

_____

_____

_____

（5）请阐述设立分支机构的税务优化思路。

_____

_____

_____

（6）请阐述投资回收方式中的税务优化思路。

_____

_____

_____

（7）请阐述招聘国家鼓励人员的税务优化思路。

_____

_____

_____

任务工作单 2

组号：_____ 姓名：_____ 学号：_____ 检索号：__7152-2__

引导问题：

（1）某公司拟投资 5 000 万元用于种植中草药或香料作物。种植中药材年利润总额预计 500 万元，种植香料年利润总额预计 560 万元。假设没有税收调整事项，从税务优化的角度来看，该公司应该选择哪个项目？

_____

_____

_____

（2）某公司原拟在广州市设立高新技术企业，预计年利润 1 000 万元。经市场调研，公司在广州市和珠海经济特区的选址对公司盈利能力没有实质性影响，公司预计在珠海经济特区实现年盈利 900 万元。请为该公司投资计划提出税务优化方案。

_____

_____

_____

（3）202×年，某科技型企业的员工人数和总资产符合小型微利企业的标准，但年应纳税所得额预计达到400万元。该公司如何进行税务优化？

_____

_____

_____

（4）李先生拟设立公司，预计年利润500万元。李先生原计划成立有限责任公司，公司税后利润全部分配给股东。请为此提出税收优化计划。

_____

_____

_____

（5）A公司准备设立一个分支机构，原计划设立全资子公司。预计该子公司从2017年度至2020年度的应纳税所得额分别为-1 000万元、-500万元、1 000万元、2 000万元。该子公司四年分别缴纳企业所得税为0万元、0万元、0万元、375万元。针对公司情况，请问A公司如何进行税务优化？

_____

_____

_____

（6）李先生持有A公司40%的股份，每年可从该公司获得500万元的股息。按照我国现行的个人所得税政策，李先生每年必须缴纳100万元的个人所得税。李先生收到的股息用于股票投资或直接投资于其他公司。李先生应该如何进行税收优化？

_____

_____

_____

（7）某公司因生产经营需要拟聘用普通员工100人。由于该工作不要求员工具备任何特殊技能，并且可以坐在椅子上完成工作，因此具有一定腿部残疾的人也可以完成。公司原计划聘用非残疾人员，人均月薪2 000元，合同期3年。请对该公司的招用计划进行税务优化。

_____

_____

_____

_____

7.1.5.3　合作研学

任务工作单1

组号：＿＿＿＿＿　姓名：＿＿＿＿＿　学号：＿＿＿＿＿　检索号：　7153-1

引导问题：

小组讨论，教师参与，形成任务工作单7152-1正确的税务优化思路。

_____

_____

任务工作单2

组号：＿＿＿＿＿　姓名：＿＿＿＿＿　学号：＿＿＿＿＿　检索号：　7153-2

引导问题：

小组讨论，教师参与，形成任务工作单7152-2正确的税务优化方案。

_____

_____

7.1.5.4　展示赏学

任务工作单1

组号：＿＿＿＿＿　姓名：＿＿＿＿＿　学号：＿＿＿＿＿　检索号：　7154-1

引导问题：

（1）每组推荐一位小组长，汇报任务工作单7152-2方案。借鉴每组经验，进一步优化方案。

_____

_____

（2）个人结合汇报情况，检讨自己的不足。

_____

_____

7.1.5.5　评价反馈

任务工作单1：自我测评

组号：＿＿＿＿＿　姓名：＿＿＿＿＿　学号：＿＿＿＿＿　检索号：　7155-1

个人自评表

班级			组名		日期	年　月　日
评价指标	评价内容				分数	分数评定
信息检索	能有效利用网络、图书资源查找有用的相关信息等；能将查到的信息有效地传递到学习中				10分	
感知课堂	是否能在学习中获得满足感以及课堂生活的认同感				10分	
参与态度	积极主动与教师、同学交流，相互尊重、理解、平等；与教师、同学之间是否能够保持多向、丰富、适宜的信息交流				15分	
	能处理好合作学习和独立思考的关系，做到有效学习；能提出有意义的问题或能发表个人见解				15分	

续表

评价指标	评价内容	分数	分数评定
学习方法	学习方法得体，是否获得了进一步学习的能力	15分	
思维态度	是否能发现问题、提出问题、分析问题、解决问题，并拓展思维，创新提升	10分	
自评反馈	按时按质按任务、较好地掌握知识点；具有较强的信息分析能力和理解能力；具有较为全面严谨的思维能力，并能条理清晰地表达成文	25分	
自评分数			
有益的经验和做法			
总结反馈建议			

任务工作单2：小组内互评

组号：_____ 姓名：_____ 学号：_____ 检索号： 7155-2

小组内互评表

班级		组名		日期	年 月 日
评价指标	评价内容			分数	分数评定
信息检索	该同学能有效利用网络、图书资源查找有用的相关信息等；能将查到的信息有效地传递到学习中			10分	
感知课堂	该同学是否能在学习中获得满足感以及课堂生活的认同感			10分	
参与态度	该同学能否积极主动与教师、同学交流，相互尊重、理解、平等；与教师、同学之间是否能够保持多向、丰富、适宜的信息交流			15分	
	该同学能否处理好合作学习和独立思考的关系，做到有效学习；能提出有意义的问题或能发表个人见解			15分	
学习方法	该同学学习方法得体，是否获得了进一步学习的能力			15分	
思维态度	该同学是否能发现问题、提出问题、分析问题、解决问题，并拓展思维，创新提升			10分	
自评反馈	该同学是否能按时按质按任务、较好地掌握知识点；具有较强的信息分析能力和理解能力；具有较为全面严谨的思维能力，并能条理清晰地表达成文			25分	
评价分数					
该同学的不足之处					
有针对性的改进建议					

任务工作单3：小组间互评

被评组号：＿＿＿＿＿＿＿ **检索号：** 7155-3

小组间互评表

班级		评价小组		日期	年 月 日
评价指标	评价内容			分数	分数评定
汇报表述	表述准确			15分	
	语言流畅			10分	
	准确反映该组完成情况			15分	
内容正确度	内容正确			30分	
	阐述表达到位			30分	
互评分数					
简要评述					

任务工作单4：教师评价

组号：＿＿＿＿＿ **姓名：**＿＿＿＿＿＿＿ **学号：**＿＿＿＿＿＿＿ **检索号：** 7155-4

教师评价表

班级		组名		姓名	
出勤情况					
评价内容	评价要点	考察要点		分数	分数评定
1. 查阅文献情况	任务实施过程中文献查阅	（1）是否查阅信息资料		20分	
		（2）正确运用信息资料			
2. 互动交流情况	组内交流、教学互动	（1）积极参与交流		30分	
		（2）主动接受教师指导			
3. 任务完成情况	规定时间内的完成度	（1）在规定时间内完成任务		20分	
	任务完成的正确度	（2）任务完成的正确性		30分	
合计				100分	

税务优化

自主探学解析 7-5   个人自评表 7-6   小组内互评表 7-7   小组间互评表 7-8   教师评价表 7-9

 **知识拓展** ▶▶▶▶

会计史上中国第一位注册会计师——谢霖先生

谢霖（1885—1969），字霖甫，江苏常州人（横林镇崔桥，东晋谢氏世家后代）。我国会计界先驱，知名会计学者，我国会计师制度的创始人，会计改革实干家和会计教育家，我国第一位注册会计师，第一个会计师事务所的创办者。

1918年6月，谢霖上书北京政府农商部、财政部，呈请执行会计师业务获批。受两部之托起草的《会计师暂行章程》10条9月公布试行。被授予第1号会计师证书，成为中国会计师第1人。同年末至次年初，先在北京开设我国第一家会计师事务所——正则会计师事务所，面向社会公众，执行公共会计师业务，开创了我国注册会计师事业之先河。随着业务的开展，"正则"会计事务所的分支机构遍及中国南北，比如北京、天津、上海、南京、镇江、扬州、杭州、芜湖、南昌、长沙、常德、汉口、广州、重庆、成都、青岛、济南、开封、太原、衡阳、湘潭、沙市等二十多个大中城市，都开展了执业会计师业务。当时，"正则"与"立信"齐名，在全国会计界中享有很高的信誉，成为1949年前中国四大会计师事务所之一。凡设有会计师事务所的地方，都办有正则会计补习学校，为国家培养了大批初、中级会计人才。

谢霖先生热心教育事业，建立会计师制度，改革会计制度，设立会计师事务所和传播会计知识，为中国会计科学发展和会计工作实践做出了巨大贡献，不愧为中国近代杰出的教育家。谢霖认为，甲午战争之后，割地赔款，外国人乘势来华兴办实业，掠夺中国资源剥削中国廉价劳工，一些有识国人不甘坐待宰割，于是一些官办、商办企业相继出现，而中国旧式收支会计已不能适应经济发展需要。他提出新式会计改革，开展调查研究，主要以钱庄、票号的中式账为对象，同时开设讲习所，分批调集大清银行、交通银行的会计人员进行培训。将收支单式记账改为借贷复式记账。1912年他总结两行会计改革实践，加以系统化、规范化，编著了《实用银行会计》一书（商务印书馆出版），并为小商店设计了《改良中式账》，著有专辑，使小商店在结账、纳税时具有规范的数据。他在中国银行和交通银行改革会计一举成功，震动了经济界，全国工商企业争相效法，为借贷复式记账法在中国的推广运用打下了坚实基础。

1937年日本侵占上海后，时任上海光华大学（今华东师范大学）商学院院长的谢霖受光华大学校长张寿镛的委托，前往成都筹办分校。谢霖毅然辞去中央银行秘书长职务，衔命筹办光华大学分部。谢霖早年曾在四川工作，具有崇高威望。先在城内王家坝租赁房屋，于1938年3月1日开学（为西南财经大学渊源之一）。继则多方奔走集资，土地、建房和一切资金都由社会士绅捐助。在建校期间，他既领导校务又上课，还管建房，经常城内城外往返奔忙，呕心沥血，备受辛劳，终于在短短的几个月内白手起家，在成都草堂寺西建起了一所新校舍。教室、图书馆、实验室、办公厅、体育场、食堂、宿舍、浴室一应俱全，1938年秋末冬初即全部迁入新校舍。谢霖对学生要求严格，常在朝会上告诫学生："天下兴亡，匹夫有责，现在前方将士正浴血抗战，才换来个安宁的学习环境，不努力学习，怎么对得起抗日战士？中国遭受日本侵略，原因是中国贫穷落后。要使国家富强，大家就要努力学习，学成后为国出力，我们是炎黄子孙，要发扬祖先遗德，光我华夏！"

谢霖先生的一生投身于教育事业和著书立说，他的著作中最强调的就是"实用"这两个字。他还重视理论联系实践，与相关的规章制度相结合，重视会计的业务性和思想性相互结合和统一。作为中国注册会计师第一人，谢霖先生的爱国思想、开拓精神以及对教育和科研的严谨态度，一直是后人学习的榜样。他引入的借贷记账法、创建的注册会计师制度以及不遗余力地推进会计改革精神直接影响了我国近现代会计制度的发展，在我国会计史上占有重要地位。

习近平主席不久前在北京出席 2022 年世界经济论坛视频会议并发表重要演讲，把握历史大势，破解时代之问，指出团结战胜疫情的正确方向、推动世界经济稳定复苏的治本之策、弥合发展鸿沟的现实路径，表明了中方同各国风雨同舟、携手战疫的坚定意志，回应了世界各国人民对和平发展、合作共赢的期盼，为国际社会早日战胜疫情、迎来经济复苏注入了强大信心和强劲动力，受到国际社会广泛关注和积极响应。

中国是推动实现全球共同发展的中流砥柱和定海神针。中国经济韧性强、潜力足、长期向好的基本面没有改变。中国欢迎各种资本在中国合法依规经营，为中国发展发挥积极作用；中国将忠实履行区域全面经济伙伴关系协定义务，深化同协定各方经贸联系。中国还将继续推进加入《全面与进步跨太平洋伙伴关系协定》和《数字经济伙伴关系协定》进程，进一步融入区域和世界经济，努力实现互利共赢。不论国际形势发生什么变化，中国都将高举改革开放的旗帜。中国愿同各方携手合作，共同推进全球发展倡议落地，努力不让任何一个国家掉队。中国将以自身高质量发展和高水平开放助推世界经济复苏，让全球发展成果更好地惠及各国人民。

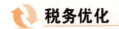

任务二　企业融资的税务优化

【案例引入】

为了扩大产能，2023 年 A 公司计划投资建设一条生产线，预计需要 380 万元。现融资方式有两种：第一种是向银行借款，借款期为 1 年，银行贷款年利率为 7%；第二种是用留存收益投资。请问该公司选择哪种融资方式可以减轻税负？

7.2.1 任务描述

完成企业融资活动中涉税事项的税务优化。

7.2.2 学习目标

1. 知识目标

（1）掌握融资决策的税务优化思路；

（2）掌握长期借款融资的税务优化思路；

（3）掌握借款费用利息的税务优化思路；

（4）掌握增加负债降低投资的税务优化思路；

（5）掌握融资租赁中的税务优化思路；

（6）掌握企业职工融资中的税务优化思路；

（7）掌握融资阶段选择中的税务优化思路。

2. 能力目标

（1）能正确进行融资决策的税务优化；

（2）能正确进行长期借款融资的税务优化；

（3）能正确进行借款费用利息的税务优化；

（4）能正确进行增加负债降低投资的税务优化；

（5）能正确进行融资租赁中的税务优化；

（6）能正确进行企业职工融资中的税务优化；

（7）能正确进行融资阶段选择中的税务优化。

3. 素质目标

（1）培养学生辩证思维方式，杠杆效应是双刃剑；

（2）培养学生的财务素养，负债蕴藏着巨大的财务风险；

（3）培养学生严谨的工作作风，树立诚实守信、热爱劳动的意识。

7.2.3 重难点

1. 重点

融资决策、长期借款融资的税务优化，借款费用利息的税务优化，增加负债降低投资的税务优化，融资租赁中的税务优化，企业职工融资中的税务优化，融资阶段选择中的税务优化。

2. 难点

融资决策中的税务优化。

难点 7-10

7.2.4 相关知识链接

1. 融资决策的税务优化

（1）税务优化思路。融资活动是企业财务管理活动的起点，企业通过将筹集的资金投入生产经营获得回报，从而实现企业价值。而税收是影响企业利润的重要外部因素，企业基于财务管理目标对税收的筹划最终会反过来影响包括融资活动在内的财务管理活动。因此税务优化与融资活动是相互联系、相互影响的。利用不同融资方式、不同融资条件对税收的影响，精心设计企业融资项目，以实现企业税后利润或者股东收益最大化，是税务优化的任务和目的。融资对经营收益的影响主要是借助于因资本结构变动产生的杠杆作用进行的。资本结构是企业长期债务资本与权益资本之间的比例构成关系。企业在融资过程中应当考虑以下几方面：

①融资活动对于企业资本结构的影响。

②资本结构的变动对于税收成本和企业利润的影响。

③融资方式的选择在优化资本结构和减轻税负方面对于企业和所有者税后利润最大化的影响。

企业各种融资渠道大致可以划分为负债融资和资本金融资两种方式。在市场经济体制下，企业的融资渠道主要包括从金融机构借款、从非金融机构借款、发行债券、发行股票、融资租赁、企业自我积累和企业内部集资等。不同融资方式的税法待遇及其所造成的税收负担的不同为税务优化创造了空间。纳税人通过负债的方式融资，负债的成本——借款利息可以在税前扣除，从而减轻了企业的税收负担。而企业通过增加资本金的方式进行融资所支付的股息或者红利是不能在税前扣除的。仅从节税角度讲，负债融资方式比权益融资方式资本成本更低。但各种融资方式还会涉及其他一些融资成本，因此，不能仅仅从税收负担角度来考虑各种融资成本的优劣。下面我们分别分析以下几种最常见的融资方式：

①企业以自我积累的方式进行融资，此方式所需时间长，无法完全满足企业的生产经营的需要。从税收的角度来看，自我积累的资金由于不属于负债，也不存在利息抵扣所得额的问题，无法享受税法上的优惠待遇。再加上资金的占用和使用融为一体，企业所承担的风险也比较高。

②发行企业债券。此融资方式往往为大公司融资的主要选择。发行企业债券有融资对象广、市场大等特点，故比较容易找到降低融资成本、提高整体收益的方法。另外，由于债券的持有者人数众多，有利于企业利润的平均分担，避免利润过分集中所带来的较重税收负担。

③向金融机构借款也是企业较常使用的融资方式。绝大多数企业和金融机构之间不存在关联关系，很难利用关联关系来取得税收上的利息。由于借款利息可以在税前扣除，这一融资方式比企业自我积累资金的方式在税收待遇上要优越。

④发行股票。此方式仅限于上市公司融资，但公司上市条件非常严苛。因此，其适用范围相对比较狭窄。发行股票虽无法像债券利息或借款利息那样享受抵扣所得额的税法优惠待遇且

资本成本相对较高，但发行股票融资也有众多优点，如无须偿还本金，没有债务压力。成功发行股票对于企业也是非常好的宣传机会，往往会给企业带来其他方面的诸多好处。

（2）法律政策依据：

①《中华人民共和国企业所得税法》（2007年3月16日第十届全国人民代表大会第五次会议通过，2017年2月24日第十二届全国人民代表大会常务委员会第二十六次会议第一次修正，2018年12月29日第十三届全国人民代表大会常务委员会第七次会议第二次修正）。

②《中华人民共和国企业所得税法实施条例》（2007年12月6日中华人民共和国国务院令第512号公布，根据2019年4月23日《国务院关于修改部分行政法规的决定》修订）。

2. 长期借款融资的税务优化

（1）税务优化思路。企业的资金来源除权益性资金外，主要就是负债。负债一般包括长期借款和短期负债。长期借款资本和权益资本的比例关系一般称为资本结构。长期借款融资的好处：一方面债务的利息可以抵减应税所得，减少应纳所得税额；另一方面还体现在通过财务杠杆作用增加权益资本收益率上。假设企业负债经营，债务利息不变，当利润增加时，单位利润所负担的利息就会相对降低，从而使投资者收益有更大幅度的提高，这种债务对投资收益的影响就是财务杠杆作用。公式如下：

权益资本收益率（税前）＝息税前投资收益率＋负债/权益资本×（息税前投资收益率−负债成本率）

因此，只要企业息税前投资收益率高于负债成本率，增加负债额度，提高负债的比例就会带来权益资本收益率提高的效应。但这种权益资本收益率提高的效应会被企业的财务风险以及融资的风险成本的逐渐加大所抵消，当二者达到一个大体的平衡时，也就达到了增加负债比例的最高限额。超过这个限额，财务风险以及融资风险成本就会超过权益资本收益率提高的收益，也就会从整体上降低企业的税后利润，从而降低权益资本收益率。

（2）法律政策依据：

①《中华人民共和国企业所得税法》（2007年3月16日第十届全国人民代表大会第五次会议通过，2017年2月24日第十二届全国人民代表大会常务委员会第二十六次会议第一次修正，2018年12月29日第十三届全国人民代表大会常务委员会第七次会议第二次修正）。

②《中华人民共和国企业所得税法实施条例》（2007年12月6日中华人民共和国国务院令第512号公布，根据2019年4月23日《国务院关于修改部分行政法规的决定》修订）。

3. 借款费用利息的税务优化

（1）税务优化思路。根据现行企业所得税政策，企业实际发生的与取得收入有关的合理的支出，包括成本、费用、税金、损失和其他支出，准予在计算应纳税所得额时扣除。企业在生产经营活动中发生的合理的、不需要资本化的借款费用，准予扣除。企业为购置、建造固定资产、无形资产和经过12个月以上的建造才能达到预定可销售状态的存货发生借款的，在有关资产购置、建造期间发生的合理的借款费用，应当作为资本性支出计入有关资产的成本，依法准予扣除。企业向除股东或其他与企业有关联关系的自然人以外的内部职工或其他人员借款的利息支出，其借款情况符合法律规定的，其利息支出在不超过按照金融企业同期同类贷款利率计算的数额的部分准予扣除。

企业在注意扣除借款利息不能超过同期同类贷款利率，如果超过，应考虑通过税务优化，将超过部分转化为其他可以扣除的成本或费用。

（2）法律政策依据：

①《中华人民共和国企业所得税法》（2007年3月16日第十届全国人民代表大会第五次会议通过，2017年2月24日第十二届全国人民代表大会常务委员会第二十六次会议第一次修正，2018年12月29日第十三届全国人民代表大会常务委员会第七次会议第二次修正）第8条。

②《中华人民共和国企业所得税法实施条例》（2007年12月6日中华人民共和国国务院令第

512 号公布，根据 2019 年 4 月 23 日《国务院关于修改部分行政法规的决定》修订）第 37 条、第 38 条。

③《财政部 国家税务总局关于企业关联方利息支出税前扣除标准有关税收政策问题的通知》（财税〔2008〕121 号）。

④《国家税务总局关于企业向自然人借款的利息支出企业所得税税前扣除问题的通知》（国税函〔2009〕777 号）。

⑤《国家税务总局关于企业所得税若干问题的公告》（国家税务总局公告 2011 年第 34 号）《国家税务总局关于企业所得税若干政策征管口径问题的公告》（2021 年第 17 号）。

4. 增加负债降低投资的税务优化

（1）税务优化思路。根据现行税法的规定，企业从其关联方接受的债权性投资与权益性投资的比例超过规定标准而发生的利息支出，不得在计算应纳税所得额时扣除。债权性投资，是指企业直接或者间接从关联方获得的，需要偿还本金和支付利息或者需要以其他具有支付利息性质的方式予以补偿的融资。企业实际支付给关联方的利息支出，不超过规定比例（接受关联方债权性投资与其权益性投资比例：①金融企业为 5∶1；②其他企业为 2∶1）和企业所得税法及其实施条例有关规定计算的部分，准予扣除，超过的部分不得在发生当期和以后年度扣除。

（2）法律政策依据：

①《中华人民共和国企业所得税法》（2007 年 3 月 16 日第十届全国人民代表大会第五次会议通过，2017 年 2 月 24 日第十二届全国人民代表大会常务委员会第二十六次会议第一次修正，2018 年 12 月 29 日第十三届全国人民代表大会常务委员会第七次会议第二次修正）。

②《中华人民共和国企业所得税法实施条例》（2007 年 12 月 6 日中华人民共和国国务院令第 512 号公布，根据 2019 年 4 月 23 日《国务院关于修改部分行政法规的决定》修订）。

③《财政部 国家税务总局关于企业关联方利息支出税前扣除标准有关税收政策问题的通知》（财税〔2008〕121 号）。

5. 融资租赁中的税务优化

（1）税务优化思路。融资租赁作为我国企业重要融资方式之一，对于我国众多中小企业的发展具有极其重要的作用。

在企业融资租赁业务中，出租人希望自己的净收益最大化，承租方则希望自己的融资成本最低。对于企业来说，购入固定资产仅仅通过折旧减少企业利润，而融资租赁对于承租方而言可以按照自有固定资产全额计提折旧，减少企业利润、减轻税收负担。因此，通过研究与融资租赁有关的税收政策，对融资租赁进行综合性的税收筹划，有利于减轻企业税负，降低税收成本，改善和优化其财务状况和资本结构，促进企业的长期健康发展。

（2）法律政策依据：

①《中华人民共和国企业所得税法》（2007 年 3 月 16 日第十届全国人民代表大会第五次会议通过，2017 年 2 月 24 日第十二届全国人民代表大会常务委员会第二十六次会议第一次修正，2018 年 12 月 29 日第十三届全国人民代表大会常务委员会第七次会议第二次修正）。

②《中华人民共和国企业所得税法实施条例》（2007 年 12 月 6 日中华人民共和国国务院令第 512 号公布，根据 2019 年 4 月 23 日《国务院关于修改部分行政法规的决定》修订）。

6. 企业职工融资中的税务优化

（1）税务优化思路。根据现行企业所得税政策，企业发生的合理的工资、薪金支出，准予扣除。企业在生产经营活动中发生的不超过按照金融企业同期同类贷款利率计算的数额的部分利息支出，准予扣除。职工是企业融资的一个重要渠道，通过职工进行融资可以通过提高工资、薪金的方式间接支付部分利息，使得超过银行贷款利率部分的利息能够得以扣除。

（2）法律政策依据：

①《中华人民共和国企业所得税法》（2007年3月16日第十届全国人民代表大会第五次会议通过，2017年2月24日第十二届全国人民代表大会常务委员会第二十六次会议第一次修正，2018年12月29日第十三届全国人民代表大会常务委员会第七次会议第二次修正）。

②《中华人民共和国企业所得税法实施条例》（2007年12月6日中华人民共和国国务院令第512号公布，根据2019年4月23日《国务院关于修改部分行政法规的决定》修订）。

③《国家税务总局关于企业向自然人借款的利息支出企业所得税税前扣除问题的通知》（国家税务总局2009年12月31日发布，国税函〔2009〕777号）。

7. 融资阶段选择中的税务优化

（1）税务优化思路。根据现行企业所得税政策，企业在生产经营活动中发生的合理的、不需要资本化的借款费用，准予扣除。企业为购置、建造固定资产、无形资产和经过12个月以上的建造才能达到预定可销售状态的存货发生借款的，在有关资产购置、建造期间发生的合理的借款费用，应当作为资本性支出计入有关资产的成本，并依照法律规定扣除。企业在生产经营活动中发生的不超过按照金融企业同期同类贷款利率计算的数额的部分利息支出，准予扣除。因此，企业应尽量选择盈利年度进行贷款，通过贷款利息的支出抵消盈利，从而减轻税收负担。

（2）法律政策依据：

①《中华人民共和国企业所得税法》（2007年3月16日第十届全国人民代表大会第五次会议通过，2017年2月24日第十二届全国人民代表大会常务委员会第二十六次会议第一次修正，2018年12月29日第十三届全国人民代表大会常务委员会第七次会议第二次修正）。

②《中华人民共和国企业所得税法实施条例》（2007年12月6日中华人民共和国国务院令第512号公布，根据2019年4月23日《国务院关于修改部分行政法规的决定》修订）。

案例引入解析7-11　　　知识锦囊7-12　　　微课7-13

7.2.5 任务实施

7.2.5.1 任务分组

表1　学生分组表

班级			组号			授课教师	
组长			学号				
组员		姓名	学号	姓名	学号		

7.2.5.2 自主探学

任务工作单 1

组号：_____ 姓名：_____ 学号：_____ 检索号： 7252-1

引导问题：

（1）请阐述融资决策的税务优化思路。

_____

_____

（2）请阐述长期借款融资的税务优化思路。

_____

_____

（3）请阐述借款费用利息的税务优化思路。

_____

_____

（4）请阐述增加负债降低投资的税务优化思路。

_____

_____

（5）请阐述融资租赁中的税务优化思路。

_____

_____

（6）请阐述企业职工融资中的税务优化思路。

_____

_____

（7）请阐述融资阶段选择中的税务优化思路。

_____

_____

任务工作单 2

组号：_____ 姓名：_____ 学号：_____ 检索号： 7252-2

引导问题：

（1）某公司拟投资 100 万元生产一种新产品，在专业人员的指导下制订了三项计划。假设公司的资本结构如表 7-2 所示。所有计划的债务利率均为 10%，企业所得税税率为 25%。股权投资利润率如表 7-2 所示。

表7-2　权益资本投资利润率

项目 债务资本：权益资本	方案一 0：100	方案二 20：80	方案三 60：40
息税前利润/万元	30	30	30
利率/%	10	10	10
税前利润/万元	30	28	24
纳税额/25%	7.5	7	6
税后利润/万元	22.5	21	18
权益资本利润率/%	22.5	26.25	45

根据上述资料，请提出税务优化方案。

_____

_____

_____

_____

_____

_____

（2）某股份有限公司的资本结构备选方案如表7-3所示。

表7-3　资本结构备选方案　　　　　　　　　　　单位：万元

项目 方案	方案一	方案二	方案三	方案四	方案五
负债比例	0	1：1	2：1	3：1	4：1
负债成本率/%	—	6	7	9	10.5
投资收益率/%	10	10	10	10	10
负债额	0	3 000	4 000	4 500	4 800
权益资本额	6 000	3 000	2 000	1 500	1 200
普通股股数/万股	60	30	20	15	12
年息税前利润额	600	600	600	600	600
减：负债利息成本	—	180	280	405	504
年税前净利	600	420	320	195	96
所得税税率/%	25	25	25	25	25
应纳所得税额	150	105	80	48.75	24
年息税后利润	450	315	240	146.25	72
权益资本收益率/%	7.5	10.5	12	9.75	6
普通股每股收益额/元	7.5	10.5	12	9.75	6

根据上述资料，请提出税务优化方案。

_____

_____

_____

（3）A公司2019年向10位自然人借款100万元，约定年利率15%。A公司同期所能提供的最高本地贷款利率为6%。请计算A公司超额缴纳的企业所得税和代扣代缴的个人所得税，并提出税务优化方案。

_____

_____

_____

（4）A公司对B公司的权益性投资总额为1 000万元，B公司拟于2019年从A公司融资3 000万元，融资利率为7%。已知同期金融机构同类贷款的利率也是7%，A公司适用15%的税率，B公司适用25%的税率。B公司应该如何优化税收方案？

_____

_____

_____

（5）某公司拟增加一设备，总资金需求200万元。预计使用寿命为6年，净残值为8万元。采用平均年限法，折现系数为10%。公司有三种选择：一是自有资金购买；二是贷款购买，银行提供5年期长期贷款，每年偿还本息40万元，利率为10%；三是租赁，5年后取得该设备产权，每年40万元租赁费，手续费1%，融资利率9%。比较三个方案并提出税务优化方案。

_____

_____

_____

（6）某公司因生产经营需要贷款1 000万元，贷款期3年，因各种原因难以继续向银行借款。企业财务部门提出三种融资方案：一是向其他公司贷款，贷款利率为10%，需要担保；二是对外向社会上自然人贷款，贷款利率12%，无须担保；三是以12%的利率向公司员工集资。已知同期银行贷款利率为7%。公司应如何决策？

_____

_____

_____

（7）某公司2015年因重大投资亏损35万元，之前年度均为盈利状态，2016年应纳税所得额为3万元，2017年应纳税所得额为5万元，2018年预计盈利6万元，2019年预计盈利10万元，2020年预计盈利12万元，2021年预计盈利15万元。公司原计划于2018年开始向银行借款，期限为3年，年利息约5万元。该公司企业所得税税率为25%，请提出税务优化方案。

_____

_____

_____

7.2.5.3 合作研学

任务工作单1

组号：_____ 姓名：_____ 学号：_____ 检索号：7253-1

引导问题：

小组交流讨论，教师参与，形成任务工作单7252-1正确的税务优化思路。

_____
_____

任务工作单2

组号：_____ 姓名：_____ 学号：_____ 检索号：7253-2

引导问题：

小组交流讨论，教师参与，形成任务工作单7252-2正确的税务优化方案。

_____
_____

7.2.5.4 展示赏学

任务工作单1

组号：_____ 姓名：_____ 学号：_____ 检索号：7254-1

引导问题：

(1) 每组推荐一位小组长，汇报任务工作单7252-2方案。借鉴每组经验，进一步优化方案。

_____
_____

(2) 个人结合汇报情况，检讨自己的不足。

_____
_____

7.2.5.5 评价反馈

任务工作单1：自我测评

组号：_____ 姓名：_____ 学号：_____ 检索号：7255-1

个人自评表

班级		组名		日期	年 月 日
评价指标		评价内容		分数	分数评定
信息检索		能有效利用网络、图书资源查找有用的相关信息等；能将查到的信息有效地传递到学习中		10分	
感知课堂		是否能在学习中获得满足感以及课堂生活的认同感		10分	
参与态度		积极主动与教师、同学交流，相互尊重、理解、平等；与教师、同学之间是否能够保持多向、丰富、适宜的信息交流		15分	
		能处理好合作学习和独立思考的关系，做到有效学习；能提出有意义的问题或能发表个人见解		15分	

续表

评价指标	评价内容	分数	分数评定
学习方法	学习方法得体，是否获得了进一步学习的能力	15 分	
思维态度	是否能发现问题、提出问题、分析问题、解决问题，并拓展思维，创新提升	10 分	
自评反馈	按时按质按任务、较好地掌握知识点；具有较强的信息分析能力和理解能力；具有较为全面严谨的思维能力，并能条理清晰地表达成文	25 分	
自评分数			
有益的经验和做法			
总结反馈建议			

任务工作单 2：小组内互评

组号：_____ 姓名：_____ 学号：_____ 检索号：__7255-2__

小组内互评表

班级		组名		日期	年　月　日
评价指标	评价内容			分数	分数评定
信息检索	该同学能有效利用网络、图书资源查找有用的相关信息等；能将查到的信息有效地传递到学习中			10 分	
感知课堂	该同学是否能在学习中获得满足感以及课堂生活的认同感			10 分	
参与态度	该同学能否积极主动与教师、同学交流，相互尊重、理解、平等；与教师、同学之间是否能够保持多向、丰富、适宜的信息交流			15 分	
	该同学能否处理好合作学习和独立思考的关系，做到有效学习；能提出有意义的问题或能发表个人见解			15 分	
学习方法	该同学学习方法得体，是否获得了进一步学习的能力			15 分	
思维态度	该同学是否能发现问题、提出问题、分析问题、解决问题，并拓展思维，创新提升			10 分	
自评反馈	该同学是否能按时按质按任务、较好地掌握知识点；具有较强的信息分析能力和理解能力；具有较为全面严谨的思维能力，并能条理清晰地表达成文			25 分	
评价分数					
该同学的不足之处					
有针对性的改进建议					

任务工作单3：小组间互评

被评组号： _____ **检索号：** 7255-3

小组间互评表

班级		评价小组		日期		年　月　日
评价指标		评价内容		分数	分数评定	
汇报表述		表述准确		15分		
		语言流畅		10分		
		准确反映该组完成情况		15分		
内容正确度		内容正确		30分		
		阐述表达到位		30分		
互评分数						
简要评述						

任务工作单4：教师评价

组号： _____ **姓名：** _____ **学号：** _____ **检索号：** 7255-4

教师评价表

班级		组名		姓名	
出勤情况					
评价内容	评价要点	考察要点		分数	分数评定
1. 查阅文献情况	任务实施过程中文献查阅	（1）是否查阅信息资料		20分	
		（2）正确运用信息资料			
2. 互动交流情况	组内交流、教学互动	（1）积极参与交流		30分	
		（2）主动接受教师指导			
3. 任务完成情况	规定时间内的完成度	（1）在规定时间内完成任务		20分	
	任务完成的正确度	（2）任务完成的正确性		30分	
合计				100分	

自主探学解析 7-14 　　个人自评表 7-15 　　小组内互评表 7-16 　　小组间互评表 7-17 　　教师评价表 7-18

知识拓展

冬奥会点燃冰雪运动热情　资本涌入推动冰雪产业链发展步伐加快

国内冰雪运动相关产业加快发展步伐，资本也逐渐进入这个"赛道"。截至 2021 年，不少企业已经完成 3 轮融资，并在资本的支持下产业链不断向纵深发展。目前冰雪产业在我国受众规模较小，且属于线下重资产行业，对资金投入规模要求较高但回报周期较长。

北京冬奥会的举办点燃了全民冰雪运动的热情。从为奥运健儿呐喊加油到抢购吉祥物"冰墩墩"，再到滑雪场、滑冰场的人潮涌动，冰雪产业潜力被前所未有地激发出来。

资本进入的背后，是不断壮大的冰雪运动体验群体和市场。北京冬奥会期间，除了吉祥物"冰墩墩"之外，冰雪运动相关其他产品销售量也大增。数据显示，滑雪运动类商品整体成交额同比增长 322%，其中，滑雪面罩成交额同比达 15 倍，冰上运动类商品整体成交额总比增长达 430%。

多种多样的冰雪活动，也为春节假日出行提供了更多的选择。同程旅行大数据显示，今年春节期间，全国冰雪类型景区订单量较去年春节同期上涨 68%，周边用户预订滑雪的比例达到 85%。相比冰雪观光类景区，室外滑冰场、滑雪场、冰雪主题乐园、冰雪民俗游等能够直接增强游客互动性、参与感的冰雪运动景区和场馆为游客提供多种选择；攀冰、冰壶、雪上极限运动等新型细分业态受到更多年轻人关注。

思政之窗

党的十八大以来，我国不断深化税制改革，不断完善现代税收体系，税收服务经济社会发展大局作用不断彰显，其中在税制建设方面实现的诸多历史性突破必将在我国税收发展史乃至经济发展史上留下浓墨重彩的一笔。

税收在国家治理中发挥基础性、支柱性、保障性作用，未来在全面建设社会主义现代化国家新征程中也必将发挥更大的作用。在未来的五到十年间，我国的宏观税负将趋于稳定并略有回升，全部税种都将完成立法，直接税比重会适当提高，增值税将成为更加中性的税种，消费税征收的靶向性更加明确，企业所得税的优惠政策更趋合理，个人所得税的收入调节功能得到进一步加强。相信再经过十年的发展，我国的税收制度将进一步得到优化，将更加公平、合理、高效。

任务三　企业经营的税务优化

【案例引入】

A 公司属于增值税一般纳税人，其所使用的原材料有两种进货渠道：一种是从一般纳税人 B 公司那里进货，含税价格为 6 000 元/吨，可以开具 13% 的增值税专用发票；另一种是从小规模纳税人 C 公司那里进货，则含税价格为 5 000 元/吨，可取得由 C 公司开具的税率为 3% 的增值税专用发票。A 公司适用的城市维护建设税税率为 7%，教育费附加征收率为 3%。请提出税务优化方案。

7.3.1 任务描述

对企业经营中的涉税事项进行合理的税务优化。

7.3.2 学习目标

1. 知识目标
（1）掌握企业采购的税务优化思路；
（2）掌握企业生产的税务优化思路；
（3）掌握销售过程的税务优化思路；
（4）掌握股利分配的税务优化思路。

2. 能力目标
（1）能正确进行企业采购的税务优化；
（2）能正确进行企业生产的税务优化；
（3）能正确进行销售过程的税务优化；
（4）能正确进行股利分配的税务优化。

3. 素质目标
（1）疫情期间实施减税惠企税收优惠政策对企业"复工复产"的巨大扶持作用和国家红利积极意义，培养学生的家国情怀和社会责任感；
（2）培养学生的团队精神、拼搏精神与创新精神，养成依法纳税的意识；
（3）结合行业背景和国家鼓励创新、推动领先行业发展的政策趋势，使学生形成合理节税思维，提升职业判断能力；
（4）培养学生严谨的工作作风，树立诚实守信、热爱劳动的意识。

7.3.3 重难点

1. 重点
企业采购的税务优化，企业生产的税务优化，销售过程的税务优化，股利分配的税务优化。

难点 7-19

2. 难点

企业生产的税务优化。

7.3.4 相关知识链接

1. 企业采购的税务优化

企业采购的税务优化需要建立在增值税销项税额、进项税额、进项税额转出以及应纳税额总体的分析和把握上，因此要把不予抵扣的进项税额转变为可抵扣的进项税额，以降低企业的采购成本。企业采购的税务优化应考虑采购对象、采购时间、采购运费、结算方式、代购方式等因素的选择，主要从以下几方面进行阐述：

（1）采购对象选择的税务优化。税务优化思路：

企业从一般纳税人处采购货物，取得增值税专用发票，可以按不含税买价的13%、9%或者6%等比例抵扣进项税额；而从小规模纳税人处购入，则不能抵扣进项税额，即使能取得由税务机关代开的增值税专用发票，也只能按不含税买价的3%抵扣进项税额。

可见，企业从不同类型的纳税人处购入原材料等物资，所承担的税收负担则不同。如果小规模纳税人销售货物、劳务、服务等的价格比一般纳税人的销售价格低，企业从小规模纳税人采购则会更划算。所以，企业采购时需要综合考虑，能使企业现金净流量最大或现金流出量最小的方案即为最合理选择。

（2）采购运费选择的税务优化。税务优化思路：

企业采购时需区分应税产品和免税产品。因为根据我国增值税管理规定，购进原材料的运费可以抵扣增值税税额，而购进免税产品的运费则不能抵扣。

（3）采购时间选择的税务优化。税务优化思路：

企业采购时间选择的税务优化，需要综合考虑因为提前购货付款所失去的时间价值和推迟纳税所获得的时间价值。我国现行增值税采用购进扣税法，如果当预计进项税额小于销项税额，适当提前购货能起到推迟纳税的作用。有的商品税率经常波动，但在波动之前一般会有国家的相关税收文件出台，企业应当及时关注，可以在商品税率上调之前购买该商品；或者在商品税率下调之后购买该商品，由此取得税收利益。还有，如果增值税小规模纳税人即将转化为增值税一般纳税人，也可以选择在转化为增值税一般纳税人之后再购置相关固定资产或原材料等。

2. 企业生产的税务优化

生产过程中，企业生产的税务优化应考虑存货计价方法的选择、固定资产折旧、人工工资支出、费用分摊等因素。企业通过相应的税务优化，可以达到获取税收收益的目的。下面从几个方面具体阐述。

（1）存货计价方法选择的税务优化。税务优化思路：

存货计价的方法有多种，采用不同的计价方法对货物的期末库存成本、销售成本影响不同，继而影响当期应纳税所得额的大小。因此，从税务优化的角度，纳税人可以通过采用不同的计价方法对发生存货的成本进行优化，根据实际情况选择使本期发生存货成本最有利于税务优化的存货计价办法。在不同的企业或企业处于不同的盈亏状态下，应选不同的计价方法，以达到降低企业所得税税负的目的。

①享受税收优惠的企业：该期间意味着企业获得的利润越多，得到的减免税额就越多。所以，企业应选择减免税优惠期间内存货成本最小化的计价方法，减少存货费用的当期摊入，扩大当期利润。而当企业处于非税收优惠期间时，则应选择使存货成本最大化的计价方法，将当期的存货费用尽量扩大，以达到减少当期利润，推迟纳税期的作用。

②盈利企业：企业应选择能使本期成本最大化的计价方法。其原因在于盈利企业的存货成

本可最大限度地在本期所得额中税前抵扣。

③亏损企业：亏损企业选择计价方法应与亏损弥补情况相结合，必须使不能得到或不能完全得到税前弥补的亏损年度的成本费用降低，使成本费用延迟到以后能够完全得到弥补的时期，从而使成本费用的抵税效果能够得到最大限度的发挥。

（2）固定资产折旧方法选择的税务优化。固定资产价值是通过折旧形式转移到成本费用之中的，折旧额的多少取决于固定资产的计价、折旧年限和折旧方法。以下主要阐述固定资产折旧方法选择的税务优化。

固定资产折旧方法选择的税务优化思路：

固定资产折旧方法选择应以最充分或最快地发挥折旧费用的抵税效应为标准。因为不同的折旧方法，计算出的一定纳税年度中的折旧额会不同，就会影响企业的应纳税所得额，从而影响到企业所得税税负。

在不同的企业或企业处于不同的盈亏状态下，企业应选择不同的折旧方法，以实现降低企业所得税税负的目的。

①享受税收优惠的企业：企业应选择在非减免税期间折旧多而在减免税期间折旧少的折旧方法。

②盈利企业：应选择前期折旧费用较大、后期折旧费用较小的折旧方法，即加速折旧法。从而实现折旧费用的抵税效应完全发挥，起到了延期纳税的作用。

③亏损企业：为了能使企业降低亏损年度的折旧费用，折旧方法的选择应与企业的亏损弥补情况相结合，使折旧费用的抵税效应得到最大程度的发挥。

（3）费用分摊的税务优化。企业经营中，可通过合理分摊费用进行税务优化。在税法允许的范围内，尽可能地列支当期费用，预计可能发生的损失，减少应缴所得税和合法递延纳税时间来获取税收利益。计提费用及时入账，充分列支限额以内的部分；成本费用的摊销期尽可能缩短，以增加前几年的费用，递延纳税时间，从而节税。

3. 销售过程的税务优化

企业销售的税务优化应考虑销售结算方式、促销方式及特殊销售方式等因素。以下重点阐述折扣销售、实物折扣、现金返还、销售折扣的税务优化。

（1）销售折扣。税务优化思路：

销售折扣不得从销售额中减除，需按全额计征增值税，这种折扣方式加重企业的税收负担。从企业税负角度考虑，折扣销售优于销售折扣。企业可以通过修改合同，把销售折扣方式改为折扣销售方式，从而达到减轻税负的目的。

（2）实物折扣的税务优化。税务优化思路：

企业在选择折扣方式时，尽量不选择实物折扣，在必须采用实物折扣方式时，企业可以在发票上通过适当调整而变为价格折扣，从而减轻企业税负。

（3）折扣销售。税务优化思路：

纳税人采取折扣方式销售货物，销售额和折扣额在同一张发票上分别注明是指销售额和折扣额在同一张发票上的"金额"栏分别注明的，可按折扣后的销售额征收增值税，这样可以减轻企业税负。而未在同一张发票"金额"栏注明折扣额，而仅在发票的"备注"栏注明折扣额的，折扣额不得从销售额中减除。

4. 股利分配的税务优化

税务优化思路：

股利主要有现金股利、股票股利和财产股利三种类型。股利分配涉及税收事项主要包括是否分配股利以及采取何种股利支付方式。由于我国税法和相关法律、法规对不同形式的企业股利分配规定了不同处理规则和计税方法，为企业提供了税务优化空间。实务中，应结合企业实际盈利状况，根据股利分配的不同形式来做好税务优化安排。

案例引入解析 7-20

知识锦囊 7-21

微课 7-22

7.3.5 任务实施

7.3.5.1 任务分组

表 1　学生分组表

班级		组号		授课教师	
组长		学号			
组员		姓名	学号	姓名	学号

7.3.5.2 自主探学

任务工作单 1

组号：_____　姓名：_____　学号：_____　检索号：　7352-1

引导问题：

（1）请分别阐述企业采购对象、采购运费、采购时间选择的税务优化思路。

_____

_____

（2）请阐述存货计价方法选择的税务优化思路。

_____

_____

（3）请阐述费用分摊的税务优化思路。

_____

_____

（4）请阐述股利分配的税务优化思路。

_____

_____

_____

任务工作单2

组号：＿＿＿＿＿　姓名：＿＿＿＿＿　学号：＿＿＿＿＿　检索号：　7352-2

引导问题：

（1）长江公司202×年1月和11月先后购进数量和品种相同的货物两批，进货价格分别为1 000万元和800万元，假设该公司此前库存没有这种货物。该公司在202×年12月和202×年3月各出售购进的货物的一半，出售价格分别为1 200万元和1 000万元。假设该公司202×年和202×年均所处无税收优惠期间，且处于该年度盈利。以上所述价格均不含增值税。假设折现率为10%。该公司适用的企业所得税税率为25%。请提出税务优化方案。

＿＿＿＿＿＿＿＿＿＿＿＿＿＿＿＿＿＿＿＿＿＿＿＿＿＿＿＿＿＿＿＿＿＿＿＿

＿＿＿＿＿＿＿＿＿＿＿＿＿＿＿＿＿＿＿＿＿＿＿＿＿＿＿＿＿＿＿＿＿＿＿＿

（2）202×年2月，A公司大修理一台机器设备，预计3月完工，该设备的原值500万元，产生修理费用120万元，其中：购买大修用配件、材料取得增值税专用发票上注明货款为100万元，增值税13万元。由公司内部员工进行修理，支付工资3万元。修理后该设备经济使用寿命延长不超过两年，用于原用途。请对其进行税务优化。

＿＿＿＿＿＿＿＿＿＿＿＿＿＿＿＿＿＿＿＿＿＿＿＿＿＿＿＿＿＿＿＿＿＿＿＿

＿＿＿＿＿＿＿＿＿＿＿＿＿＿＿＿＿＿＿＿＿＿＿＿＿＿＿＿＿＿＿＿＿＿＿＿

（3）A公司为建筑施工企业，该公司在高温期间将给全体职工发放高温补贴，每人1500元/月，该公司共有500人，共计75万元。本年度全体职工的工资共计520万元。该公司发放该项补贴有两种方案可供选择。方案一：直接将降温费以货币形式和工人工资一起于下月初发放；方案二：以劳保用品（毛巾、清凉油、帽子）的实物形式发放给职工。请提出税务优化方案。

＿＿＿＿＿＿＿＿＿＿＿＿＿＿＿＿＿＿＿＿＿＿＿＿＿＿＿＿＿＿＿＿＿＿＿＿

＿＿＿＿＿＿＿＿＿＿＿＿＿＿＿＿＿＿＿＿＿＿＿＿＿＿＿＿＿＿＿＿＿＿＿＿

（4）悦诚公司国庆期间搞促销，规定凡一次性购买金额达到5万元及以上（不含增值税），给予15%的折扣。本期符合折扣条件的销售额共计60万元（不含增值税）。请提出税务优化方案。

＿＿＿＿＿＿＿＿＿＿＿＿＿＿＿＿＿＿＿＿＿＿＿＿＿＿＿＿＿＿＿＿＿＿＿＿

＿＿＿＿＿＿＿＿＿＿＿＿＿＿＿＿＿＿＿＿＿＿＿＿＿＿＿＿＿＿＿＿＿＿＿＿

（5）A公司为上市公司，2021年发行在外的普通股为3 000万股，面值为1元，每股市价20元。2021年末，该公司有5400万元的留存收益可进行分配。为方便对比，假设用相等金额的留存收益发放现金与股票股利，股东持股期限均超过1年，可供选择的方案有两种。方案一：发放现金股利5 400万元，每股股利约为1.8(5400÷3000)元。方案二：发放股票股利，每10股发放1股，共300万股，除权价每股约为18.18[20÷(1+0.1)]元。请提出税务优化方案。

＿＿＿＿＿＿＿＿＿＿＿＿＿＿＿＿＿＿＿＿＿＿＿＿＿＿＿＿＿＿＿＿＿＿＿＿

＿＿＿＿＿＿＿＿＿＿＿＿＿＿＿＿＿＿＿＿＿＿＿＿＿＿＿＿＿＿＿＿＿＿＿＿

＿＿＿＿＿＿＿＿＿＿＿＿＿＿＿＿＿＿＿＿＿＿＿＿＿＿＿＿＿＿＿＿＿＿＿＿

7.3.5.3　合作研学

任务工作单1

组号：＿＿＿＿＿＿　姓名：＿＿＿＿＿＿　学号：＿＿＿＿＿＿　检索号：　7353-1

引导问题：

小组交流讨论，教师参与，形成任务工作单7352-1正确的税务优化思路。

_____

_____

任务工作单2

组号：＿＿＿＿＿＿　姓名：＿＿＿＿＿＿　学号：＿＿＿＿＿＿　检索号：　7353-2

引导问题：

小组交流讨论，教师参与，形成任务工作单7352-2正确的税务优化方案。

_____

_____

7.3.5.4　展示赏学

任务工作单1

组号：＿＿＿＿＿＿　姓名：＿＿＿＿＿＿　学号：＿＿＿＿＿＿　检索号：　7354-1

引导问题：

（1）每组推荐一位小组长，汇报任务工作单7352-2方案。借鉴每组经验，进一步优化方案。

_____

_____

（2）个人结合汇报情况，检讨自己的不足。

_____

_____

7.3.5.5　评价反馈

任务工作单1：自我测评

组号：＿＿＿＿＿＿　姓名：＿＿＿＿＿＿　学号：＿＿＿＿＿＿　检索号：＿7355-1

个人自评表

班级		组名		日期	年　月　日
评价指标	评价内容			分数	分数评定
信息检索	能有效利用网络、图书资源查找有用的相关信息等；能将查到的信息有效地传递到学习中			10分	
感知课堂	是否能在学习中获得满足感以及课堂生活的认同感			10分	
参与态度	积极主动与教师、同学交流，相互尊重、理解、平等；与教师、同学之间是否能够保持多向、丰富、适宜的信息交流			15分	
	能处理好合作学习和独立思考的关系，做到有效学习；能提出有意义的问题或能发表个人见解			15分	
学习方法	学习方法得体，是否获得了进一步学习的能力			15分	

续表

评价指标	评价内容	分数	分数评定
思维态度	是否能发现问题、提出问题、分析问题、解决问题，并拓展思维，创新提升	10分	
自评反馈	按时按质按任务、较好地掌握知识点；具有较强的信息分析能力和理解能力；具有较为全面严谨的思维能力，并能条理清晰地表达成文	25分	
自评分数			
有益的经验和做法			
总结反馈建议			

任务工作单2：小组内互评

组号：_____ 姓名：_____ 学号：_____ 检索号：__7355-2__

小组内互评表

班级		组名		日期	年 月 日
评价指标	评价内容			分数	分数评定
信息检索	该同学能有效利用网络、图书资源查找有用的相关信息等；能将查到的信息有效地传递到学习中			10分	
感知课堂	该同学是否能在学习中获得满足感以及课堂生活的认同感			10分	
参与态度	该同学能否积极主动与教师、同学交流，相互尊重、理解、平等；与教师、同学之间是否能够保持多向、丰富、适宜的信息交流			15分	
	该同学能否处理好合作学习和独立思考的关系，做到有效学习；能提出有意义的问题或能发表个人见解			15分	
学习方法	该同学学习方法得体，是否获得了进一步学习的能力			15分	
思维态度	该同学是否能发现问题、提出问题、分析问题、解决问题，并拓展思维，创新提升			10分	
自评反馈	该同学是否能按时按质按任务、较好地掌握知识点；具有较强的信息分析能力和理解能力；具有较为全面严谨的思维能力，并能条理清晰地表达成文			25分	
评价分数					
该同学的不足之处					
有针对性的改进建议					

任务工作单3：小组间互评

被评组号：_____ 检索号： 7355-3

小组间互评表

班级		评价小组		日期		年 月 日
评价指标		评价内容		分数	分数评定	
汇报表述		表述准确		15分		
		语言流畅		10分		
		准确反映该组完成情况		15分		
内容正确度		内容正确		30分		
		阐述表达到位		30分		
互评分数						
简要评述						

任务工作单4：教师评价

组号：_____ 姓名：_____ 学号：_____ 检索号： 7355-4

教师评价表

班级		组名		姓名		
出勤情况						
评价内容	评价要点	考察要点			分数	分数评定
1. 查阅文献情况	任务实施过程中文献查阅	（1）是否查阅信息资料			20分	
		（2）正确运用信息资料				
2. 互动交流情况	组内交流、教学互动	（1）积极参与交流			30分	
		（2）主动接受教师指导				
3. 任务完成情况	规定时间内的完成度	（1）在规定时间内完成任务			20分	
	任务完成的正确度	（2）任务完成的正确性			30分	
合计					100分	

税务优化

自主探学解析 7-23　　个人自评表 7-24　　小组内互评表 7-25　　小组间互评表 7-26　　教师评价表 7-27

　　"绿水青山就是金山银山"，节约资源、保护环境是我国基本国策，关乎人民福祉，关乎国家民族未来。为助力经济社会发展全面绿色转型，实施可持续发展战略，国家从支持环境保护、促进节能环保、鼓励资源综合利用、推动低碳产业发展四个方面，实施了 56 项支持绿色发展的税费优惠政策。

　　社会经济的发展离不开实体企业的支持。"一带一路"建设的高质量进展，新一轮科技革命和产业变革在我国将不断深入发展。"十四五"规划的有序铺开，迎来了以畅通国内大循环为主体、促进国内国际双循环的新发展阶段，制造企业迎来了难得的快速发展机遇，同时也面临复杂而艰巨的国际市场竞争。在全球经济日益融合的时代，我国制造业正处于从传统到现代、从制造到智造转型的关键时期。

　　上海通用金桥工厂号称中国最先进的制造业工厂、中国智造的典范。即使从全球来看，这个水平的工厂也不超过 5 家。偌大的车间内，真正领工资的工人只有 10 多位。他们管理着 386 台机器人，每天与机器人合作生产 80 台凯迪拉克。

　　京东"亚洲一号"无人仓是全球首个"无人仓库"，上万平方米车间空无一人，面积超过数十万平方米，这里已经实现了入库、存储、包装、分拣全流程、全系统的智能化和无人化。

　　没有强大的制造业，就没有国家和民族的强盛，求真务实是创新自信的基础，严谨细致是实现强国梦的基石。我们作为中国人由衷感到骄傲，发自内心地为祖国的日益强大感到自豪。

任务四　企业产权重组的税务优化

【案例引入】

A 图书公司，适用 9% 的增值税税率，兼营古旧图书等免征增值税的产品。该公司 202×年共获得不含税销售收入 600 万元，其中免征增值税产品所取得的销售收入为 160 万元，进项税额为 40 万元，其中属于免税产品的进项税额为 10 万元，该公司并未对古旧图书经营独立核算。请计算该公司应当缴纳的增值税并提出税务优化方案。

7.4.1 任务描述

完成企业产权重组活动中涉税事项的税务优化。

7.4.2 学习目标

1. 知识目标

（1）掌握通过企业免税合并进行税务优化的思路；
（2）掌握受让亏损企业资产弥补所得的税务优化思路；
（3）掌握合并、分立企业以减轻增值税税收负担的税务优化思路；
（4）掌握分立企业以享受所得税优惠的税务优化思路；
（5）掌握通过分立享受流转税优惠政策的税务优化思路；
（6）掌握企业债务重组的税务优化思路；
（7）掌握调整企业清算日期的纳税思路。

2. 能力目标

（1）能正确进行通过企业免税合并的税务优化；
（2）能正确进行受让亏损企业资产弥补所得的税务优化；
（3）能正确进行合并、分立企业以减轻增值税税收负担的税务优化；
（4）能正确进行分立企业以享受所得税优惠的税务优化；
（5）能正确进行通过分立享受流转税优惠政策的税务优化；
（6）能正确进行企业债务重组的税务优化；
（7）能正确进行调整企业清算日期的税务优化。

3. 素质目标

（1）培养学生的变通思维；
（2）培养学生勤于思考、分析问题的意识；
（3）培养学生严谨的工作作风，树立诚实守信、热爱劳动的意识。

7.4.3 重难点

1. 重点

通过企业免税合并的税务优化，调整企业清算日期的税务优化，合并、分立企业以减轻增值税税收负担的税务优化，企业资产收购、企业股权收购、企业免税分立的税务优化，分立企业以享受所得税优惠及分立享受流转税优惠政策的税务优化。

2. 难点

企业债务重组的税务优化。

难点 7-28

7.4.4 相关知识链接

1. 通过企业免税合并的税务优化

（1）税务优化思路。在企业合并的过程，实质为被合并方出售产权给合并方。因此，被合并企业应缴纳企业所得税。合并过程中涉及的企业所得税有两种：应税（交税）和免税。应税合并，为一般税务处理，并购方按照被并购方的全部资产的公允价值作为计税基础；被并购方应视为按公允价值转让，处置全部资产，计算资产转让所得（公允价值与账面价值的差额），依法缴纳企业所得税。免税合并，为特殊性税务处理，并购方按照被合并方全部资产的原账面价值为计税基础；被合并方的全部资产的价值相当于没有发生增值（是按照账面价值进行转让的）也就不用不确认转让所得和损失，但不是所有的企业都可以选择免税合并，满足法律规定的条件才可以不计算缴纳企业所得税。因此，企业在兼并亏损企业或者与亏损企业合并时，应当尽量满足免税合并条件，从而能够选择特殊税务处理。

除此之外，企业在选择投资方式时，还有很多因素需要考虑，如投资的风险、被投资企业的发展前景、被投资领域的发展前景，但是税收因素应该是一个重要的因素。恰当选择税务优化方法，不仅可以获得同样有利的发展前景，而且可以为企业获得一笔可观的税收利益。

（2）法律政策依据：

①《财政部 国家税务总局关于企业重组业务企业所得税处理若干问题的通知》（财政部 国家税务总局 2009 年 4 月 30 日发布，财税〔2009〕59 号）；《财政部 国家税务总局关于促进企业重组有关企业所得税处理问题的通知》（财税〔2014〕109 号）；《国家税务总局关于企业重组业务企业所得税征收管理若干问题的公告》（国家税务总局公告 2015 年第 48 号）。

②《中华人民共和国企业所得税法》（2007 年 3 月 16 日第十届全国人民代表大会第五次会议通过，2017 年 2 月 24 日第十二届全国人民代表大会常务委员会第二十六次会议第一次修正，2018 年 12 月 29 日第十三届全国人民代表大会常务委员会第七次会议第二次修正）。

③《中华人民共和国企业所得税法实施条例》（2007 年 12 月 6 日中华人民共和国国务院令第512 号公布，根据 2019 年 4 月 23 日《国务院关于修改部分行政法规的决定》修订）。

④《国家税务总局关于企业所得税若干问题的公告》（国家税务总局公告 2014 年第 29 号）。

2. 受让亏损企业资产弥补所得的税务优化

（1）税务优化思路。企业通过与亏损企业的特殊合并，可以按照亏损企业资产的原有计税基础来确定其计税基础，被合并企业的资产损失可以由合并后的企业弥补。通过兼并亏损企业进行税务优化需要掌握的技巧就是在企业亏损产生之前完成合并，新组建的企业成立之后再资产损失予以确认，由此可以将原企业潜在的亏损变为新组建公司的亏损。

（2）法律政策依据：

①《企业资产损失所得税税前扣除管理办法》（国家税务总局公告 2011 年第 25 号）；《国家税务总局关于企业因国务院决定事项形成的资产损失税前扣除问题的公告》（2014 年第 18 号）；《国家税务总局关于企业所得税资产损失资料留存备查有关事项的公告》（2018 年第 15 号）。

②《中华人民共和国企业所得税法》（2007 年 3 月 16 日第十届全国人民代表大会第五次会议通过，2017 年 2 月 24 日第十二届全国人民代表大会常务委员会第二十六次会议第一次修正，2018 年 12 月 29 日第十三届全国人民代表大会常务委员会第七次会议第二次修正）。

③《中华人民共和国企业所得税法实施条例》(2007 年 12 月 6 日中华人民共和国国务院令第 512 号公布,根据 2019 年 4 月 23 日《国务院关于修改部分行政法规的决定》修订)。

④《财政部 国家税务总局关于企业资产损失税前扣除政策的通知》(财税〔2009〕57 号)。

3. 合并、分立企业以减轻增值税税收负担的税务优化

(1)税务优化思路。不同类型、不同行业的企业选择一般纳税人身份和小规模纳税人身份所承担的增值税是不同的,绝大部分企业采取一般纳税人身份都可以降低增值税税收负担,但如果企业的规模较小,达不到规定的一般纳税人的标准,就可以考虑通过合并企业的方式达到这一标准,或者完善会计核算制度达到一般纳税人的标准,从而减轻各自的税收负担。反之,如果企业能够获得的进项税额比较少,增值税税收负担比较高,则可以考虑通过分立企业来减轻增值税税收负担。

(2)法律政策依据:

①《中华人民共和国增值税暂行条例》(1993 年 12 月 13 日国务院令第 134 号公布,2008 年 11 月 5 日国务院第 34 次常务会议修订通过,根据 2016 年 2 月 6 日《国务院关于修改部分行政法规的决定》第一次修订,根据 2017 年 11 月 19 日《国务院关于废止〈中华人民共和国营业税暂行条例〉和修改〈中华人民共和国增值税暂行条例〉的决定》第二次修订)。

②《中华人民共和国增值税暂行条例实施细则》(财政部 国家税务总局第 50 号令,根据 2011 年 10 月 28 日《关于修改〈中华人民共和国增值税暂行条例实施细则〉和〈中华人民共和国营业税暂行条例实施细则〉的决定》修订)。

③《增值税一般纳税人登记管理办法》(国家税务总局令第 43 号)。

④《财政部 税务总局关于统一增值税小规模纳税人标准的通知》(财税〔2018〕33 号);《财政部 税务总局关于对增值税小规模纳税人免征增值税的公告》(2022 年第 15 号)。

4. 分立企业以享受所得税优惠的税务优化

(1)税务优化思路。根据现行企业所得税政策,符合条件的小型微利企业,减按 20% 的税率征收企业所得税。如果企业规模超过了上述标准,但企业各个机构之间可以相对独立地开展业务,则可以考虑采取分立企业的方式来享受小型微利企业的税收优惠政策。如果企业为高新技术企业,所在地属于国家规定的享受税收优惠政策的地区,若企业已经在该地区具有分支机构,就可以考虑将该分支机构变成独立的新设立的企业,以享受该地区的税收优惠政策。

(2)法律政策依据:

①《中华人民共和国企业所得税法》(2007 年 3 月 16 日第十届全国人民代表大会第五次会议通过,2017 年 2 月 24 日第十二届全国人民代表大会常务委员会第二十六次会议第一次修正,2018 年 12 月 29 日第十三届全国人民代表大会常务委员会第七次会议第二次修正)第 57 条。

②《中华人民共和国企业所得税法实施条例》(2007 年 12 月 6 日中华人民共和国国务院令第 512 号公布,根据 2019 年 4 月 23 日《国务院关于修改部分行政法规的决定》修订)。

③《国务院关于经济特区和上海浦东新区新设立高新技术企业实行过渡性税收优惠的通知》(国务院 2007 年 12 月 26 日发布,国发〔2007〕40 号)。

④《西部地区鼓励类产业目录》(中华人民共和国国家发展和改革委令第 15 号)。

⑤《财政部 税务总局 国家发展改革委关于延续西部大开发企业所得税政策的公告》(2020 年第 23 号)。

⑥《新疆维吾尔自治区促进股权投资类企业发展暂行办法》(新政办发〔2010〕187 号)。

⑦《新疆金融工作办公室、经济和信息化委员会、工商行政管理局、国家税务局、地方税务局关于鼓励股权投资类企业迁入我区的通知》(新金函〔2010〕87 号)。

⑧《财政部 税务总局关于新疆困难地区及喀什、霍尔果斯两个特殊经济开发区新办企业所得税优惠政策的通知》(财税〔2021〕27 号)。

⑨中共中央 国务院印发《海南自由贸易港建设总体方案》(2020)。

⑩《海南自由贸易港鼓励类产业目录（2020年本）》(发改地区规〔2021〕120号)。

⑪《海南自由贸易港旅游业、现代服务业、高新技术产业企业所得税优惠目录》(财税〔2021〕14号)。

⑫《关于进一步实施小微企业"六税两费"减免政策有关征管问题的公告》(2022年第3号)；《财政部 税务总局关于进一步实施小微企业"六税两费"减免政策的公告》(2022年第10号)；《关于中小微企业设备器具所得税税前扣除有关政策的公告》(2022年第12号)。

5. 通过分立享受流转税优惠的税务优化

（1）税务优化思路。企业在生产经营中所缴纳的增值税、消费税等都具有一些优惠政策，企业在享受这些优惠政策时的一个前提条件就是独立核算，如果不能独立核算，则应当和其他经营一起缴纳较高的税率。有时企业是否进行了独立核算很难判断，此时，税务机关往往对企业一并征收较高的税率。为了避免这种情况，企业可以考虑将其中某个部门独立出去，成立全资子公司，专门从事低税率经营或者免税经营，这样就很容易达到独立核算的要求了。

根据我国税法的规定，消费税除金银首饰外一般在生产销售环节征收，在零售环节不再征收。因此企业可以通过设立一家专门的批发企业，然后以较低的价格将应税消费品销售给该独立核算的批发企业，则可以降低销售额，从而减少应纳税销售额。而独立核算的批发企业，只缴纳增值税，不缴纳消费税。

（2）法律政策依据：

①《中华人民共和国增值税暂行条例》(1993年12月13日国务院令第134号公布，2008年11月5日国务院第34次常务会议修订通过，根据2016年2月6日《国务院关于修改部分行政法规的决定》第一次修订，根据2017年11月19日《国务院关于废止〈中华人民共和国营业税暂行条例〉和修改〈中华人民共和国增值税暂行条例〉的决定》第二次修订)。

②《中华人民共和国增值税暂行条例实施细则》(财政部 国家税务总局第50号令，根据2011年10月28日《关于修改〈中华人民共和国增值税暂行条例实施细则〉和〈中华人民共和国营业税暂行条例实施细则〉的决定》修订)。

③《中华人民共和国消费税暂行条例》(国务院1993年12月13日颁布，国务院令〔1993〕第135号，2008年11月5日国务院第34次常务会议修订通过)。

④《中华人民共和国消费税暂行条例实施细则》(财政部 国家税务总局第51号令)。

6. 企业债务重组的税务优化

（1）税务优化思路。债务重组，是指在债务人发生财务困难的情况下，债权人按照其与债务人达成的书面协议或者法院裁定书，就其债务人的债务做出让步的事项。企业重组符合规定条件的，适用特殊税务处理方式：企业债务重组确认的应纳税所得额占该企业当年应纳税所得额50%以上，可以在5个纳税年度的期间内，均匀计入各年度的应纳税所得额。

（2）法律政策依据：

①《财政部 国家税务总局关于企业重组业务企业所得税处理若干问题的通知》(财政部 国家税务总局2009年4月30日发布，财税〔2009〕59号)；《财政部 国家税务总局关于促进企业重组有关企业所得税处理问题的通知》(财税〔2014〕109号)；《国家税务总局关于企业重组业务企业所得税征收管理若干问题的公告》(国家税务总局公告2015年第48号)。

②《中华人民共和国企业所得税法》(2007年3月16日第十届全国人民代表大会第五次会议通过，2017年2月24日第十二届全国人民代表大会常务委员会第二十六次会议第一次修正，2018年12月29日第十三届全国人民代表大会常务委员会第七次会议第二次修正)。

③《中华人民共和国企业所得税法实施条例》(2007年12月6日中华人民共和国国务院令第512号公布，根据2019年4月23日《国务院关于修改部分行政法规的决定》修订)。

7. 调整企业清算日期的税务优化

（1）税务优化思路。企业清算的所得税处理，是指企业在不再持续经营，发生结束自身业务、处置资产、偿还债务，以及向所有者分配剩余财产等经济行为时，对清算所得、清算所得税、股息分配等事项的处理。根据我国现行税法的规定，纳税人清算时，应当以清算期间作为一个纳税年度。《中华人民共和国企业所得税法》第 53 条规定："企业依法清算时，应当以清算期间作为一个纳税年度。"清算所得也应当缴纳所得税。因此，如果企业在清算之前仍有盈利，清算所得为亏损时，可以通过将部分清算期间发生的费用转移到清算之前，以抵销企业的盈利。这种转移可以通过改变清算日期的方式实现。

（2）法律政策依据：

①《中华人民共和国企业所得税法》（2007 年 3 月 16 日第十届全国人民代表大会第五次会议通过，2017 年 2 月 24 日第十二届全国人民代表大会常务委员会第二十六次会议第一次修正，2018 年 12 月 29 日第十三届全国人民代表大会常务委员会第七次会议第二次修正）。

②《中华人民共和国企业所得税法实施条例》（2007 年 12 月 6 日中华人民共和国国务院令第512 号公布，根据 2019 年 4 月 23 日《国务院关于修改部分行政法规的决定》修订）。

③《财政部 国家税务总局关于企业重组业务企业所得税处理若干问题的通知》（财政部 国家税务总局 2009 年 4 月 30 日发布，财税〔2009〕59 号）；《财政部 国家税务总局关于促进企业重组有关企业所得税处理问题的通知》（财税〔2014〕109 号）；《国家税务总局关于企业重组业务企业所得税征收管理若干问题的公告》（国家税务总局公告 2015 年第 48 号）。

案例引入解析 7-29

知识锦囊 7-30

微课 7-31

7.4.5 任务实施

7.4.5.1 任务分组

表 1 学生分组表

班级		组号		授课教师	
组长		学号			
组员		姓名	学号	姓名	学号

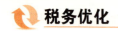
7.4.5.2 自主探学

任务工作单 1

组号：_____ 姓名：_____ 学号：_____ 检索号：　7452-1

引导问题：

（1）请阐述通过企业免税合并的税务优化思路。

_____

_____

（2）请阐述受让亏损企业资产弥补所得的税务优化思路。

_____

_____

（3）请阐述合并、分立企业以减轻增值税税收负担的税务优化思路。

_____

_____

（4）请阐述分立企业以享受所得税优惠的税务优化思路。

_____

_____

（5）请阐述通过分立享受流转税优惠的税务优化思路。

_____

_____

（6）请阐述企业债务重组的税务优化思路。

_____

_____

（7）请阐述调整企业清算日期的税务优化思路。

_____

_____

_____

任务工作单 2

组号：_____ 姓名：_____ 学号：_____ 检索号：　7452-2

引导问题：

（1）A 公司和 B 公司合并为新的 A 公司，B 公司注销。A 公司向 B 公司股东——C 公司支付现金 8 000 万元。B 公司全部资产净值为 6 000 万元，公允价值为 8 000 万元。计算企业合并的税负并提出优化方案。

_____

_____

（2）A 公司应收账款为 8 000 万元。尽管大部分债权已经法院判决，但大多数债务人的营业执照已被吊销或下落不明。基本上没有希望收回这些债务。初步估算可抵扣的资产损失为 7 800 万元。A 公司全部资产净值为 9 000 万元，公允价值为 2 000 万元。B 公司和 A 公司的经营范围基本相同。B 公司 2018 财年实现盈利 8 000 万元，预计 2019 财年实现盈利 9 000 万元，请提供 B 公司税务优化方案。

（3）某行业的增值率很低，假设只有 5%，即进项抵扣额占 95%。张先生拥有两家批发公司，年销售额均为 450 万元，符合小规模纳税人条件，适用 3% 的增值税税率。因此，两家公司必须分别缴纳增值税：450×3% = 13.5（万元），共计 27 万元。上述公司如何进行税务优化？

（4）A 企业原计划在广州设立一高科技企业 B，预计该企业年盈利将达 900 万元。经过市场调研，该企业设在广州和深圳对于企业的盈利能力没有实质影响，该企业在深圳预计年盈利 800 万元。请对该企业的投资计划提出税务优化方案。

（5）某公司为高档化妆品生产企业（消费税率 15%），年生产高档化妆品 20 万套。每套成本 360 元，批发价 430 元。零售价 510 元。该公司采用直接对外销售方式销售产品，假设产品一半是批发销售，另一半是零售。请计算企业应当缴纳的消费税并提出税务优化方案。

（6）A 公司欠 B 公司 8 000 万元债务，A 公司与 B 公司准备签署一项债务重组协议：A 公司用不动产抵消其债务，该不动产购买价格 7 000 万元，账面净值 6 000 万元，公允价值 8 000 万元，A 公司和 B 公司在本次交易中应分别缴纳多少税款？应当如何进行税务优化？（因印花税、附加税数额较小，对策划方案不产生影响，所以本方案不予考虑。）

（7）A 公司董事会于 202×年 8 月 18 日向股东会提出解散公司的申请书，股东会 8 月 23 日通过并作出决议，清算开始日定于 9 月 1 日。在清算组成立前公司进行的内部清算时发现，202×年 1 月至 8 月公司预计盈利 600 万元（企业所得税税率为 25%），预计 9 月该公司将产生费用 180 万元，预计清算所得为 -80 万元。请计算在这种情况下，公司应当缴纳的企业所得税，并提出税务优化方案。

_____
_____
_____
_____

7.4.5.3 合作研学

任务工作单1

组号：_____ 姓名：_____ 学号：_____ 检索号： 7453-1

引导问题：

小组交流讨论，教师参与，形成任务工作单7452-1正确的税务优化思路。

_____
_____

任务工作单2

组号：_____ 姓名：_____ 学号：_____ 检索号： 7453-2

引导问题：

小组交流讨论，教师参与，形成任务工作单7452-2正确的税务优化方案。

_____
_____

7.4.5.4 展示赏学

任务工作单1

组号：_____ 姓名：_____ 学号：_____ 检索号： 7454-1

引导问题：

（1）每组推荐一位小组长，汇报任务工作单7452-2方案。借鉴每组经验，进一步优化方案。

_____

（2）个人结合汇报情况，检讨自己的不足。

_____
_____

7.4.5.5 评价反馈

任务工作单1：自我测评

组号：_____ 姓名：_____ 学号：_____ 检索号： 7455-1

个人自评表

班级		组名		日期	年 月 日
评价指标	评价内容			分数	分数评定
信息检索	能有效利用网络、图书资源查找有用的相关信息等；能将查到的信息有效地传递到学习中			10分	
感知课堂	是否能在学习中获得满足感以及课堂生活的认同感			10分	

续表

评价指标	评价内容	分数	分数评定
参与态度	积极主动与教师、同学交流，相互尊重、理解、平等；与教师、同学之间是否能够保持多向、丰富、适宜的信息交流	15分	
	能处理好合作学习和独立思考的关系，做到有效学习；能提出有意义的问题或能发表个人见解	15分	
学习方法	学习方法得体，是否获得了进一步学习的能力	15分	
思维态度	是否能发现问题、提出问题、分析问题、解决问题，并拓展思维，创新提升	10分	
自评反馈	按时按质按任务、较好地掌握知识点；具有较强的信息分析能力和理解能力；具有较为全面严谨的思维能力，并能条理清晰地表达成文	25分	
自评分数			
有益的经验和做法			
总结反馈建议			

任务工作单2：小组内互评

组号：_____ 姓名：_____ 学号：_____ 检索号：___6255-2___

小组内互评表

班级		组名		日期	年 月 日
评价指标	评价内容			分数	分数评定
信息检索	该同学能有效利用网络、图书资源查找有用的相关信息等；能将查到的信息有效地传递到学习中			10分	
感知课堂	该同学是否能在学习中获得满足感以及课堂生活的认同感			10分	
参与态度	该同学能否积极主动与教师、同学交流，相互尊重、理解、平等；与教师、同学之间是否能够保持多向、丰富、适宜的信息交流			15分	
	该同学能否处理好合作学习和独立思考的关系，做到有效学习；能提出有意义的问题或能发表个人见解			15分	
学习方法	该同学学习方法得体，是否获得了进一步学习的能力			15分	
思维态度	该同学是否能发现问题、提出问题、分析问题、解决问题，并拓展思维，创新提升			10分	
自评反馈	该同学是否能按时按质按任务、较好地掌握知识点；具有较强的信息分析能力和理解能力；具有较为全面严谨的思维能力，并能条理清晰地表达成文			25分	

评价指标	评价内容	分数	分数评定
评价分数			
该同学的不足之处			
有针对性的改进建议			

任务工作单3：小组间互评

被评组号：_____ 检索号： 6255-3

小组间互评表

班级		评价小组		日期		年 月 日	
评价指标	评价内容			分数		分数评定	
汇报表述	表述准确			15 分			
	语言流畅			10 分			
	准确反映该组完成情况			15 分			
内容正确度	内容正确			30 分			
	阐述表达到位			30 分			
互评分数							
简要评述							

任务工作单4：教师评价

组号：_____ 姓名：_____ 学号：_____ 检索号： 6255-4

教师评价表

班级		组名		姓名	
出勤情况					
评价内容	评价要点	考察要点		分数	分数评定
1. 查阅文献情况	任务实施过程中文献查阅	（1）是否查阅信息资料		20 分	
		（2）正确运用信息资料			
2. 互动交流情况	组内交流、教学互动	（1）积极参与交流		30 分	
		（2）主动接受教师指导			
3. 任务完成情况	规定时间内的完成度	（1）在规定时间内完成任务		20 分	
	任务完成的正确度	（2）任务完成的正确性		30 分	
合计				100 分	

自主探学解析 7-32　　个人自评表 7-33　　小组内互评表 7-34　　小组间互评表 7-35　　教师评价表 7-36

 **知识拓展**

我国今年已新增退税减税降费及缓税缓费超 2 万亿元

国家税务总局 6 月 10 日数据显示，截至 6 月 9 日，全国已累计新增退税减税降费及缓税缓费超 2 万亿元。

在国家税务总局当天召开的"落实留抵退税政策 助力稳住经济大盘"专题新闻发布会上，国家税务总局新闻发言人荣海楼介绍，这 2 万多亿元主要包括三部分：一是 4 月 1 日至 6 月 9 日，已有 14 250 亿元退税款退到纳税人账上，再加上一季度继续实施此前出台的留抵退税老政策 1 233 亿元，已累计有 15 483 亿元退税款退到纳税人账户，超过去年全年办理退税规模的两倍；二是 1 至 4 月全国新增减税降费 2 440 亿元，包括小规模纳税人享受增值税优惠政策新增减税 335 亿元，"六税两费"减半征收政策新增减税降费 476 亿元，将小型微利企业年应纳税所得额 100 万元至 300 万元部分再减半征收政策新增减税 164 亿元等；三是继续实施制造业中小微企业缓缴政策累计缓缴税费 4 289 亿元。

"在大规模增值税留抵退税政策落实方面，从企业看，微型、小型、中型企业存量留抵税额集中退还基本完成，小微企业依然是受益主体。"荣海楼说，4 月 1 日至 6 月 9 日，已获得退税的纳税人中，小微企业占比 94.9%，共计退税 7 039 亿元；中型企业占比 4.4%，共计退税 3 412 亿元。

国家税务总局货物和劳务税司司长谢文表示，疫情期间，留抵退税以真金白银帮助企业渡过难关。批发零售、民航等服务业是受疫情影响较大的行业。其中，有 81.4 万户困难行业企业享受退税 2 593 亿元，5 月份销售收入同比增长 8%，较一季度加快 6.9%。税务部门将进一步优化征管系统功能，确保政策落实更快、体验更好。

国家税务总局纳税服务司司长韩国荣介绍，全国税务部门于 6 月 3 日起，在 12366 纳税缴费服务热线开通"退税减税意见专线"，专门听取社会各界对税务部门在落实新的组合式税费支持政策方面的意见建议，按日归集整理，及时研究反馈。

（来源：新华社）

 **思政之窗**

习近平主席 2021 年以视频方式出席二十国集团领导人第十六次峰会第一阶段会议时指出，当前，新冠肺炎疫情持续反复，世界经济复苏脆弱，气候变化挑战突出，地区热点问题频发。面对世界百年未有之大变局和世纪疫情，二十国集团作为国际经济合作主要论坛，要负起应有责任，为了人类未来、人民福祉，坚持开放包容、合作共赢，践行真正的多边主义，推动构建

税务优化

人类命运共同体。为此，习近平主席引用古语"诚信者，天下之结也"，向世界传播中国声音，传达中国方案。

习近平主席高度重视中华优秀传统文化的传承与发展，强调"深入挖掘和阐发中华优秀传统文化讲仁爱、重民本、守诚信、崇正义、尚和合、求大同的时代价值"。其中，中华优秀传统文化的诚信精神，作为国家重要的文化软实力，是新时代人与人相处、国与国相处的道德基础。

发展同周边国家睦邻友好关系是我国周边外交的一贯方针。2013年在周边外交工作座谈会上，习近平主席指出："我国周边外交的基本方针，就是坚持与邻为善、以邻为伴，坚持睦邻、安邻、富邻，突出体现亲、诚、惠、容的理念。"所谓"诚"，就是"要诚心诚意对待周边国家，争取更多朋友和伙伴"。

2013年10月3日，习近平主席在印度尼西亚国会发表演讲时提出："坚持讲信修睦。人与人交往在于言而有信，国与国相处讲究诚信为本。中国愿同东盟国家真诚相待、友好相处，不断巩固政治和战略互信。"

2015年4月21日，在巴基斯坦议会发表演讲时，习近平主席引用了中巴两国相通相似的经典语句："巴基斯坦认为'诚信比财富更有用'，中国认为'人而无信，不知其可也'，两国传统文化理念契合相通。"

2019年4月26日，在第二届"一带一路"国际合作高峰论坛开幕式上，习近平主席再次向世界宣誓："我们高度重视履行同各国达成的多边和双边经贸协议，加强法治政府、诚信政府建设，建立有约束的国际协议履约执行机制……"

习近平主席上述重要讲话引发国际社会热烈反响，树立了中国"以诚待人、以信为本"的大国形象，为推动构建人类命运共同体、共创世界更美好未来指明方向。

诚信关乎一个国家国民的道德素质，更关乎一个民族、一个国家的整体形象。自古以来，诚信在世界各个民族的文化传统中都具有极为重要的道德价值。大国要有大胸怀、大气度、大格局。一个在国际交往合作中坚持正确义利观、坚持以诚待人、以信为本的国家，才能赢得国际社会由衷尊重，才能扎实深入开展各领域国际合作。

——项目小结——

项目七分别从企业的投资活动、融资活动、经营活动及企业产权重组四个方面阐述了相应涉税事项进行税务优化的思路、法律政策依据、税务优化图及相关案例等知识。

其中，企业投资活动的税务优化包括：投资产业的税务优化，投资区域的税务优化，投资项目的税务优化，企业组织形式的税务优化，设立分支机构的税务优化，投资回收方式的税务优化，招聘国家鼓励人员的税务优化。

企业融资活动的税务优化包括：融资决策的税务优化，长期借款融资的税务优化，借款费用利息的税务优化，增加负债降低投资的税务优化，融资租赁中的税务优化，企业职工融资中的税务优化，融资阶段选择中的税务优化。

企业经营活动的税务优化包括：企业采购、企业生产、销售过程、股利分配的税务优化。

企业产权重组的税务优化包括：通过企业免税合并的税务优化，受让亏损企业资产弥补所得的税务优化，合并、分立企业以减轻增值税税收负担的税务优化，分立企业以享受所得税优惠的税务优化，分立享受流转税优惠的税务优化，企业债务重组的税务优化，调整企业清算日期的税务优化。

教学过程中，引导学生养成良好的职业素养，培养学生的团队精神、劳模精神、拼搏精神和创新精神，树立诚实守信、热爱劳动的意识。

通过项目七的学习，学生能够完成对企业运行过程中的涉税事项进行税务优化。

创新研究与巩固训练

一、单选题

1. 如果一项固定资产，会计上按直线法折旧，税收上按加速折旧的方法，这种税收差异会出现（　　）。

A. 时间性差异

B. 永久性差异

C. 会同时出现时间性差异和永久性差异

D. 不会同时出现时间性差异和永久性差异

2. 纳税人由于采用拟订的税务优化方案而放弃的潜在利益是税务优化的（　　）。

A. 机会成本　　　　　　　　　　B. 风险成本

C. 非税成本　　　　　　　　　　D. 心理成本

3. 税务优化中的最高目标是（　　）。

A. 实现税负最小化　　　　　　　B. 实现税后利润最大化

C. 获取资金时间价值最大化　　　D. 实现企业价值最大化

4. 合理提前所得年度或合理推迟所得年度，从而起到减轻税负或延期纳税的作用。这种税务处理属于（　　）。

A. 企业投资决策中的税收优化

B. 企业生产经营中的税收优化

C. 企业成本核算中的税收优化

D. 企业成果分配中的税收优化

5. 下列关于企业所得税不同方式下销售商品收入金额确定的表述中，正确的是（　　）。

A. 采用商业折扣方式销售商品的，按照扣除折扣后的金额确定

B. 采用以旧换新方式销售商品的，按照扣除回收商品公允价值后的余额确定

C. 采用买一赠一方式销售商品的，按照总的销售金额确定

D. 采用现金折扣方式销售商品的，按照扣除现金折扣后的金额确定

6. 纳税人利用税法漏洞或者缺陷，通过对经营及财务活动的精心安排，以期达到纳税负担最小的经济行为是（　　）。

A. 逃税　　　　　B. 欠税　　　　　C. 骗税　　　　　D. 避税

7. 采取缩短折旧年限方法的，最低折旧年限不得低于规定折旧年限的（　　）。

A. 60%　　　　　B. 40%　　　　　C. 50%　　　　　D. 70%

8. 税负转嫁的优化通常需要借助（　　）来实现。

A. 价格　　　　　B. 税率　　　　　C. 纳税人　　　　　D. 计税依据

9. 下列税种中属于直接税的是（　　）。

A. 消费税　　　　　B. 关税　　　　　C. 财产税　　　　　D. 增值税

10. 下列哪一税种通常围绕收入实现、经营方式、成本核算、费用列支、折旧方法、捐赠、

融资方式、投资方向、设备购置、机构设置、税收政策等涉税项目进行税收优化？（　　　）

A. 流转税　　　　　　　　　　　　B. 所得税

C. 财产与行为税　　　　　　　　　D. 资源环境税

二、多选题

1. 按企业运行过程进行分类，税务优化可分为（　　　　　）等。

A. 企业设立中的税务优化

B. 企业投资决策中的税务优化

C. 企业生产经营过程中的税务优化

D. 企业经营成果分配中的税务优化

2. 税收优化风险主要有（　　　　）等形式。

A. 政策性风险　　　　　　　　　　B. 操作性风险

C. 意识形态风险　　　　　　　　　D. 经营性风险

3. 根据消费税法律制度的规定，下列应税消费品中，实行从价定率与从量定额相结合的复合计税方法有（　　　　）。

A. 烟丝　　　　　B. 卷烟　　　　　C. 酒精　　　　　D. 白酒

4. 某学校四位老师要写一本书，50 万字，预计稿费 35 000 元，从税收角度（　　　　）方式可行。

A. 再邀请 5 位老师加入写作队伍

B. 减少写作人

C. 由出版社承担调查、研讨费用，适当减少稿酬

D. 为每一位作者缴纳保险

5. 将企业建在乡村所在地，可以进行（　　　　）税收优化。

A. 房产税　　　　B. 土地增值税　　　C. 契税　　　　　D. 印花税

6. 车船税的优化方法（　　　　）。

A. 选择车船类型　　　　　　　　　B. 利用车船停用

C. 降低增值率　　　　　　　　　　D. 增加扣除费用

7. 某公司有一批需要运往境外继续加工的货物，在海关规定的期限内复运进境，其完税价格应包括（　　　　）。

A. 加工费　　　　B. 料作费　　　　C. 运输费　　　　D. 保险费

8. 从短期决策的角度税务优化的目标主要有（　　　　）。

A. 实现税负最小化　　　　　　　　B. 实现税后利润最大化

C. 实现现金流量最大化　　　　　　D. 实现企业价值最大化

9. 按个人理财过程进行分类，税务优化可分为（　　　　）等。

A. 个人获得收入的税务优化　　　　B. 个人投资的税务优化

C. 个人消费中的税务优化　　　　　D. 个人经营的税务优化

10. 纳税人优化可选择的企业组织形式有（　　　　）

A. 个体工商户　　　　　　　　　　B. 个人独资企业

C. 合伙企业　　　　　　　　　　　D. 公司制企业

三、判断题

1. 税负最小的纳税方案一定是最优的纳税方案。　　　　　　　　　　　　　　（　　　）

2. 转让企业产权不应缴纳企业所得税，但须交纳增值税。 （　　）

3. 原产地不明的货物实行暂定税率。 （　　）

4. 税法在确定资产的计税成本时，首先取得资产的净值。 （　　）

5. 在计算应纳税所得额时，企业按规定计算的无形资产摊销费用，准予扣除，但自创商誉除外。 （　　）

6. 税务优化是纳税人的一系列综合谋划活动。 （　　）

7. 消费税纳税行为发生在流通领域或终极消费环节而非生产领域。 （　　）

8. 进口销售两种税率以上的应税消费品，若不能分别核算的，按最高税率征缴消费税。
　　　　　　　　　　　　　　　　　　　　　　　　　　　　　　　　　　　　 （　　）

9. 出口退税的税种包括所有流转税。 （　　）

10. 从税收优化角度来看，委托收款是企业最理想的结算方式。 （　　）

四、典型案例分析

1. 南方洗涤用品公司在进行洗衣粉促销时，销售经理设计了两个销售方案：

（1）"加量不加价"。

（2）"买 500 克洗衣粉送 100 克"。

如果你为财务经理，从税收筹划角度看，你认为应该采取哪个方案更有利于降低税负？

2. 某造纸厂某年 5 月份向外地某纸张供应站销售白板纸 113 万元，贷款结算采用售后付款的形式，10 月份汇来货款 30 万元，要求：从销售方式的角度为该造纸厂进行税收优化。

创新研究与巩固训练解析 7-37

税务优化习题集

税务优化习题集答案